Willms
Programmieren in
C#

echt einfach

Roland Willms

Programmieren in
C#

echt einfach

Das echt einfache Computerbuch

Mit 216 Abbildungen

Franzis'

Die Deutsche Bibliothek – CIP-Einheitsaufnahme

Ein Titeldatensatz für diese Publikation ist bei
Der Deutschen Bibliothek erhältlich

Wichtiger Hinweis

Alle Angaben in diesem Buch wurden vom Autor mit größter Sorgfalt
erarbeitet bzw. zusammengestellt und unter Einschaltung wirksamer
Kontrollmaßnahmen reproduziert. Trotzdem sind Fehler nicht ganz
auszuschließen. Der Verlag und der Autor sehen sich deshalb gezwungen,
darauf hinzuweisen, daß sie weder eine Garantie noch die juristische
Verantwortung oder irgendeine Haftung für Folgen, die auf fehlerhafte
Angaben zurückgehen, übernehmen können. Für die Mitteilung etwaiger
Fehler sind Verlag und Autor jederzeit dankbar.
Internet-Adressen oder Versionsnummern stellen den bei Redaktionsschluss
verfügbaren Informationsstand dar. Verlag und Autor übernehmen keinerlei
Verantwortung oder Haftung für Veränderungen, die sich aus nicht von ihnen
zu vertretenden Umständen ergeben.
Evtl. beigefügte oder zum Download angebotene Dateien und Informationen
dienen ausschließlich der nichtgewerblichen Nutzung. Eine gewerbliche
Nutzung ist nur mit Zustimmung des Lizenzinhabers möglich.

Herausgeber: Natascha Nicol / Ralf Albrecht

Satz: Nicol/Albrecht, Frankfurt
Druck: Offsetdruck Heinzelmann, München
Printed in Germany

ISBN 3-7723-6598-1

Vorwort

Möchten Sie gerne schnell und ohne Frust mit C# programmieren lernen? Dann ist dieses Buch genau das richtige für Sie. Sie werden hier Schritt für Schritt mit vielen anschaulichen Beispielen an das Programmieren mit C# herangeführt.

Wie in allen **echt-einfach**-Büchern gibt es eine Comicfigur als Führer, die Ihnen über die ersten Klippen beim Umgang mit dem Programm hilft. Sie steht Ihnen mit Tipps und Tricks zur Seite und ermöglicht so einen problemlosen Einstieg.

Auch wenn sich die Bücher der **echt-einfach**-Reihe an Anfängerinnen und Anfänger richten, werden Funktionen und Möglichkeiten der Programme kompetent erklärt. Dabei konzentrieren sich die Autorinnen und Autoren auf das, was Sie wirklich brauchen. Überflüssiger Ballast wird weggelassen.

Ohne PC-Chinesisch oder Technogeschwafel, dafür aber leicht verständlich, ermöglichen Ihnen die **echt-einfach**-Bücher sehr schnell den sicheren Umgang mit den Programmen.

Inhaltsverzeichnis

1 Einleitung

1.1 Wie C# entstanden ist ...

Hallo, ich heiße *Niko* und freue mich schon darauf, Sie im ganzen Buch begleiten zu dürfen und Ihnen an vielen Stellen hilfreich zur Seite zu stehen.

Im Jahre 1991 begann die Firma *Sun* mit der Entwicklung der Programmiersprache *Java*, die zur Steuerung von Haushaltsgeräten dienen sollte. Das *Green-Projekt* stellte sich zunächst als Flopp heraus. Als die Entwickler aber zeigten, wie einfach es war, ein Männchen winkend über einen Bildschirm flitzen zu lassen, war die Begeisterung nicht mehr zu bremsen.

Bild 1.1:
Das *Java*-Maskottchen
Duke

Zunächst kannten die Besucher von Homepages im World Wide Web lediglich statische Seiten, die Texte mit eingebetteten Bildern enthielten. *Java* ermöglichte es, auch bewegte Bilder anzuzeigen und interaktive Spiele einzubauen. Am 23. Mai 1995 wurde diese Programmiersprache offiziell als Produkt angekündigt und das erste *SDK* (*Software Development Kit*) zur Entwicklung von Programmen über das Internet verteilt. Neben *Netscape* zählte auch *Microsoft* zu den ersten Lizenzabnehmern, die *Java*-Produkte vertreiben durften.

Die Entwicklung von *Java* und die Einbindung ins Betriebssystem *Windows* verlief *Microsoft* zu langsam, sodass eigene Erweiterungen nicht lange auf sich warten ließen. Auch das Weglassen von Teilen des *SDK*, die von *Sun* als sehr wichtig, von *Microsoft* aber als überflüssig eingestuft wurden, führte im Oktober 1998 zu einem Rechtsstreit.

Am 26. Juni 2000 kündigte *Microsoft* die Programmiersprache *C#* (*c sharp*) als Ersatz für *Java* an. Beide Sprachen ähneln sich so sehr, dass *Java*-Entwickler lediglich ein paar Wörter in ihren Programmen austauschen müssen, um zu *C#*-Programmen zu gelangen. Zum Beispiel wird aus der *Java*-Anweisung

```
System.out.print("Herzlich Willkommen!");
```

die *C#*-Anweisung

```
Console.Out.Write("Herzlich Willkommen");
```

Der dreijährige Rechtsstreit endete schließlich im Januar 2001 mit einer Zahlung von 20 Millionen US-Dollar an *Sun* und der Vereinbarung, dass *Java* in zukünftigen *Microsoft*-Produkten nicht mehr verwendet werden darf. Aus diesem Grund gibt es seit *Windows XP* keine *Java*-Unterstützung mehr.

Aber nun genug der Streitigkeiten, meine Aufgabe in diesem Buch ist es, Ihnen die neue Programmiersprache *C#* in kleinen verständlichen Schritten näher zu bringen. In *Las Vegas* kam mir die Idee für ein interessantes Programmierprojekt. Wir entwickeln gemeinsam ein Spielcasino mit allem Drum und Dran, also Spielautomaten, Benutzerverwaltung, Geldtransaktionen und Bonuspunktsystem.

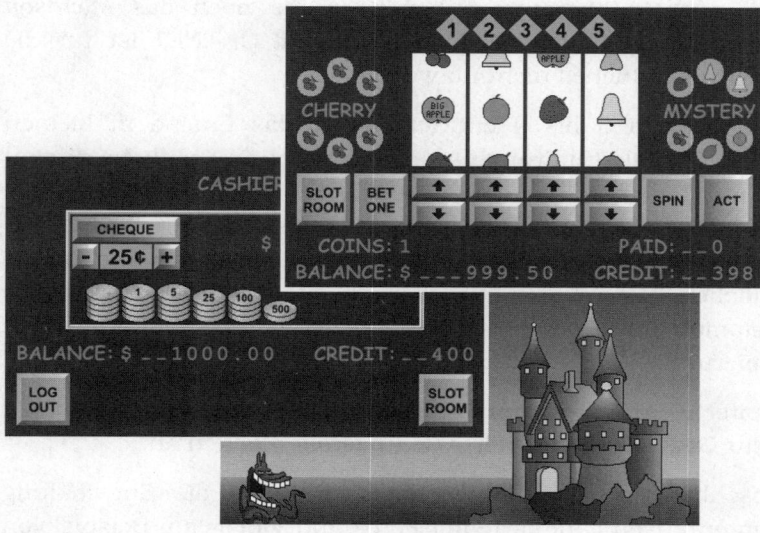

Bild 1.2:
Einige Szenen aus
dem Spielcasino

Slottery (*Slots* + *Lottery*) soll unser Casino heißen. „Slot" bedeutet im Deutschen „Schlitz", denn irgendwo muss der Spieler sein Geld reinstecken. Die Lotterie sorgt für Spannung, wenn er ab und zu die Gelegenheit erhält, die ausgespielte Symbolkombination auf der Gewinnlinie zu ändern.

Das Casino machen wir fit für das Internet, damit alle Spieler einen ordentlichen Jackpot anhäufen können, wenn sie online sind. Um schon vorab ein paar Probespiele zu machen, starten Sie das fertige Programm *Slottery.exe* im Ordner *slottery* auf der CD-ROM zu diesem Buch. Vorab müssen Sie wahrscheinlich noch Ihren Rechner softwaremäßig aufrüsten. Alle Betriebssysteme bis einschließlich *Windows XP* unterstützen standardmäßig keine Programme, die in *C#* geschrieben sind.

1.2 Ein Überblick über die Kapitel

Zur groben Orientierung gebe ich Ihnen einen kurzen Überblick über den Verlauf des Buches.

Bevor es richtig losgehen kann, müssen Sie in Kapitel 2 zunächst einige Installationen durchführen. Die *J2RE* (*Java 2 Runtime Environment*) ist notwendig, um mit dem *JLauncher* arbeiten zu können, der in *Java* geschrieben ist und in diesem Buch als integrierte Entwicklungsumgebung genutzt wird. Zum Erstellen und Starten von *C#*-Programmen benötigen Sie noch das *Microsoft .NET Framework SDK*. Die Software *Visual C# .NET* ist für die Zwecke dieses Buches nicht notwendig.

In den Kapiteln 3 bis 9 entwickeln wir das Casino in kleinen Schritten. Grafikgestaltung, Animation, Sound, zeitliche Steuerung und Reaktion auf Ereignisse sind zum Beispiel wichtige Themen. Ganz nebenbei lernen Sie alle wesentlichen Sprachmerkmale von *C#* kennen. Hierzu gehören zum Beispiel die unterschiedlichen Datentypen, die Möglichkeiten zur Steuerung des Programmablaufs und die Bedeutung der objektorientierten Programmierung.

In Kapitel 10 sehen wir uns kurz die Verwendung von *Visual C# .NET* zur Gestaltung grafischer Benutzeroberflächen an.

Im abschließenden Kapitel 11 zeige ich Ihnen die Entwicklung einer interaktiven Landkarte mit Fotos und Videos am Beispiel von *Las Vegas*. Starten Sie hierzu das Programm *LasVegas.exe* im Ordner *lasvegas* auf der CD-ROM.

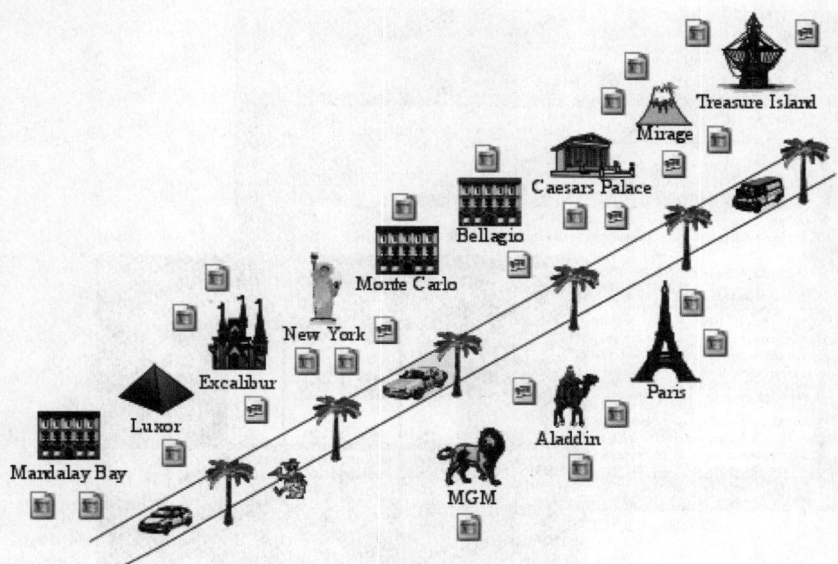

In einigen Kapiteln sind Übungsaufgaben eingestreut. Sie sind der Schlüssel zu Ihrem persönlichen Erfolg. Nehmen Sie sich unbedingt etwas Zeit, eigene Lösungen zu erarbeiten. So können Sie zum Beispiel eine zweite Slotmaschine für das Casino entwickeln und die grundlegenden Ideen nochmals in Eigenarbeit wiederholen. Zu einem erfolgreichen Programmierer werden Sie nicht, indem Sie gut strukturierten Quellcode studieren, den andere geschrieben haben, sondern indem Sie auch mal selbst zur Tat schreiten.

Damit die ersten Schritte für Sie *echt einfach* bleiben, arbeiten wir im ganzen Buch mit dem *JLauncher*.

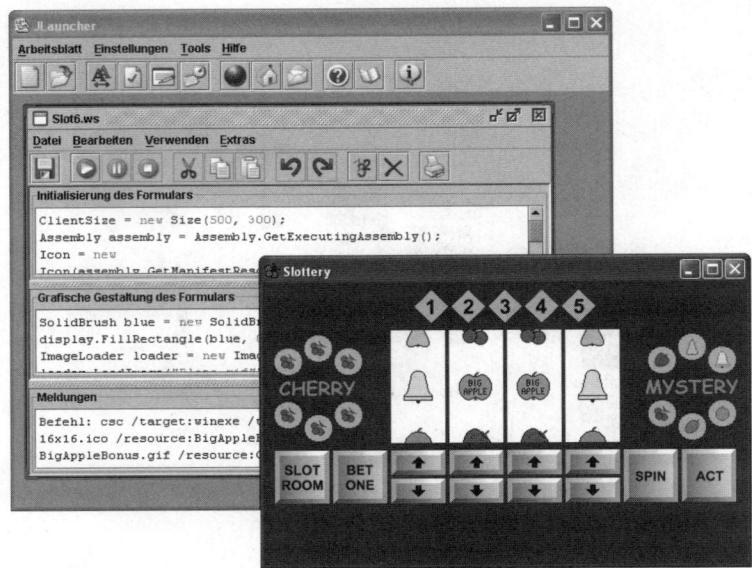

Diese Software ist in *Java* geschrieben und dient als integrierte Entwicklungsumgebung für verschiedene Programmiersprachen mit einer einfach zu bedienenden grafischen Benutzeroberfläche. Auf diese Weise ersparen wir uns die aufwändige Einarbeitung in die Tools auf Ihrem Betriebssystem.

1.3 So finden Sie sich zurecht

Damit das Buch für Sie *echt einfach* strukturiert ist, sind einige Elemente in einer anderen Schriftart dargestellt.

Namen von Personen, Firmen, Programmen und Dateien sind kursiv gedruckt, zum Beispiel *C#*. Bei Befehlen und Beschriftungen tauchen Kapitälchen auf, zum Beispiel START ◆ ALLE PROGRAMME ◆ JLAUNCHER. Quellcode ist in einer Schrift mit Buchstaben gleicher Breite geschrieben, zum Beispiel `doggy.Bite(pussy)`.

☑ Vor den einzelnen Schritten in einer Anleitung befindet sich ein Kästchen mit einem Häkchen.

☐ Bei einer Aufzählung von einzelnen Informationen finden Sie ein normales Kästchen.

Tipp

Wenn mir die Münzen entgegen fliegen, hat sich eine spitzenmä-
ßige Symbolkombination eingestellt. Damit auch Sie zu den Ge-
winnern gehören, sollten Sie meinen Tipp auf jeden Fall studieren,
um sich das Leben beim Programmieren einfacher zu gestalten.

Warnung

Wenn ich mal wieder zu tief ins Glas geschaut habe, sollten Sie
gut aufpassen. Durch Beherzigung meiner Warnungen können Sie
sich so manchen Ärger ersparen.

1.4   Zum Inhalt der CD-ROM

Auf der CD-ROM finden Sie alle Programme und Beispiele, die in
diesem Buch auftauchen. Sehen Sie sich die Webseite
README.html mithilfe Ihres Browsers an, um die einzelnen In-
stallationsprogramme direkt starten zu können.

Für dieses Buch benötigen Sie das *Windows .NET Framework SDK
1.0* für *C#*-Programme (in *csharp*), die *Beispielprogramme* aus den
einzelnen Kapiteln (in den Ordnern *03* bis *11* in *examples*), die
J2RE 1.4.0 zur Ausführung von *Java*-Programmen (in *java*), den
JLauncher 4.0 als integrierte Entwicklungsumgebung (in *jlauncher*)
und die fertigen Programme *LasVegas.exe* (in *lasvegas*) und *Slot-
tery.exe* (in *slottery*). Bitte warten Sie mit der Installation der Programme unbedingt auf die Hinweise in den einzelnen Kapiteln.

Die Software in den Ordnern *acrobat* (*Acrobat Reader 5.0.5* zum
Lesen und Ausdrucken von *PDF*-Dokumenten), *fortran* (die *Salford
FTN77 Personal Edition* mit einem Compiler für *FORTRAN*-Pro-
gramme), *ghostscript* (*GNU Ghostscript 7.05* zur Erzeugung von
Pixelmustern aus *PS*-Dokumenten), *gsview* (*GSview 4.3* zum Be-

trachten und Ausdrucken von *PS*-Dokumenten), *imagemagick* (*ImageMagick 5.4.7* zur Konvertierung von Bildern in verschiedene Grafikformate), *java* (das *J2SDK 1.4.0* zur Entwicklung von *Java*-Programmen und die Dokumentation zum *J2SDK 1.4.0*), *miktex* (*MiKTeX 2.2* zur Erstellung von *TeX*-Dokumenten), *odbc* (der *ODBC .NET*-Datenprovider) und *perl* (*ActivePerl 5.6.1* zur Interpretation von *Perl*-Programmen) liegt der Vollständigkeit halber bei, damit Sie im *JLauncher* bei Bedarf noch mit anderen Sprachen arbeiten können, was aber nicht Thema dieses Buches ist.

1.5 Die Homepage zu diesem Buch

Sollten Sie Fehler entdecken, Fragen zu einigen Themen haben oder vor scheinbar unlösbaren Problemen stehen, scheuen Sie sich nicht, eine E-Mail an *roland.willms@jlauncher.de* zu schicken.

Auf der Homepage *http://www.jlauncher.de/* finden Sie stets aktuelle Informationen zu diesem Buch.

☑ Klicken Sie im Menü auf der linken Seite auf die Schaltfläche BÜCHER.

☑ Verschieben Sie die Webseite, bis das Cover zum Buch *C#* erscheint.

☑ Klicken Sie auf den Link HINWEISE ZUR 1. AUFLAGE.

☑ Auf der nun erscheinenden Seite finden Sie zum Beispiel Hinweise auf gefundene Fehler, Updates zur Software und zusätzliche Dokumente (Tipps zur Herstellung von Icons für *Windows*-Programme, mögliche Erweiterungen beim Spielcasino *Slottery* zu den Themen „Informationen lesen und schreiben", „Zwischen Client und Server kommunizieren" und „Mit Datenbanken umgehen").

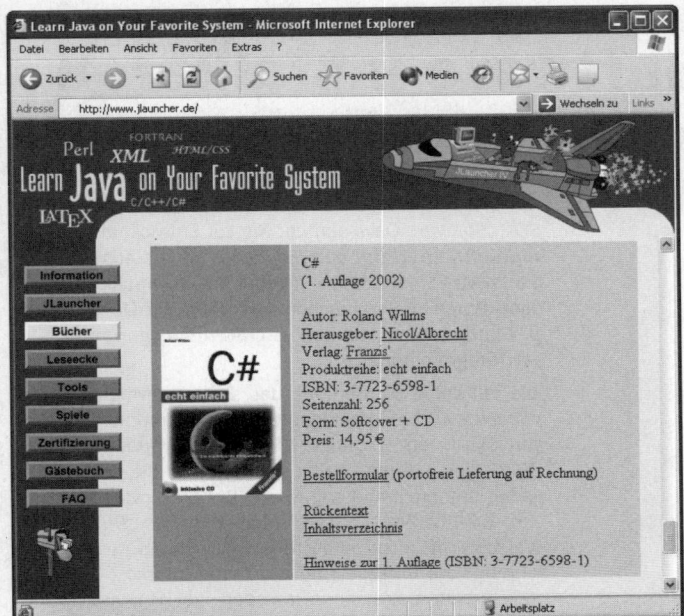

Wenn Sie Lust haben, können Sie einen Kommentar zu diesem Buch ins GÄSTEBUCH schreiben, der herzlich willkommen ist, oder in der LESEECKE verweilen, um Profibücher zu *Java* und *C#* zu studieren.

Nach diesen einleitenden Bemerkungen wünsche ich Ihnen viel Spaß beim Lesen der einzelnen Kapitel und baldige Erfolgserlebnisse beim Ausprobieren der Programmbeispiele.

2 Wichtige Software installieren

Dieses Kapitel enthält Hinweise zur Installation von drei Softwarepaketen: das *.NET Framework SDK* (*Software Development Kit*) zur Entwicklung von Software in *C#*, der *JLauncher* als einfache integrierte Entwicklungsumgebung für verschiedene Programmiersprachen und die *J2RE* (*Java 2 Runtime Environment*) zur Ausführung von *Java*-Programmen.

Alle Hinweise wurden für das Betriebssystem *Windows XP* zusammengestellt. Bei den vorherigen Systemen *Windows NT 4.0* und *Windows 2000* dieser Produktreihe müssen Sie die Angaben entsprechend anpassen. Die Entwicklung von *C#*-Programmen ist unter *Windows 98/ Windows ME* nicht möglich, lediglich deren Ausführung. Um mit der Software *Visual Studio C# .NET* arbeiten zu können, müssen Sie *Windows NT 4.0, Windows 2000* oder *Windows XP* haben.

2.1　Die J2RE installieren

Auf der Homepage *http://java.sun.com/j2se/* finden Sie Informationen zur *J2SE* (*Java 2 Platform, Standard Edition*) von der Firma *Sun*. Es werden zwei Produkte zum Download angeboten:

☐ *J2SDK*: Das *Java 2 Software Development Kit* dient zur Entwicklung und Ausführung von Software, die in *Java* geschrieben ist.

☐ *J2RE*: Die *Java 2 Runtime Environment* enthält keine Tools zur Entwicklung von *Java*-Programmen und dient lediglich zu deren Ausführung.

Ab dem nächsten Kapitel nutzen wir den *JLauncher* als *IDE* (*Integrated Development Environment*) für *C#*-Programme. Weil er in *Java* geschrieben ist, muss eine *J2RE* auf Ihrem Betriebssystem installiert sein.

☑ Klicken Sie doppelt auf die Datei *j2re-1_4_0-win-i.exe* (das Anhängsel *-1_4_0-win-i* steht für „internationale Version 1.4.0 für *Windows*").

☑ Als Zielordner ist *C:\Programme\Java\J2RE1.4.0* empfehlenswert. Selbstverständlich dürfen Sie auch einen anderen nutzen.

Java-Applets von *Sun* und *Microsoft* unterscheiden

Einige Firmen bieten *Java*-Applets im Internet an, die mithilfe von *Visual Studio J++* (die Entwicklungsumgebung von *Microsoft* für *Java*-Programme) erstellt wurden. Wie im Vorwort erläutert wurde, gab es bei *Sun* und *Microsoft* verschiedene Ansichten bezüglich des Funktionsumfangs von *Java*. Daher kann es passieren, dass die *J2RE* von *Sun* firmenfremde Applets nicht ausführen kann.

Bevor Sie den nächsten Schritt durchführen, sollten Sie sich gut überlegen, ob Sie von in „*Microsoft-Java*" geschriebenen Applets abhängig sind. Um sich Ärger zu ersparen, wenn zum Beispiel die Software Ihrer Hausbank für Online-Banking nicht mehr funktioniert, sollten Sie das Plug-in für *Java*-Applets von *Sun* in diesem Fall nicht installieren.

Microsoft darf *Java* zukünftig nicht mehr in eigenen Produkten verwenden. Als neue Programmiersprache ist daher C# entstanden. Für eine gewisse Übergangszeit werden Sie im Internet noch *Java*-Applets finden, die mithilfe von *Visual Studio J++* entwickelt wurden und folglich von der *J2RE* von *Sun*, die ab sofort als Standard anzusehen ist, nicht korrekt ausgeführt werden.

☑ Markieren Sie bei der Browserauswahl zum Beispiel das Kontrollkästchen Microsoft Internet Explorer, um das mitgelieferte Plug-in als Umgebung zur Ausführung von *Java*-Applets auf Webseiten im *Microsoft Internet Explorer* einzustellen.

Wenn Sie das Plug-in für *Java*-Applets von *Sun* installiert haben, können Sie die *Microsoft VM* (*Virtual Machine*) für *Java* wieder aktivieren, indem Sie das Häkchen im Kontrollkästchen neben dem Eintrag Verwenden Sie Java 2 v1.4.0 beim Knoten Java (Sun) entfernen. Sie finden den Eintrag nach dem Aufruf des Menüs Extras ◆ Internetoptionen im *Microsoft Internet Explorer* und der Auswahl der Registerkarte Erweitert (siehe Bild 2.1).

Zur *J2RE* gehört das Programm *java.exe*. Es wird während der Installation automatisch im Systemordner eingerichtet, zum Beispiel im Ordner *C:\Windows\system32* unter *Windows XP*. Alle Programme, die im Systemordner liegen, lassen sich problemlos in einer *Eingabeaufforderung* starten. Daher ist eine Anpassung der Umgebungsvariable `Path`, auf die wir bei der Installation des *.NET Framework SDK* noch zu sprechen kommen, unnötig.

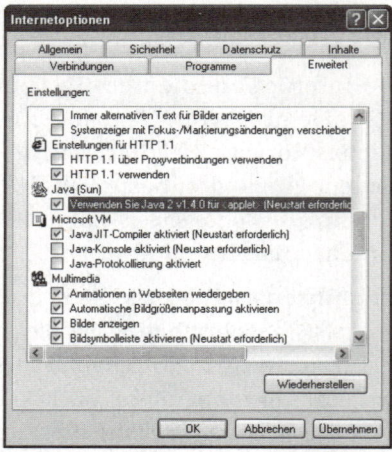

☑ Öffnen Sie ein Fenster der *Eingabeaufforderung* durch Auswahl der Einträge ALLE PROGRAMME ✦ ZUBEHÖR ✦ EINGABEAUFFORDERUNG im Startmenü.

☑ Geben Sie den Befehl `java -version` ein und tippen Sie auf die Taste ⌤, um ihn zu starten. In der *Eingabeaufforderung* meldet sich nun der *Java*-Interpreter *java.exe* und gibt seine Versionsnummer aus.

```
Eingabeaufforderung                                          _ □ ×
Microsoft Windows XP [Version 5.1.2600]
(C) Copyright 1985-2001 Microsoft Corp.

C:\Dokumente und Einstellungen\Roland>java -version
java version "1.4.0"
Java(TM) 2 Runtime Environment, Standard Edition (build 1.4.0-b92)
Java HotSpot(TM) Client VM (build 1.4.0-b92, mixed mode)

C:\Dokumente und Einstellungen\Roland>_
```

2.2 Den JLauncher startklar machen

Auf der CD sowie auf der Homepage *http://www.jlauncher.de/* steht der *JLauncher* zum Download zur Verfügung.

☑ Klicken Sie mit der rechten Maustaste auf die Datei *JLauncher.zip* und wählen Sie den Eintrag Alle extrahieren im erscheinenden Popup-Menü aus.

Andere Tools zum Entpacken von Archiven nutzen

Die Möglichkeit, *ZIP*-Archive ohne ein zusätzliches Hilfsprogramm zu entpacken, gibt es erst seit *Windows XP*. Auf älteren Betriebssystemen können Sie zum Beispiel *Winzip* verwenden, um gezippte Dateien zu entpacken. Informationen zu dieser Software finden Sie auf der Homepage *http://www.winzip.de/*.

☑ Als Zielordner für die Dateien des *JLaunchers* ist *C:\Programme* im Extrahier-Assistenten zu empfehlen. Der Ordner *JLauncher* entsteht beim Extrahieren automatisch. Folglich liegen alle Programmdateien anschließend in *C:\Programme\JLauncher*.

☑ Begeben Sie sich nun mithilfe des *Windows-Explorers*, der über die Einträge Alle Programme ✦ Zubehör ✦ Windows-Explorer im Startmenü erscheint, in den Ordner *C:\Programme\JLauncher*.

☑ Um den *JLauncher* zu starten, klicken Sie doppelt auf die Datei *JLauncher_de_DE.bat*. Sie enthält den Befehl `java -jar JLauncher.jar de DE` zur Ausführung der deutschsprachigen Version. Das Programm *java.exe* ist bekannt, weil wir bereits die *J2RE* installiert haben.

☑ Nach dem ersten Start des *JLaunchers* öffnet sich ein Fenster mit der Lizenzvereinbarung, der Sie zustimmen müssen. Nach der Annahme dieser Regeln und Bedingungen erscheint die grafische Benutzeroberfläche des *JLaunchers* auf dem Bildschirm.

Die einfache Bedienungsweise des *JLaunchers* werden Sie im Laufe des Buches schrittweise kennen lernen. Hinter den meisten Icons in den Werkzeugleisten verbergen sich Standardfunktionen, die Ihnen bereits aus *Windows XP* bekannt sind.

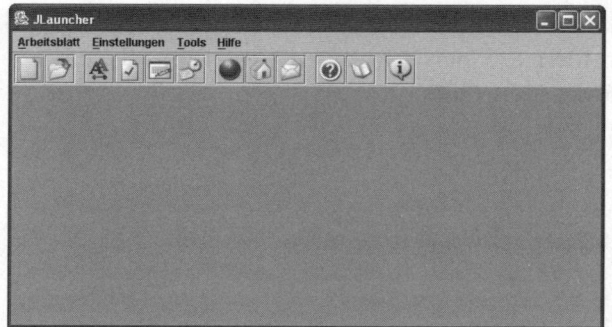

Den *JLauncher* auf eigene Faust starten

Der Start des *JLaunchers* gelingt auch mithilfe der *Eingabe-aufforderung*. Geben Sie zunächst den Befehl `cd C:\Programme\JLauncher` ein, um in den Ordner mit dem *Java*-Archiv *JLauncher.jar* zu wechseln. Der Befehl `java -jar JLauncher.jar de DE` führt anschließend den *JLauncher* aus.

Bild 2.4:
Manueller Start des
JLaunchers in der
Eingabeaufforderung

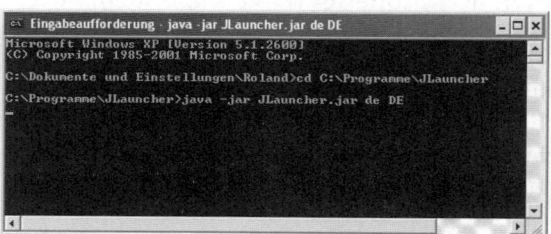

☑ Zur Erleichterung des Programmstarts des *JLaunchers* emp-
fiehlt es sich, ein Icon auf dem Desktop und einen Eintrag im
Startmenü anzulegen. Das Skript *Links_de_DE.vbs* im Ordner
C:\Programme\JLauncher enthält Anweisungen in *Visual Basic
Script*, die vom *WSH* (*Windows Scripting Host*) ausgeführt werden und diese beiden Aufgaben rasch nach einem Doppelklick
erledigen.

Sie können sich den Inhalt von *Links_de_DE.vbs* zur Information
im *Editor* ansehen, der über die Einträge ALLE PROGRAMME ♦
ZUBEHÖR ♦ EDITOR erscheint. Ziehen Sie anschließend die Datei per
Drag & Drop vom *Windows-Explorer* in den *Editor*.

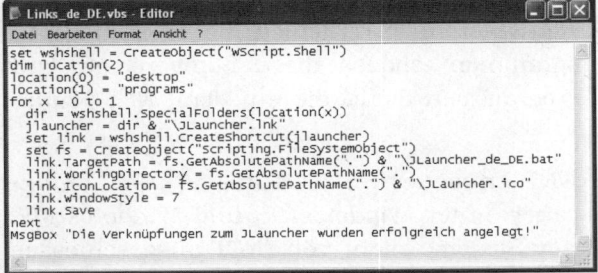

```
set wshshell = CreateObject("Wscript.shell")
dim location(2)
location(0) = "desktop"
location(1) = "programs"
for x = 0 to 1
    dir = wshshell.SpecialFolders(location(x))
    jlauncher = dir & "\JLauncher.lnk"
    set link = wshshell.CreateShortcut(jlauncher)
    set fs = CreateObject("scripting.FileSystemObject")
    link.TargetPath = fs.GetAbsolutePathName(".") & "\JLauncher_de_DE.bat"
    link.WorkingDirectory = fs.GetAbsolutePathName(".")
    link.IconLocation = fs.GetAbsolutePathName(".") & "\JLauncher.ico"
    link.WindowStyle = 7
    link.Save
next
MsgBox "Die Verknüpfungen zum JLauncher wurden erfolgreich angelegt!"
```

Den *WSH* installieren

Der *Windows Scripting Host* ist bereits standardmäßig unter *Windows XP* vorinstalliert. Auf älteren Betriebssystemen erhalten Sie die aktuelle Version des *WSH* automatisch mit der Installation des *Microsoft Internet Explorers* ab der Version 5.0.

☑ Nun können Sie den *JLauncher* auch bequem durch einen Doppelklick auf das Icon auf dem Desktop oder durch Auswahl der Einträge ALLE PROGRAMME ♦ JLAUNCHER im Startmenü starten.

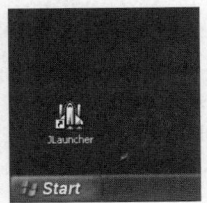

2.3   Das .NET Framework SDK einrichten

Auf der Homepage *http://www.microsoft.com/net/* finden Sie Informationen zum *.NET Framework*. Es werden wie bei der *J2SE* zwei Produkte zum Download angeboten:

☐ *.NET Framework SDK*: Diese Software ist im Prinzip mit dem *J2SDK* vergleichbar, weil sie zur Entwicklung von Programmen dient, die in *C#* geschrieben sind, und Programme ausführen kann, die auf dem *.NET Framework* basieren.

❑ *.NET Framework Redistributable*: Es fehlen die Tools zur Entwicklung von Programmen, sodass diese Software nur zur Ausführung von Programmen dient, die auf dem *.NET Framework* basieren.

Im Gegensatz zum *.NET Framework SDK* läuft das *.NET Framework Redistributable* auch unter *Windows 98* und *Windows ME*, damit die Nutzer dieser Systeme nicht von *.NET* ausgeschlossen sind. Zukünftige Versionen von *Windows* werden das *.NET Framework* standardmäßig enthalten.

Um die Arbeit der Entwickler zu erleichtern, bietet *Microsoft* noch einige Softwareprodukte mit einer grafischen Benutzeroberfläche an, die einige Arbeitsschritte automatisieren.

❑ *Visual Studio .NET*: Diese Software dient zur Handhabung der Programmiersprachen *Basic*, *C#*, *C++* und *J#* (der Nachfolger von „*Microsoft-Java*").

❑ *Visual C# .NET*: Bei dieser Software handelt es sich um einen Teil von *Visual Studio .NET* zur Entwicklung von Programmen speziell in *C#*.

In Zukunft bietet *Microsoft* noch separate Pakete zur Ergänzung des *.NET Frameworks* an. Zum Beispiel gibt es schon einen *ODBC .NET Datenprovider* zur Handhabung von Datenbanken. Auch der Umgang mit Multimedia-Objekten, zum Beispiel Sound und Videos, fehlt in der gegenwärtigen Version 1.0 des *.NET Frameworks* noch völlig. Wie schon bei der *J2SE* erlebt, werden solche Funktionen schrittweise in die nächsten Versionen eingebaut.

Den Download des *.NET Framework SDK* überspringen

Visual Studio .NET und *Visual C# .NET* enthalten bereits das *.NET Framework SDK*, sodass Sie sich die deutschsprachige Version nicht mehr besorgen müssen. Das SDK wird während der Installation dieser Produkte beim *Windows Component Update* eingerichtet.

☑ Klicken Sie nun doppelt auf die Datei *setup.exe*, um die Installation des *.NET Frameworks* zu starten, oder lassen Sie diese

Aufgabe während der Installation von *Visual Studio .NET* oder *Visual C# .NET* automatisch erledigen.

☑ Achten Sie zu Beginn der Installation darauf, dass sich ein Häkchen im Kontrollkästchen UMGEBUNGSVARIABLEN REGISTRIEREN befindet. Nur in diesem Fall kann das Programm *csc.exe* später in der *Eingabeaufforderung* problemlos aufgerufen werden.

Den Suchpfad `Path` **manuell überarbeiten**

Während der Installation des *.NET Frameworks* durch *Visual Studio .NET* oder *Visual C# .NET* gibt es keine Einstellungsmöglichkeit zur Anpassung der Umgebungsvariablen. Benutzer dieser Produkte müssen die Festplatte später nach der Datei *csc.exe* absuchen und die Umgebungsvariable `Path` selbst anpassen. Dieser Vorgang wird in Kürze beschrieben.

☑ Während der Installation erscheint möglicherweise eine Warnung, dass die *IIS* (*Internet Information Services*) nicht installiert sind. Zu den Internet-Informationsdiensten, die Sie zum Beispiel von der CD-ROM zu *Windows XP* im Nachhinein als zusätzliche Software installieren können, gehört u. a. ein Webserver. Dieser Dienst ist zum Beispiel für *ASP .NET* (*Active Server Pages*) erforderlich. In diesem Buch kommen wir hierauf aber nicht zu sprechen, sodass Sie die Warnung ignorieren können.

☑ Um zu testen, ob das Programm *csc.exe* zur Verfügung steht, öffnen Sie ein Fenster der *Eingabeaufforderung* und geben den Befehl `csc` ein.

Wenn sich der *C#-Compiler* meldet, wurde die Umgebungsvariable `Path` vernünftig angepasst, was während der Installation des *.NET Framework SDK* als separates Produkt automatisch geschieht.

![Eingabeaufforderung Fenster]

Bild 2.7:
Der Aufruf des Compilers war erfolgreich – trotz der `fatal error`-Meldung

Benutzer von Visual Studio *.NET* oder *Visual C# .NET* werden wahrscheinlich eine Meldung sehen, dass der Befehl `csc` unbekannt ist.

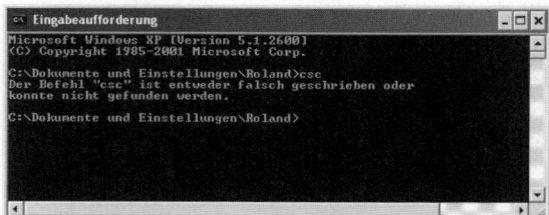

Wenn wir einen Befehl in der *Eingabeaufforderung* eingeben, zum Beispiel `csc`, sucht der Kommandoprozessor die zugehörige Programmdatei, zum Beispiel *csc.exe*. Es würde den Start von Programmen erheblich verzögern, wenn er in jedem Ordner auf der Festplatte nachsehen müsste. Daher gibt es die Umgebungsvariable `Path`, die als Suchpfad bezeichnet wird. Ihr Wert ist eine Liste mit Ordnern, die voneinander durch ein Semikolon getrennt werden. Nur diese Ordner werden von links nach rechts nach dem benötigten Programm durchsucht.

Um zu verhindern, dass der Kommandoprozessor ein Programm nicht findet, muss der Ordner mit der ausführbaren Datei im Suchpfad auftauchen. Die Datei *csc.exe* liegt zum Beispiel im Ordner *C:\WINDOWS\Microsoft.NET\Framework\v1.0.3705*, dessen exakter Name von der Version des *.NET Frameworks* abhängt.

☑ Wählen Sie den Eintrag SYSTEMSTEUERUNG im Startmenü aus, klicken Sie doppelt auf das Icon SYSTEM, wählen Sie die Registerkarte ERWEITERT aus und betätigen Sie die Schaltfläche UMGEBUNGSVARIABLEN.

Auf dem Bildschirm erscheint nun ein Fenster mit den Umgebungsvariablen und ihren Werten. Es gibt Benutzervariablen, die nur für einen bestimmten Benutzer gelten, und Systemvariablen, die für alle Benutzer gelten. Beim Suchpfad wird der Wert der Systemvariablen `Path` automatisch mit dem Wert der Benutzervariablen `Path` kombiniert.

Wenn Sie allen Benutzern den Aufruf des *C#*-Compilers ermöglichen möchten, müssen Sie Administrator sein und den Wert der Variablen `Path` im Feld SYSTEMVARIABLEN um den oben angegebenen Ordner erweitern. Wählen Sie hierzu den zugehörigen Eintrag aus und klicken Sie auf BEARBEITEN. Vergessen Sie nicht, ein Semikolon zur gegenseitigen Abtrennung der Ordner zu verwenden.

Bild 2.9:
Das Fenster mit den Umgebungsvariablen

Als Benutzer ohne Administratorrechte bleibt Ihnen nichts anderes übrig, als den Eintrag PATH im Feld BENUTZERVARIABLEN auszuwählen und die Schaltfläche BEARBEITEN zu betätigen. Wenn der Suchpfad noch nicht eingerichtet wurde, klicken Sie auf NEU, um eine neue Variable zu erzeugen.

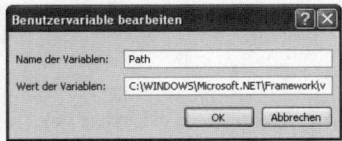

Bild 2.10:
Den Suchpfad neu einrichten oder anpassen

☑ Nach der Anpassung des Suchpfads schließen Sie alle Fenster der Systemsteuerung.

☑ Eine Änderung bei Werten von Umgebungsvariablen hat keine Auswirkung auf die *Eingabeaufforderungen*, die bereits geöffnet sind. Daher öffnen Sie eine neue *Eingabeaufforderung* und geben den Befehl `csc` ein. Nun meldet sich der *C#*-Compiler oder Sie müssen den Wert der Variablen `Path` nochmal kontrollieren, um einen Rechtschreibfehler zu beseitigen.

Den Wert des Suchpfads ansehen

Um den aktuellen Wert der Umgebungsvariablen `Path` zu sehen, müssen Sie nicht durch die ganze Systemsteuerung wandern. Es genügt, den Befehl `path` in der *Eingabeaufforderung* zu starten.

3 Grafiken gestalten

In Kapitel 2 haben wir das *.NET Framework SDK* zum Kompilieren von *C#*-Programmen, die *J2RE* zur Ausführung von *Java*-Programmen und den *JLauncher* als integrierte Entwicklungsumgebung installiert. Nun beginnen wir damit, unsere ersten konkreten Anweisungen in *C#* zu schreiben. Mit einem `ImageLoader` laden wir komplette Bildersammlungen von der Festplatte und schneiden einzelne Bilder aus. Sie dienen am Ende zur Gestaltung der grafischen Benutzeroberfläche einer Slotmaschine.

Ganz automatisch begegnen uns während der Programmierarbeit die ersten wichtigen Begriffe der objektorientierten Programmierung, zum Beispiel Klasse, Objekt, Feld, Konstruktor und Methode. Um sie anschaulich zu verstehen, werfen wir einen Blick in die reale Welt und untersuchen, was passiert, wenn wir eine Katze bei einem Hund vorbeischicken.

3.1 Was sind Objekte?

Ein Lexikon dient zur Erläuterung von Begriffen. Unter dem Stichwort *Katze* steht zum Beispiel Folgendes: „Katzen sind Raubtiere mit starken Reißzähnen und scharfen Krallen, die zum Einfangen von Mäusen dienen. Wegen des Triebs zum Wildern wagen sie sich auch an Vögel heran. Hunde sind bei ihnen nicht so beliebt. Bei Gefahr können sie mit ihren sanften Tatzen gewandt auf Bäume klettern. Im ausgewachsenen Alter haben sie eine Länge von ...".

Nun haben wir bereits eine klare Vorstellung von einer Katze und können drei Fragen problemlos beantworten.

☐ Was ist eine Katze? (ein Raubtier)

☐ Was hat eine Katze? (starke Reißzähne, scharfe Krallen, sanfte Tatzen, ein Alter und eine Länge)

☐ Was macht eine Katze? (Mäuse einfangen, sich an Vögel heranwagen, mit Hunden kämpfen, auf Bäume klettern)

Objekte sind dadurch gekennzeichnet, dass wir diese drei Fragen beantworten können.

3.1.1 Mitglieder in Klassen aufschreiben

Um dem Computer zu erklären, was eine Katze ist, schreiben wir die Erläuterung aus dem Lexikon in seiner Sprache auf. In diesem Buch wurde *C#* als objektorientierte Programmiersprache gewählt.

In *C#* stehen die Antworten auf die drei Fragen in einer Klasse. Eine Klasse ist also nichts anderes als eine allgemeine Beschreibung von Objekten mit bestimmten Mitgliedern. Sie wird häufig auch als Bauplan für Objekte bezeichnet. Weil der Überblick über Details in Texten schnell verloren geht, stellen wir die Antworten auf die drei Fragen zunächst in einem Diagramm dar.

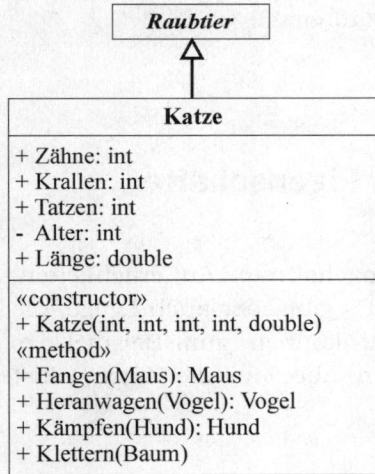

Bild 3.1:
UML-Diagramm einer Katze

Noch vor wenigen Jahren wurden diese Diagramme von den Programmierern nach eigenen Wünschen und Vorstellungen gestaltet. Mittlerweile hat sich die *UML* (*Unified Modeling Language*) als weltweiter Standard entwickelt.

Ein *UML*-Diagramm für eine Klasse besteht aus drei Zellen. Die obere Zelle zeigt den Klassennamen in hervorgehobener Schrift. In der mittleren Zelle steht die Antwort auf die Frage „Was hat eine Katze?". In der unteren Zelle befindet sich die Antwort auf die Frage „Was macht eine Katze?". Alle Elemente, die in er mittleren und unteren Zelle stehen, sind Mitglieder der Katze.

Um die Antwort auf die Frage „Was ist eine Katze" darzustellen, wird ein durchgezogener Pfeil mit einem ungefüllten Dreieck als Spitze gezeichnet. An diesen Pfeil können wir in Gedanken „ist ein" schreiben. Eine Katze ist also ein Raubtier.

Als verkürzte Darstellung für die Klasse des Raubtiers dient eine einzige Zelle. Der Name ist kursiv gedruckt, weil ein Raubtier etwas Abstraktes ist.

Die *UML* beherzigen

Wenn Sie zur Veranschaulichung von Klassen nicht die *UML* verwenden, kann es Ihnen leicht passieren, dass niemand an Ihren Programmierideen interessiert ist. Die zeitaufwändige und zu Recht gefürchtete Einarbeitung in eine individuelle Symbolik wirkt als abschreckender Faktor bei Präsentationen.

3.1.2 Den Zustand durch Eigenschaften beschreiben

Zum Zustand einer Katze gehören zunächst reine Äußerlichkeiten, zum Beispiel die Anzahl der Tatzen. Es gibt aber auch Dinge, die wir nicht so einfach von außen sehen können, zum Beispiel das Alter. Es kann zwar geschätzt werden, aber nur die Katze selbst weiß, wie alt sie ist.

Bild 3.2:
Der Zustand einer Katze

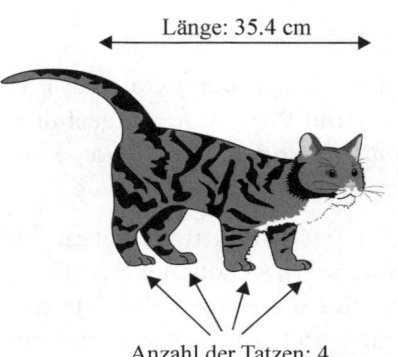

Länge: 35.4 cm

Alter: 2 Jahre

Anzahl der Tatzen: 4

In *UML*-Diagrammen unterscheiden wir öffentliche und private Mitglieder. Vor `Zähne`, `Krallen`, `Tatzen` und `Länge` steht ein Pluszeichen, weil diese Eigenschaften zu den öffentlichen Teilen des Zustands gehören und wir ihre Werte abfragen können. Vor die `Alter`-Eigenschaft kommt hingegen ein Minuszeichen, weil es sich um einen privaten Teil des Zustands handelt. Es gibt für uns keine Möglichkeit, an seinen Wert heranzukommen.

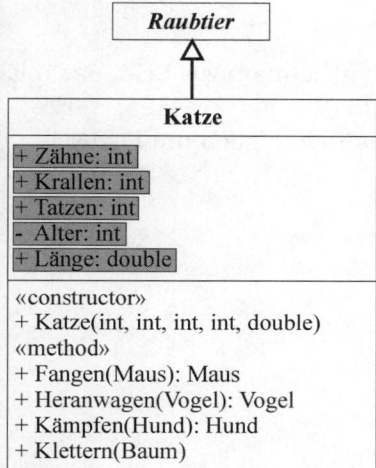

Bild 3.3:
Die Eigenschaften
der Katze

Selbst kreativ werden

Welche Mitglieder Sie in einem *UML*-Diagramm aufführen, bleibt Ihnen eigenen Geschmack überlassen. Am besten ist es, immer nur die Informationen einzutragen, die im gegenwärtigen Kontext nötig sind.

Hinter allen Eigenschaften steht ein Doppelpunkt mit dem zugehörigen Typ. Zum Beispiel hat die `Tatzen`-Eigenschaft in Bild 3.2 den Wert 4 und die `Länge`-Eigenschaft den Wert `35.4`. In *C#* kennzeichnet `int` einen Typ für Ganzzahlen und `double` einen Typ für Fließkommazahlen. Also hat `Tatzen` in Bild 3.3 den Typ `int` und `Länge` den Typ `double`. Anstelle des im deutschen Sprachraum üblichen Kommas bei gebrochenen Zahlen kommt in der Programmierung grundsätzlich ein Dezimalpunkt zum Einsatz. Zum Beispiel schreiben wir `35.4` anstelle von `35,4`.

Bei strenger Betrachtung werden die Teile des Zustands nicht durch Eigenschaften, sondern durch Felder beschrieben. Zwischen Feldern und Eigenschaften gibt es einen winzigen Unterschied. Zunächst können wir sie in *UML*-Diagrammen aufgrund der Schreibung des ersten Buchstabens auseinander halten. Am Anfang der Bezeichner von Feldern steht ein kleiner Buchstabe, wohingegen Eigenschaften mit einem großen Buchstaben beginnen. Folglich handelt es sich bei `Zähne`, `Krallen`, `Tatzen`, `Alter` und `Länge` in Bild 3.3 um Eigenschaften.

Zu jeder Eigenschaft gibt es immer ein gleichnamiges Feld, das mit einem kleinen Buchstaben beginnt. Bei `zähne`, `krallen`, `tatzen`, `alter` und `länge` in Bild 3.4 handelt es sich folglich um Felder.

Bild 3.4:
Die Felder der Katze

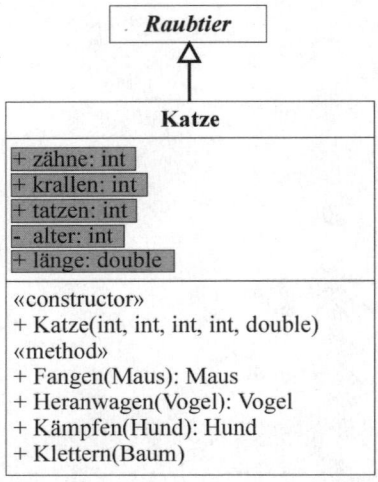

Bei öffentlichen Feldern sind wir im Allgemeinen in der Lage, ihre Werte abzufragen und zu ändern. Diese Vorgänge werden auch als Lesen und Schreiben bezeichnet. Im Prinzip können wir eine Katze fangen und den Wert ihres `länge`-Feldes verkleinern. In der Praxis ist es aber schwierig, aus einer langen Katze eine kurze zu machen. Also sollte es möglich sein, Felder vor Schreibvorgängen zu schützen. Hierzu werden alle Felder zunächst privat gemacht, was an den Minuszeichen im *UML*-Diagramm in Bild 3.5 zu erkennen ist.

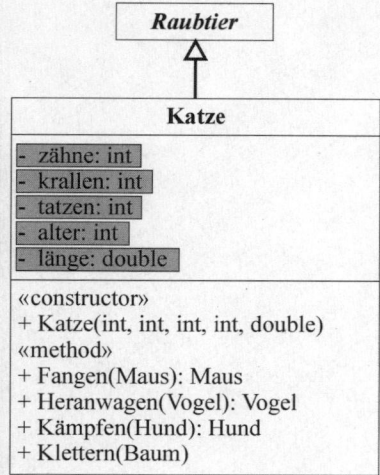

Nun sind alle Lese- und Schreibvorgänge bei den Feldern verboten, die von der Umgebung der Katze gewünscht werden. Mithilfe von Eigenschaften legen wir nun Zugriffsmöglichkeiten für die Felder fest. Wir unterscheiden drei Typen:

☐ Lesen-Schreiben-Eigenschaft: Wir dürfen den Wert des zugehörigen Feldes abfragen und ändern. Zum Beispiel darf der Besitzer eines Spielautomaten das darin befindliche Geld zählen und eine gewisse Summe als Verdienst entnehmen.

☐ Nur-Lesen-Eigenschaft: Wir dürfen den Wert des zugehörigen Feldes abfragen, aber nicht ändern. Zum Beispiel haben die Daten auf einem Personalausweis eine Nur-Lesen-Eigenschaft. Es ist nicht möglich, sie per Kugelschreiber abzuändern.

☐ Nur-Schreiben-Eigenschaft: Wir dürfen den Wert des zugehörigen Feldes ändern, aber nicht abfragen. Zum Beispiel darf der Arbeitgeber dem Arbeitnehmer etwas zu dessen Kontostand hinzufügen, ohne vorher abfragen zu dürfen, wie hoch er ist.

Um die Art der Eigenschaft in einem *UML*-Diagramm auszudrücken, können wir in geschweiften Klammern die Buchstaben g (get-Accessor für Leseerlaubnis) und s (set-Accessor für Schreiberlaubnis) hinzufügen. Accessoren steuern die Art des Zugriffs auf ein Feld.

Bild 3.6:
Eigenschaften mit get-
und set-Accessoren

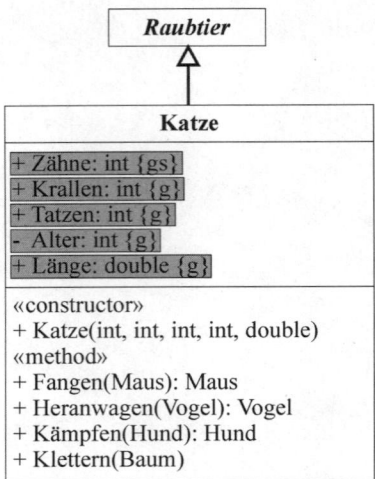

Die Zähne-Eigenschaft hat nun einen get- und einen set-Accessor. Nun darf der Zahnarzt die Anzahl der Zähne einer Katze zählen und bei einer notwendigen Behandlung sogar einen Zahn ziehen. Bei den Eigenschaften Krallen und Tatzen sind nur Lesevorgänge erlaubt. Wir gehen davon aus, dass eine Katze nach links und rechts schaut, bevor sie über die Straße läuft. Unfälle sind beim *UML*-Diagramm in Bild 3.6 also nicht möglich. Die Alter-Eigenschaft hat zwar einen get-Accessor, aber weil sie privat ist, kann nur die Katze selbst ihr Alter abfragen. Weil der set-Accessor fehlt, darf die Katze ihre eigene Alter-Eigenschaft nicht manipulieren. Es ist ihr aber immer noch erlaubt, das alter-Feld direkt zu ändern.

In der Praxis spielt es häufig keine große Rolle, welche Accessoren eine Eigenschaft hat. Es wird davon ausgegangen, dass Eigenschaften nur in sinnvoller Weise genutzt werden. Daher fehlen die Zusätze g und s in allen weiteren *UML*-Diagrammen in diesem Buch. Zum Beispiel ist klar, dass wir die Length-Eigenschaft zur Bestimmung der Anzahl der Zeichen in einer Zeichenfolge nur abfragen dürfen. Beim Erlauben eines Schreibvorgangs kann es passieren, dass eine Zeichenfolge mit einem falschen Wert bei der Length-Eigenschaft plötzlich zu viele oder zu wenige Buchstaben enthält, was Konflikte hervorruft.

3.1.3 Objekte mit Konstruktoren erschaffen

Bevor wir in einem *C#*-Programm mit einer Katze arbeiten können, müssen wir erst mal eine haben. Zu diesem Zweck gibt es Konstruktoren, die in *UML*-Diagrammen unter dem Stichwort «constructor» aufgeführt sind.

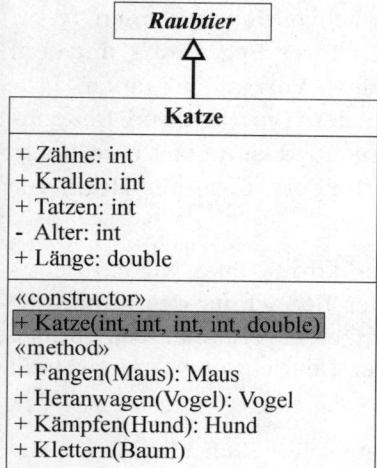

Bild 3.7:
Die Konstruktoren
der Katze

Wenn der Konstruktor privat wäre, könnte keine Katze erschaffen werden. Daher sehen wir zunächst ein Pluszeichen. Es folgt der Bezeichner des Konstruktors, der in *C#* immer mit dem Bezeichner der Klasse identisch ist. Dahinter kommt noch ein rundes Klammerpaar mit einer Liste von Werten.

Mit der Anweisung

```
Katze pussy = new Katze(12, 5, 4, 3, 41.5);
```

erschaffen wir eine Katze mit dem Namen pussy, die 12 Zähne, 5 Krallen und 4 Tatzen hat, 3 Jahre alt und 41.5 cm lang ist. Der Konstruktor reicht die übergebenen Werte an die Felder weiter, wobei die Reihenfolge beachtet wird.

Den allgemeinen Aufbau der letzten Anweisung sehen wir uns nun etwas genauer an.

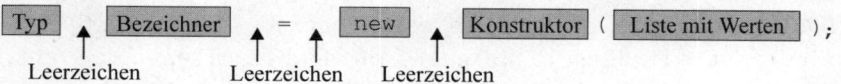

Bild 3.8:
Aufbau der Anweisung
zur Erschaffung eines
Objekts

Um ein Objekt später im Programm ansprechen zu können, erhält es einen Bezeichner. Zum Beispiel hat die Katze den Namen pussy. Um die Katze später beim Hund vorbeizuschicken, müssen wir nur noch „pussy, schau mal beim doggy vorbei" sagen.

Ein Platzhalter für eine Information wird fachlich als Variable bezeichnet. Bei pussy handelt es sich um eine Variable. Variabel bedeutet veränderbar, was wir leicht nachvollziehen können, wenn wir daran denken, wie die Katze nach ihrer Begegnung mit dem Hund aussieht. Immer wenn eine neue Variable in einem Programm eingeführt wird, schreiben wir den Typ vor ihren Bezeichner. Ansonsten weiß der Computer nicht, dass pussy eine Katze und doggy ein Hund ist. So wird verhindert, dass der Hund vor der Katze wegläuft.

Das Schlüsselwort new ist ein Hinweis darauf, dass wir ein neues Objekt erschaffen. Hinter new steht der Bezeichner des Konstruktors, der in C# mit dem Typ der Variablen vereinbar sein muss. Daher kommt in unserem Beispiel der Bezeichner Katze zweimal vor.

In einem runden Klammerpaar stehen schließlich alle Werte, die der Konstruktor verlangt. Der Konstruktor für die Katze erhält die Werte 12, 5, 4, 3 und 41.5, die an die Felder weitergegeben werden. Der Zustand der Katze pussy liegt damit vor ihrer Begegnung mit dem Hund fest.

3.1.4   Variablen benennen

Ein Bezeichner muss mit einem Buchstaben oder dem Unterstrichzeichen _ beginnen. Anschließend dürfen beliebige Zeichen folgen, zum Beispiel auch Zahlen. Die Nutzung von Operator- und Währungssymbolen ist verboten. Zum Beispiel sind pussy und x_1 gültige Bezeichner. Die Zeichenkombinationen 3malHoch (beginnt mit einer Ziffer), $123 (startet mit einem Dollarzeichen) und x+y (enthält ein Pluszeichen) sind nicht erlaubt.

Einige Bezeichner sind für besondere Zwecke reserviert und dürfen nicht für Variablen verwendet werden: abstract, as, base, bool, break, byte, case, catch, char, checked, class, const, continue, decimal, default, delegate, do, double, else, enum, event, explicit, extern, false, finally, fixed, float, for, foreach, goto, if, implicit, in, int, interface, internal, is, lock, long,

```
namespace, new, null, object, operator, out, override, params,
private, protected, public, readonly, ref, return, sbyte, sea-
led, short, sizeof, stackalloc, static, string, struct, switch,
this, throw, true, try, typeof, uint, ulong, unchecked, unsafe,
ushort, using, virtual, void, volatile, while.
```

Außer dem Schlüsselwort new ist uns bisher noch kein weiteres begegnet. Im Laufe des Buches werden wir die Bedeutung vieler Wörter in der obigen Liste noch kennen lernen.

Die Schlüsselwörter stets beachten

Hoffentlich passiert es Ihnen in der Praxis nicht, dass Sie ein Schlüsselwort aus der obigen Liste als Bezeichner für eine Variable wählen. Ich habe schon selbst mal ein altes Passwort old gegen ein neues Passwort new ausgetauscht – und schon war es passiert. Der Compiler gibt in einem solchen Fall aber die verständliche Fehlermeldung IDENTIFIZIERER ERWARTET, 'NEW' IST EIN SCHLÜSSELWORT aus.

Auf Groß- und Kleinschreibung achten

C# legt auf Groß- und Kleinschreibung sehr großen Wert. Daher dürfen Sie zum Beispiel NEW als Bezeichner für eine Variable nehmen, obwohl das kleingeschriebene new reserviert ist. Wenn Sie aber das Zeichen @ vor ein Schlüsselwort schreiben, können Sie es als Bezeichner nutzen, zum Beispiel @new.

3.1.5 Das Verhalten durch Methoden ausdrücken

Mithilfe von Methoden kommunizieren Objekte miteinander. Um diesen Vorgang zu erklären, benötigen wir noch einen Hund.

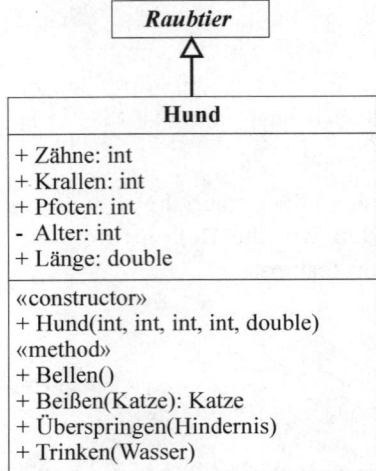

Einen Hund mit dem Namen doggy, der 24 Zähne, 5 Krallen und 4 Pfoten hat, 6 Jahre alt und 62.7 cm lang ist, erschaffen wir mit der Anweisung

```
Hund doggy = new Hund(24, 5, 4, 6, 62.7);
```

Für das Verhalten des Hundes gibt es Methoden, die in *UML*-Diagrammen unter dem Stichwort «method» aufgeführt sind. Ein Hund kann daher bellen, eine Katze beißen, ein Hindernis überspringen und Wasser trinken.

Um eine Methode aufzurufen, verbinden wir sie über einen Punkt mit dem Täter. Zum Beispiel lässt die Anweisung

```
doggy.Bellen();
```

den Hund doggy bellen.

Es gibt auch Methoden, die im runden Klammerpaar einige Opfer verlangen. Zum Beispiel sorgt die Anweisung

```
doggy.Beißen(pussy);
```

dafür, dass der Hund die Katze beißt.

Die verärgerte Katze beginnt mit der Anweisung

```
pussy.Kämpfen(doggy);
```

den Kampf mit dem Hund.

Den allgemeinen Aufbau der letzten drei Anweisungen sehen wir uns nun etwas genauer an.

| Täter | . | Methode | (| Liste mit Opfern |) ;

Wir starten mit dem Bezeichner des Täters, in dessen Klasse die gewünschte Methode steht. In den runden Klammern übergeben wir eine Liste mit Opfern, die von der Methode bearbeitet werden sollen und fachlich als Argumente bezeichnet werden. Es gibt Methoden, die keine Argumente verlangen, sodass die Klammern leer bleiben.

Öffentliche Methoden dürfen wir ohne weitere Einschränkungen aufrufen. Daher befindet sich in den *UML*-Diagrammen des Hundes und der Katze ein Pluszeichen vor den Methoden.

Bei einer Methode, die ein Ergebnis liefert, folgt noch ein Doppelpunkt mit dem Typ des Ergebnisses. Zum Beispiel liefert die `Bei-ßen`-Methode eine ziemlich verärgerte Katze. Nach dem Aufruf der `Kämpfen`-Methode entsteht ein noch böserer Hund.

Bild 3.12:
Die Methoden von der
Katze und dem Hund

Katze
+ Zähne: int
+ Krallen: int
+ Tatzen: int
- Alter: int
+ Länge: double
«constructor»
+ Katze(int, int, int, int, double)
«method»
+ Fangen(Maus): Maus
+ Heranwagen(Vogel): Vogel
+ Kämpfen(Hund): Hund
+ Klettern(Baum)

Hund
+ Zähne: int
+ Krallen: int
+ Pfoten: int
- Alter: int
+ Länge: double
«constructor»
+ Hund(int, int, int, int, double)
«method»
+ Bellen()
+ Beißen(Katze): Katze
+ Überspringen(Hindernis)
+ Trinken(Wasser)

Den Teil vor dem Semikolon in einer Anweisung bezeichnen wir fachlich als Ausdruck. Ausdrücke liefern häufig Ergebnisse, die sofort weiterverarbeitet werden dürfen.

Zum Beispiel liefert der Ausdruck

```
doggy.Beißen(pussy)
```

eine Katze, weil hinter der `Beißen`-Methode im *UML*-Diagramm des Hundes der Typ `Katze` steht. Daher kann der gesamte Ausdruck als verärgerte Katze dienen.

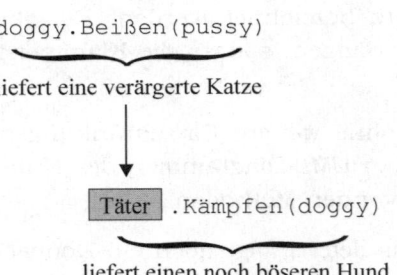

```
doggy.Beißen(pussy)
```

liefert eine verärgerte Katze

`Täter` `.Kämpfen(doggy)`

liefert einen noch böseren Hund

Nun ergibt sich der Ausdruck

```
doggy.Beißen(pussy).Kämpfen(doggy)
```

in dem die verärgerte Katze nach dem Biss sofort loskämpft.

Den Kampf zwischen Katze und Hund beschreiben wir insgesamt durch die Anweisung

```
doggy.Beißen(pussy).Kämpfen(doggy);
```

Die Verkettung von Methoden ist in der objektorientierten Programmierung an vielen Stellen sehr beliebt.

3.1.6 Mit den Werten von Feldern umgehen

Nachdem wir wissen, wie mit Konstruktoren und Methoden gearbeitet wird, fehlen noch die Felder. Auf ihnen liegen Werte, die den gegenwärtigen Zustand eines Objekts beschreiben.

Eigenschaften dienen dazu, die erlaubten Zugriffsarten bei den Feldern zu steuern. Es gibt Nur-Lesen-, Nur-Schreiben- und Lesen-Schreiben-Eigenschaften. Sie haben denselben Bezeichner wie die Felder, besitzen jedoch einen großen Buchstaben an ihrem Anfang. Zum Beispiel kommen wir über die Zähne-Eigenschaft an die Anzahl der Zähne der Katze pussy heran. Der zugehörige Ausdruck ist

```
pussy.Zähne
```

und liefert einen Wert des Typs int, weil die Zähne-Eigenschaft den Typ int hat.

Den allgemeinen Aufbau des letzten Ausdrucks sehen wir uns nun genauer an.

| Täter | . | Feld oder Eigenschaft |

Um den Wert eines Feldes abzufragen, verbinden wir seinen Bezeichner oder den Bezeichner der zugehörigen Eigenschaft über einen Punkt mit dem Täter, in dessen Klasse das Feld steht.

Um zu überprüfen, ob die Katze beim Kampf mit dem Hund ein paar Zähne verloren hat, wird die Differenz zwischen der Anzahl der Zähne vor dem Kampf und nach dem Kampf berechnet. Zu diesem Zweck dienen die Variablen vorher und nachher. Weil es sich um Ganzzahlen handelt, haben sie den Typ int.

```
int vorher = pussy.Zähne;
doggy.Beißen(pussy).Kämpfen(doggy);
int nachher = pussy.Zähne;
```

Der Wert des Ausdrucks vorher - nacher liefert die Anzahl der verlorenen Zähne.

Den allgemeinen Aufbau der ersten und dritten Anweisung sehen wir uns nun genauer an.

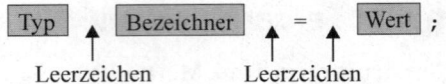

Im Prinzip ist dieser Aufbau mit dem Bild 3.8 identisch. Den Ausdruck zur Erschaffung eines Objekts auf der rechten Seite des Gleichheitszeichens haben wir lediglich durch einen beliebigen Wert ersetzt.

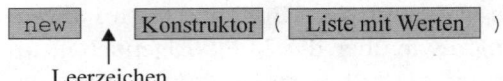

3.1.7 Variablen einrichten und ändern

Um eine Variable neu einzuführen, geben wir ihren Typ und ihren Bezeichner an. Anschließend folgt ein Semikolon. Zum Beispiel richten die beiden Zeilen

```
int vorher;
int nachher;
```

die Variablen vorher und nachher ein. Beide haben den Typ int, sodass sie Ganzzahlen als Werte erhalten können. Die Einrichtung einer Variablen wird fachlich als Deklaration bezeichnet.

Mit dem Operator = weisen wir den Wert auf seiner rechten Seite der Variablen auf seiner linken Seite zu. Um dem Computer mitzuteilen, dass er etwas ausführen soll, setzen wir ein Semikolon ans Ende. Anweisungen enthalten an ihrem Ende immer ein Semikolon. Zum Beispiel sorgen die erste und die dritte Zeile des Blocks

```
vorher = pussy.Zähne;
doggy.Beißen(pussy).Kämpfen(doggy);
nachher = pussy.Zähne;
```

dafür, dass die Variablen vorher und nachher vernünftige Werte erhalten. Insgesamt entstehen nun die fünf Anweisungen

```
int vorher;
```

```
int nachher;
vorher = pussy.Zähne;
doggy.Beißen(pussy).Kämpfen(doggy);
nachher = pussy.Zähne;
```

Zur Vereinfachung dürfen die Deklaration und die Wertzuweisung in einer Anweisung zusammengefasst werden. Zum Beispiel kombinieren wir die beiden Zeilen

```
int vorher;
vorher = pussy.Zähne;
```

zu

```
int vorher = pussy.Zähne;
```

Die Einrichtung und Wertzuweisung einer Variablen wird fachlich als Initialisierung bezeichnet. Sie besteht aus der Angabe ihres Typs, ihres Bezeichners, dem Operator =, einem Wert und einem Semikolon.

Nun haben wir drei wichtige Bausteine für *C#*-Programme kennen gelernt, die uns im weiteren Verlauf des Buches ständig begegnen.

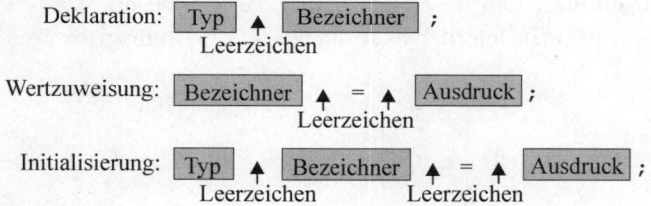

Bild 3.17:
Bausteine zur Hand-
habung von Variablen

Als Ausdruck dient neben einem schlichten Wert auch die Erschaffung eines Objekts, die Abfrage eines Feldes oder der Aufruf einer Methode. Methoden liefern häufig einen Wert als Ergebnis, den wir bei Bedarf direkt einer Variablen zuweisen können.

Neben den drei Bausteinen zur Handhabung von Variablen spielen auch die drei Bausteine zur Handhabung von Objekten eine wichtige Rolle.

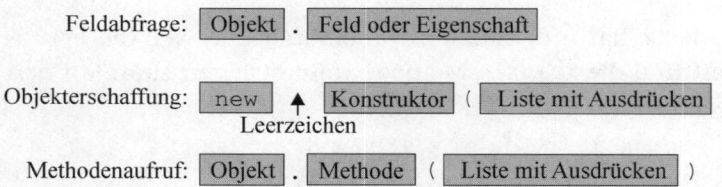

Bild 3.18:
Bausteine zur Hand-
habung von Objekten

Hierbei ist darauf zu achten, dass das auftauchende Feld, die zugehörige Eigenschaft und die angegebene Methode in der Klasse des vorangestellten Objekts vorhanden sein müssen.

Die Einführung ab und zu noch einmal lesen

Alles Wichtige zum Thema „Arbeiten mit Objekten" haben wir nun besprochen. Es lohnt sich sehr, den bisherigen Text ab und zu noch einmal zu lesen, um sich die grundlegenden Ideen der objektorientierten Programmierung einzuprägen. Auch die sechs Bausteine zur Handhabung von Variablen und Objekten sollten Sie sich gut merken.

3.1.8   Statische Mitglieder verstehen

Manchmal tauchen in *UML*-Diagrammen Felder, Eigenschaften und Methoden auf, die unterstrichen sind. Es handelt sich dann um statische Mitglieder. Um ihre Bedeutung zu verstehen, werfen wir einen Blick auf ein leicht verändertes *UML*-Diagramm des Hundes.

Bild 3.19:
UML-Diagramm des
Hundes mit statischen
Mitgliedern

Hund
+ Zähne: int + Krallen: int + Pfoten: int - <u>Alter: int</u> + Länge: double
«constructor» + Hund(int, int, int, int, double) «method» + Bellen() + Beißen(Katze): Katze + Überspringen(Hindernis) + <u>Trinken(Wasser)</u>

Die Hund-Klasse hat nun zwei statische Mitglieder, weil die Alter-Eigenschaft und die Trinken-Methode unterstrichen sind. Mit den Anweisungen

```
Hund doggy = new Hund(24, 5, 4, 6, 62.7);
Hund wuffy = new Hund(18, 5, 4, 2, 41.6);
```

erschaffen wir zwei Hunde. Die Konstruktoren reichen die übergebenen Argumente an die Felder weiter. Das alter-Feld des Hundes doggy erhält also nach der ersten Anweisung den Wert 6 und das alter-Feld des Hundes wuffy nach der zweiten Anweisung den Wert 2.

Statische Mitglieder sind für alle Objekte einer Klasse gleich. Das bedeutet, dass das alter-Feld nur einen einzigen Wert annehmen kann, auch wenn mehrere Hunde herumlaufen. Daher wird der Hund doggy um 4 Jahre jünger, wenn wir dem Hund wuffy ein Alter von 2 Jahren verpassen.

Wenn wir Hunde erschaffen wollen, die ein unterschiedliches Alter haben, darf das alter-Feld nicht statisch sein. Das pfoten-Feld könnten wir statisch machen, wenn die Hunde nicht dusselig über die Straße laufen würden. Weil einem Hund auch Krallen im Kampf verloren gehen können, handelt es sich beim krallen-Feld ebenfalls um eine nicht statische Eigenschaft.

Was für statische Felder gilt, überträgt sich entsprechend auf Methoden. Wenn ein Hund mit der statischen Trinken-Methode Wasser in seinen Bauch befördert, ist der Durst aller anderen Hunde automatisch gelöscht. Weil jeder Hund für seine Nahrungsaufnahme selbst verantwortlich ist, darf die Trinken-Methode nicht statisch sein. Alle Methoden, die keinen Einfluss auf den individuellen Zustand eines Hundes haben, dürfen statisch sein. Wenn alle Hunde identisch bellen würden und sich das beim Blutdruck nicht bemerkbar machen würde, könnten wir die Bellen-Methode statisch machen.

Auf statische Eigenschaften achten

Der Wert auf einem statischen Feld ist für alle Objekte eines Typs gleich. Änderungen bei einem solchen Feld wirken sich auf alle Objekte desselben Typs aus. Mit statischen Methoden können wir die individuellen Eigenschaften von Objekten eines Typs nicht ändern. Weil der Bezeichner eines speziellen Objekts beim Arbeiten mit statischen Mitgliedern offensichtlich keine Rolle mehr spielt, taucht der Bezeichner der Klasse als Täter auf.

Wenn die `Alter`-Eigenschaft statisch ist, sorgt die Anweisung

```
Hund.Alter = 3;
```

dafür, dass alle Hunde 3 Jahre alt sind.

Beim Aufruf der statischen `Trinken`-Methode mit der Anweisung

```
Hund.Trinken(wasser);
```

befördern alle Hunde die gleiche Portion Wasser, die durch die Variable `wasser` dargestellt wird, in ihre Bäuche.

Wenn Sie bis jetzt alles einigermaßen gut verstanden haben, wissen Sie bereits, wie mit Variablen und Objekten gearbeitet wird. Ein wesentlicher Teil des objektorientierten Charakters von *C#* liegt somit hinter uns. Im Rest des Buches geht es größtenteils darum, die Funktionsweise der Klassen kennen zu lernen, die mit dem *.NET Framework SDK* ausgeliefert werden. Wie eigene Klassen entstehen, besprechen wir in Kapitel 5.

3.1.9   Daten in Objekten kapseln

Eine weit verbreitete Vorstellung vom Aufbau eines Objekts ist, dass es Felder zur Beschreibung des Zustands in seinem Kern enthält. Diese Felder sind von Eigenschaften und Methoden als Merkmale des Verhaltens umgeben.

Bild 3.20:
Felder in Objekten
kapseln

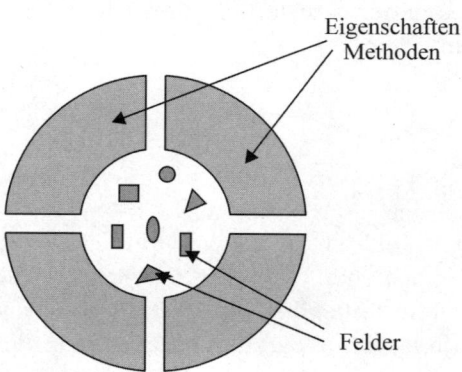

Eine Verständigung mit den Feldern eines Objekts ist nur mithilfe seiner Eigenschaften und Methoden möglich. In der Praxis geschieht dies, indem die Felder privat und die Eigenschaften und

Methoden öffentlich gemacht werden. Die Felder sind nun durch die Eigenschaften und Methoden nach außen hin abgeschirmt. Dieses wichtige Konzept wird als Datenkapselung bezeichnet.

Durch die Kapselung können wir nicht direkt auf die Felder zugreifen. Folglich ist der Quellcode eines Programms von den Bezeichnern dieser Felder unabhängig. Der innere Aufbau der Klasse kann später geändert werden, ohne Angst haben zu müssen, dass bereits fertige Teile eines Programms nicht mehr funktionieren. Änderungen bei den Bezeichnern der Eigenschaften und Methoden sind allerdings nicht mehr zulässig. Dies ist im Falle der Eigenschaften eine gewisse Einschränkung, weil sie fast denselben Bezeichner wie die Felder haben.

3.1.10 Der Weg zum fertigen Programm

Ein wichtiger Vorteil der objektorientierten Programmierung ist der Prozess bei der Entwicklung und Wartung von Programmen.

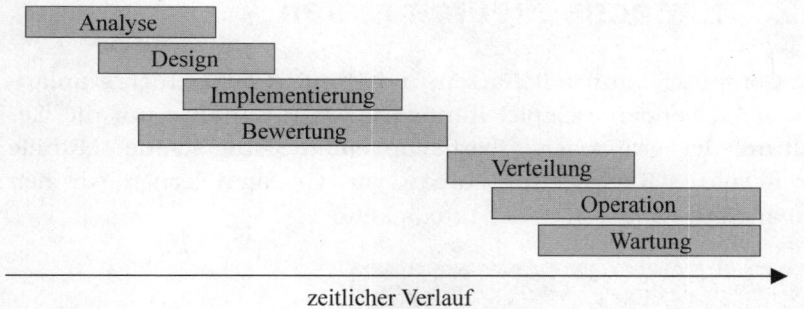

Bild 3.21:
Der Prozess beim Entwickeln von Programmen

☐ Schritt 1 – Analyse: Eine Firma bespricht mit ihren Geschäftskunden die Anforderungen der Programme.

☐ Schritt 2 – Design: Eine Gruppe aus Softwarearchitekten erstellt ein Konzept für eine Klassensammlung, die im Programmierprojekt von Nutzen ist.

☐ Schritt 3 – Implementierung: Ein Team aus Programmierern stellt den Quellcode der einzelnen Klassen zusammen. Jeder Programmierer arbeitet nur an bestimmten Teilen der Klassensammlung, für die er verantwortlich ist. Niemand muss die gesamte Implementierung kennen. Unabhängig vom Entwicklungszustand der Klassensammlung werden die gewünschten Programme der Kunden entwickelt.

☐ Schritt 4 – Bewertung: Fehler beim Testen der Programme können durch Suchen nach den Klassen mit dem falschen Verhalten leicht entdeckt werden.

☐ Schritt 5 – Verteilung: Das Programm verlässt die Entwicklungsphase und wird an die Kunden verteilt.

☐ Schritt 6 – Operation: Die Kunden finden beim Einsatz der Programme weitere Fehler und schlagen wünschenswerte Verbesserungen vor.

☐ Schritt 7 – Wartung: Gefundene Bugs werden eliminiert. Erweiterungen in der Klassensammlung liefern mehr Methoden zur Erhöhung der Funktionalität.

Ein Nachteil der objektorientierten Programmierung ist die Leistung des fertigen Programms, die im Vergleich zur prozeduralen Programmierung gewöhnlich langsamer ist.

3.2 Einfache Figuren malen

Der Computer kann mit Katzen und Hunden leider nichts anfangen. Im folgenden Beispiel kümmern wir uns daher um die Gestaltung der grafischen Oberfläche einer Slotmaschine. Mithilfe der `Graphics`-Klasse zum Aufbau von Grafiken lernen wir den Umgang mit Objekten in der Praxis kennen.

Bild 3.22:
Die grafische Oberfläche eines Slots

3.2.1 Woraus besteht der Bildschirm?

Ein rechteckiger Bereich des Bildschirms setzt sich aus gefärbten Pixeln zusammen, zwischen denen wir Punkte anordnen können. In Bild 3.23 sind die Pixel durch Quadrate und die Punkte durch Kreise dargestellt. Ab einer gewissen Entfernung vom Bildschirm verschwinden die Abstände zwischen den Pixeln. Das menschliche Auge empfindet die gesamte Anordung dann als Bild.

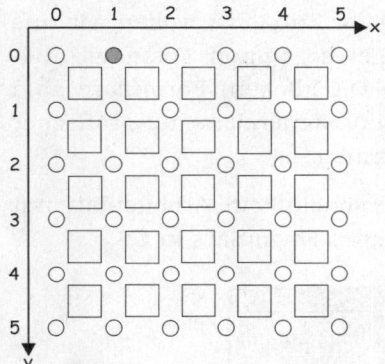

Bild 3.23:
Pixel und Koordinaten

Ein Punkt ist durch zwei Koordinaten festgelegt. Die x-Achse des Koordinatensystems zeigt nach rechts und die y-Achse nach unten. Der zweite Punkt von links in der oberen Reihe mit der Markierung hat die x-Koordinate 1 und die y-Koordinate 0. Als Koordinatenpaar für den Punkt erhalten wir also (1, 0).

Auf die Ausrichtung der y-Achse achten

In der Computergrafik zeigt die y-Achse eines Koordinatensystems im Gegensatz zur Mathematik nicht nach oben, sondern stets nach unten.

3.2.2 Ein leeres Formular anzeigen

☑ Starten Sie den *JLauncher*, indem Sie im Startmenü den Eintrag ALLE PROGRAMME ♦ JLAUNCHER auswählen oder auf das zugehörige Icon auf Ihrem *Windows*-Desktop klicken.

☑ Rufen Sie das Menü ARBEITSBLATT ✦ NEU auf. Es erscheint ein Dialog, der Ihnen verschiedene Sprachen für Programme und Dokumente anbietet. Weil wir in diesem Buch mit *C#* arbeiten wollen, wählen Sie die Option C# aus und klicken auf die Schaltfläche OK.

☑ Nun ist ein weiterer Dialog zu sehen, der sich nach dem genauen Typ des *C#*-Programms erkundigt. Mit den drei Typen APPLIKATION, FORMULAR und KLASSE werden wir uns im Laufe dieses Buches ausführlich beschäftigen. Zunächst wollen wir uns ein Formular ansehen, sodass Sie die Option FORMULAR auswählen und auf die Schaltfläche OK klicken. Formulare sind Fenster, in denen wir die üblichen Steuerelemente grafischer Benutzeroberflächen platzieren können.

Auf dem Desktop des *JLaunchers* erscheint ein Arbeitsblatt mit drei Textbereichen zur Entwicklung eines Formulars in *C#*.

Bild 3.24:
Ein Arbeitsblatt
für ein Formular

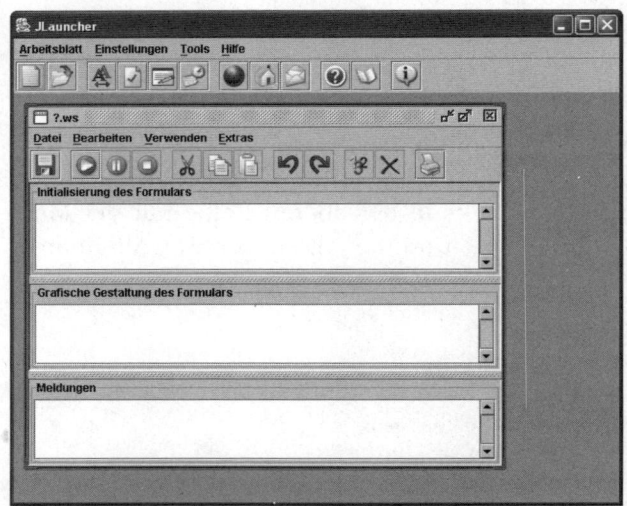

☑ Rufen Sie das Menü DATEI ✦ SPEICHERN auf, um das Arbeitsblatt zu speichern, zum Beispiel in der Datei *Form.ws* im Ordner *E:\Beispiele*. Arbeitsblätter müssen die Dateierweiterung **.ws* erhalten, damit sie vom *JLauncher* erkannt werden. Die Zeichenkombination *ws* ist eine Abkürzung für *worksheet*, was Arbeitsblatt bedeutet.

Arbeitsblätter direkt nach dem Anlegen speichern

Es ist ratsam, ein neu angelegtes Arbeitsblatt direkt zu speichern. Wenn Sie diesen Vorgang vergessen, führt der *JLauncher* es in einem selbst ausgewählten Ordner aus. Im Buch taucht an vielen Stellen der Ordner *E:\Beispiele* auf. Sie können sich ebenfalls einen Ordner *Beispiele* auf der Partition *E:* anlegen, falls eine solche überhaupt verfügbar ist. Dies geschieht am einfachsten im *Windows-Explorer*, in dessen Ordnerbaum Sie die Partition *E:* auswählen, das Menü DATEI ♦ NEU ♦ ORDNER starten und im rechten Bereich dann den Namen Beispiele eingeben. Ansonsten können Sie jeden beliebigen Ordner verwenden, müssen aber beim Lesen der weiteren Abschnitte daran denken, dass beim Auftauchen von *E:\Beispiele* Ihr individueller Ordner für die Programmbeispiele gemeint ist.

☑ Auch wenn die beiden Textbereiche INITIALISIERUNG DES FORMULARS und GRAFISCHE GESTALTUNG DES FORMULARS noch leer sind, können Sie bereits das Menü BEARBEITEN ♦ AUSFÜHREN aufrufen. Zunächst erscheint jedoch eine Fehlermeldung.

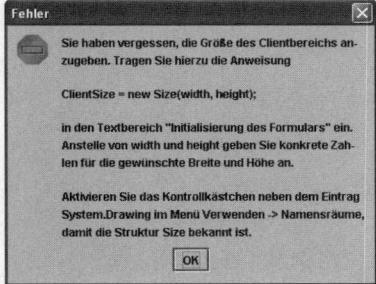

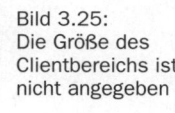

Bild 3.25:
Die Größe des Clientbereichs ist nicht angegeben

Die Größe des Clientbereichs angeben

Der *JLauncher* verlangt bei einem Formular, dass Sie die Größe seines Clientbereichs in Bild 3.27 angeben, sonst wird die Ausführung des Arbeitsblattes abgebrochen.

Wenn Sie zum Beispiel die Anweisung

```
ClientSize = new Size(300, 150);
```

in den Textbereich INITIALISIERUNG DES FORMULARS eintragen, das Kontrollkästchen neben dem Eintrag System.Drawing im Menü VERWENDEN ♦ NAMENSRÄUME aktivieren und das Arbeitsblatt noch einmal ausführen, meckert der *JLauncher* nicht mehr und ein leeres Formular erscheint auf dem Bildschirm.

Bild 3.26:
Ein leeres Formular
auf dem Bildschirm

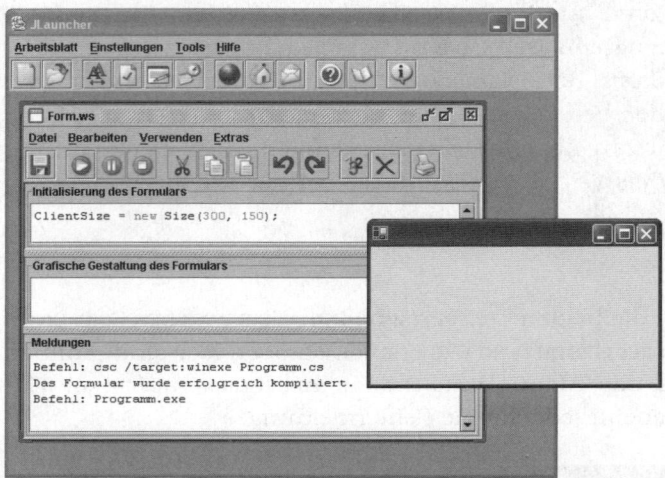

Beim Clientbereich handelt es sich um den Bereich, der innerhalb des Fensters liegt. Er ist in unserem Beispiel 300 Pixel breit und 150 Pixel hoch.

Bild 3.27:
Der Clientbereich
in einem Formular

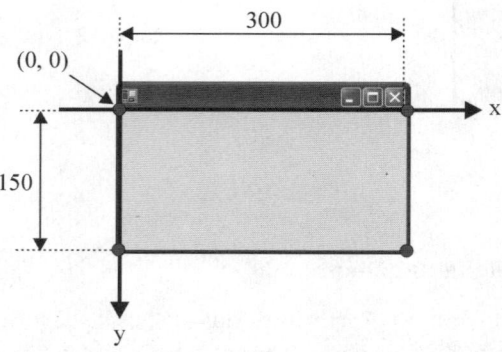

Im Textbereich MELDUNGEN steht, welche Aktionen der *JLauncher* bei der Ausführung des Arbeitsblattes durchführt. Er bastelt aus den Anweisungen in den Textbereichen INITIALISIERUNG DES FOR-

MULARS und GRAFISCHE GESTALTUNG DES FORMULARS ein Programm, das in der Datei *Programm.cs* gespeichert wird. Die Dateierweiterung **.cs* weist auf *C#* (*c sharp*) hin. Der Befehl

```
csc /target:winexe Programm.cs
```

bearbeitet das Programm, was fachlich als Kompilieren bezeichnet wird. Als Endergebnis entsteht die ausführbare Datei *Programm.exe*. Damit das Formular auf dem Bildschirm erscheint, genügt es, den Befehl

```
Programm.exe
```

auszuführen. Die Datei *Programm.exe*, die im Ordner *E:\Beispiele* entstanden ist, können Sie nun zum Beispiel für andere Benutzer im Internet zum Download anbieten oder an eine andere Stelle auf ihrer Festplatte kopieren und dort nach einem Doppelklick ausführen.

Was in *Programm.cs* steht, können Sie sich stets mithilfe des *Editors* von *Windows* ansehen. Wählen Sie die Einträge ALLE PROGRAMME ▸ EDITOR ▸ ZUBEHÖR im Startmenü aus und ziehen Sie die Datei per Drag & Drop aus dem *Windows-Explorer* in das Fenster des *Editors*.

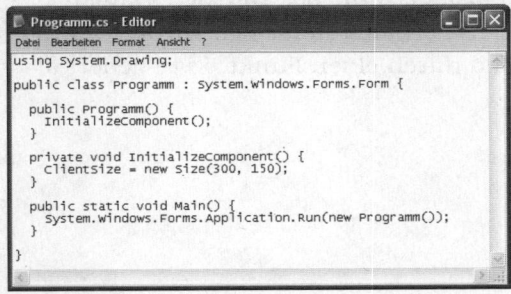

Bild 3.28:
Der Quellcode des Programms für das Formular

Zurzeit wissen Sie noch nicht genug, um diese Zeilen zu verstehen. Bei der Nutzung grafischer Objekte wird der obige Quellcode noch erheblich komplizierter. Am Ende von Kapitel 8 besprechen wir ihn im Detail.

3.2.3 Namensräume verwenden

Zum *.NET Framework SDK* gehört eine umfangreiche Bibliothek mit zahlreichen Klassen. Wir werden einige von ihnen im Verlauf des Buches kennen lernen und ausführlich besprechen. Um nicht den Überblick zu verlieren, sind die einzelnen Bestandteile in Namensräumen organisiert. Zum Beispiel liegt die `Size`-Struktur, die im letzten Arbeitsblatt *Form.ws* bereits zum Einsatz kam, im Namensraum `System.Drawing`.

Namensräume im *JLauncher* verwenden

Wenn Sie in einem Arbeitsblatt eine Klasse des *.NET Frameworks* nutzen, dürfen Sie nicht vergessen, das Kontrollkästchen des zugehörigen Namensraumes im Menü VERWENDEN ♦ NAMENSRÄUME zu aktivieren. Ansonsten ist die Klasse unbekannt und es entsteht eine Fehlermeldung beim Kompilieren.

Die Organisation der Klassen in Namensräumen können wir uns in Form eines Ordnerbaums vorstellen. Zum Beispiel liegt die `Size`-Struktur im Ordner *System\Drawing*. Um den Namen des zugehörigen Namensraumes zu erhalten, ersetzen wir alle auftauchenden Backslashes im Pfad durch einen Punkt. `Size` gehört also zu `System.Drawing`.

Bild 3.29:
Ein Ausschnitt aus den vorhandenen Namensräumen im *.NET Framework*

Der Sinn von Namensräumen ist, Teile der Bibliothek mit ähnlichen Aufgaben zusammenzufassen. Zum Beispiel finden wir alles zum Bemalen von Grafiken in `System.Drawing`. Weil selbst hier der Überblick schnell verloren geht, gibt es zum Beispiel noch `System.Drawing.Imaging`, um mit Bildern zu arbeiten, und `System.Drawing.Printing`, um ein Formular auszudrucken.

3.2.4 Eine Größe mit der Size-Struktur angeben

Im Arbeitsblatt *Form.ws* taucht die Anweisung

```
ClientSize = new Size(300, 150);
```

auf. Die `Size`-Struktur gehört zum Namensraum `System.Drawing`.

Strukturen funktionieren ähnlich wie Klassen und sind besonders für Dinge geeignet, die eine Wertesammlung darstellen. Zum Beispiel besteht eine Größe aus zwei Werten für die Breite und die Höhe. In *UML*-Diagrammen taucht die Kennzeichnung «`struct`» in der ersten Zelle auf.

«struct» **Size**
«constructor» + Size(int, int)

Bild 3.30: *UML*-Diagramm der `Size`-Struktur

Der Ausdruck `new Size(300, 150)` erschafft ein neues Objekt des Typs `Size`, das die Ganzzahlen `300` und `150` des Typs `int` für die Breite und die Höhe kapselt. Mithilfe des Operators = weisen wir diese Größe der `ClientSize`-Eigenschaft zu. Wie bereits erwähnt wurde, dient diese Eigenschaft zur Festlegung der Größe des Clientbereichs eines Formulars. Wieso `ClientSize` im Textbereich INITIALISIERUNG DES FORMULARS zur Verfügung steht, sehen wir uns in Kürze noch genau an.

3.2.5 Ein gefülltes Rechteck auf eine Grafik malen

Im Namensraum `System.Drawing` gibt es die `Graphics`-Klasse, um mit Grafiken arbeiten zu können. Sie enthält zahlreiche Methoden zum Malen aller denkbaren geometrischen Figuren, zum Beispiel Kreise, Rechtecke, Bögen und Linien.

Das Spielcasino soll eine dunkelblaue Hintergrundfarbe erhalten, um die Nerven des Spielers etwas zu beruhigen. Für die Ausgabe eines blau gefüllten Rechtecks nutzen wir die `FillRectangle`-Methode.

Graphics
«method»
+ FillRectangle(Brush, int, int, int, int)

☑ Öffnen Sie nun ein neues Arbeitsblatt für ein *C#*-Formular und speichern Sie es in der Datei *Slot1.ws* ab.

Bis zum Ende dieses Kapitels werden wir dieses Arbeitsblatt schrittweise erweitern, bis die grafische Oberfläche des Slots in Bild 3.22 vollständig aufgebaut ist.

Der Clientbereich des Spielcasinos soll eine Größe von 500 x 300 Pixeln erhalten. Hierzu ist die Anweisung

```
ClientSize = new Size(500, 300);
```

im Textbereich Initialisierung des Formulars notwendig. Damit die Size-Struktur bekannt ist, verwenden wir den Namensraum System.Drawing durch Aktivierung des zugehörigen Kontrollkästchens.

Im Textbereich Grafische Gestaltung des Formulars steht die Variable display des Typs Graphics zur Verfügung. Bevor wir die FillRectangle-Methode aufrufen können, müssen wir uns noch die Brush-Klasse für einen Pinsel ansehen und überlegen, wo es die Malfarben für den Pinsel gibt.

Nicht über die Struktur der Arbeitsblätter nachdenken

Machen Sie sich zunächst keine Gedanken, woher die Variable display im mittleren Textbereich kommt. Es geht uns im Augenblick lediglich darum, den Umgang mit Objekten hinreichend zu üben.

Die Brush-Klasse ist ähnlich wie die Raubtier-Klasse abstrakt. Als konkrete Pinsel bietet der Namensraum System.Drawing zum Beispiel einen einfarbigen Pinsel (SolidBrush), einen Pinsel mit einer Texturfüllung (TextureBrush) und einen Pinsel mit einem linearen Farbverlauf (LinearGradientBrush) an. Wir wollen ein gleichmäßig gefülltes Rechteck auf die Grafik `display` malen, sodass wir einen `SolidBrush` verwenden.

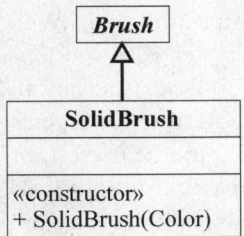

Bild 3.32:
UML-Diagramm der
`SolidBrush`-Klasse

Der Konstruktor der `SolidBrush`-Klasse verlangt eine Malfarbe. Zur Erschaffung einer Farbe dient die `Color`-Struktur, die im *ARGB*-Modell (alpha, red, green, blue) vier Ganzzahlen im Wertebereich von 0 bis 255 für den Alpha-, Rot-, Grün- und Blau-Anteil kapselt. Sie gehört ebenfalls zum Namensraum `System.Drawing`.

Der Alpha-Anteil kennzeichnet die Transparenz der Farbe. Wenn er den Wert 255 hat, ist die Farbe nicht transparent. Beim Wert 0 ist sie transparent. Zwischenwerte kennzeichnen Zwischenstufen, sodass die Farben hinter der gemalten geometrischen Figur durch sie hindurchschimmern.

Zur Erschaffung von Farben gibt es keine Konstruktoren, aber die statische `FromArgb`-Methode. Es stehen zwei Versionen zur Verfügung. Die erste übernimmt Werte für den Rot-, Grün- und Blau-Anteil einer Farbe, wobei der Alpha-Wert 255 (nicht transparent) voreingestellt ist. Die zweite verlangt alle vier Farbanteile. Beide Versionen liefern die gewünschte Farbe als Ergebnis.

«struct» **Color**
«method» + <u>FromArgb(int, int, int): Color</u> + <u>FromArgb(int, int, int, int): Color</u>

Bild 3.33:
UML-Diagramm
der `Color`-Struktur

Überladene Konstruktoren und Methoden erkennen

In *C#* können Konstruktoren und Methoden überladen werden. Das bedeutet, dass sie verschiedene Argumentlisten anbieten. Weil der Bezeichner des Konstruktors mit dem Namen der Klasse identisch sein muss, ist der Konstruktor in einer Klasse überladen, sobald es mehr als eine Version gibt. Eine Methode in einer Klasse ist überladen, sobald es zwei Versionen mit demselben Bezeichner und verschiedenen Argumentlisten gibt. Anhand der angegebenen Argumente findet der *C#*-Compiler schnell heraus, welche Version gemeint ist.

Bei *Paint*, das nach der Auswahl der Einträge ALLE PROGRAMME ◆ ZUBEHÖR ◆ PAINT im Startmenü auf dem Bildschirm erscheint, handelt es sich um ein Malprogramm.

Bild 3.34:
Die grafische Benutzeroberfläche von *Paint*

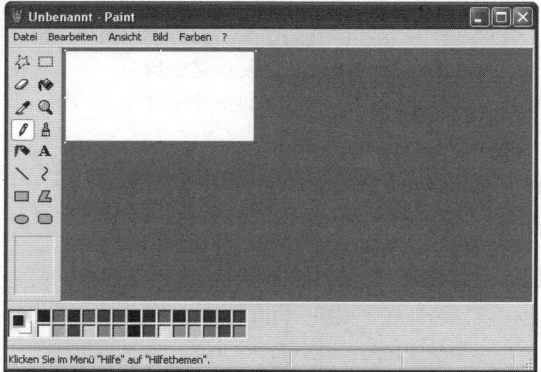

Wenn Sie doppelt auf eine Malfarbe in der Palette am linken unteren Rand des Fensters klicken, erscheint ein Farbwähler. Er dient dazu, die angeklickte Palettenfarbe durch eine neue zu ersetzen.

Bild 3.35:
Einen Farbwähler zum Ausprobieren von Farben benutzen

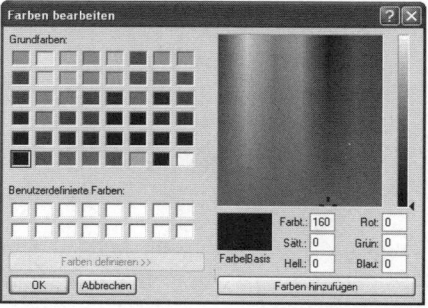

Betätigen Sie die Schaltfläche Farben definieren, damit der rechte Farbbereich mit den Textfeldern für die Werte des Rot-, Grün- und Blau-Anteils der ausgewählten Farbe erscheint.

Auf diese Weise können Sie schnell eigene Werte in die Textfelder Rot, Grün und Blau eintragen und sich die entstandene Farbe im kleinen Vorschaubereich unter dem Farbfeld ansehen.

Die dunkelblaue Farbe für das Spielcasino hat die RGB-Anteile 0, 64 und 128. Der Ausdruck `Color.FromArgb(0, 64, 128)` erschafft die gewünschte Farbe. Die `FromArgb`-Methode ist statisch, sodass sie über den Bezeichner ihrer Struktur aufgerufen wird. Weil wir drei Ganzzahlen übergeben, weiß der *C#*-Compiler automatisch, welche Version der überladenen `FromArgb`-Methode gemeint ist.

Der Konstruktor von `SolidBrush` verlangt eine Malfarbe für den einfarbigen Pinsel. Die Anweisung

```
SolidBrush blue = new SolidBrush(Color.FromArgb(0, 64, 128));
```

richtet die neue Variable `blue` ein, die einen blauen Pinsel erhält.

Die `FillRectangle`-Methode in `Graphics` benötigt neben dem Pinsel noch vier Ganzzahlen zur Kennzeichnung des rechteckigen Bereichs, der mit Farbe gefüllt werden soll. Diese Zahlen kennzeichnen die x- und y-Koordinate der linken oberen Ecke, die Breite und die Höhe des Rechtecks.

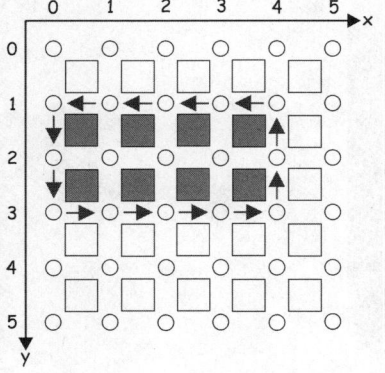

Bild 3.36:
Ein Rechteck
mit Farbe füllen

Der Bereich des abgebildeten Rechtecks ist durch die Ganzzahlen 0 (x-Koordinate der linken oberen Ecke), 1 (y-Koordinate der linken oberen Ecke), 4 (Breite) und 2 (Höhe) gekennzeichnet. Weil der komplette Bereich des Casinos dunkelblau sein soll, verwenden wir die Ganzzahlen 0, 0, 500 und 300.

```
display.FillRectangle(blue, 0, 0, 500, 300);
```

Die Variable `display` kennzeichnet die Grafik im Formular, auf welche die `FillRectangle`-Methode wirken soll. Als Pinsel übergeben wir `blue`.

Die beiden Anweisungen kommen nun in den Textbereich GRAFISCHE GESTALTUNG DES FORMULARS.

Bild 3.37:
Das Arbeitsblatt zum
Füllen eines Rechtecks

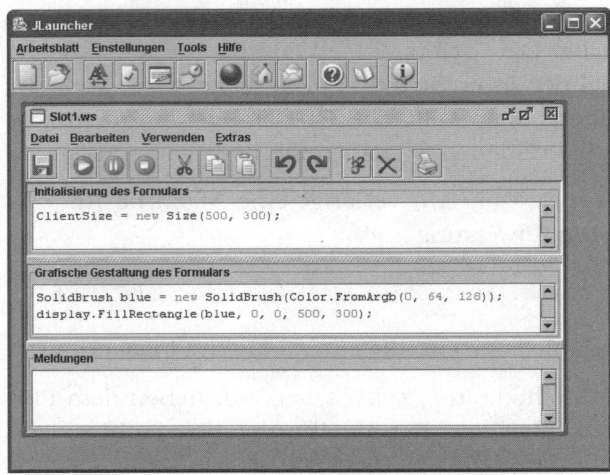

Nach der Ausführung des Arbeitsblattes erscheint das Casino mit der dunkelblauen Hintergrundfarbe auf dem Bildschirm.

Bild 3.38:
Die Hintergrundfarbe
im Casino

3.3 In der Dokumentation surfen

Zur Veranschaulichung der Eigenschaften von Objekten des *.NET Frameworks* tauchen *UML*-Diagramme an vielen Stellen in diesem Buch auf. In ihnen werden aber nur die Dinge aufgeführt, die im jeweiligen Kontext interessieren.

Zum gesamten *.NET Framework* gibt es eine Dokumentation, die über die Einträge ALLE PROGRAMME ◆ MICROSOFT .NET FRAMEWORK SDK ◆ DOKUMENTATION im Startmenü auf dem Bildschirm erscheint.

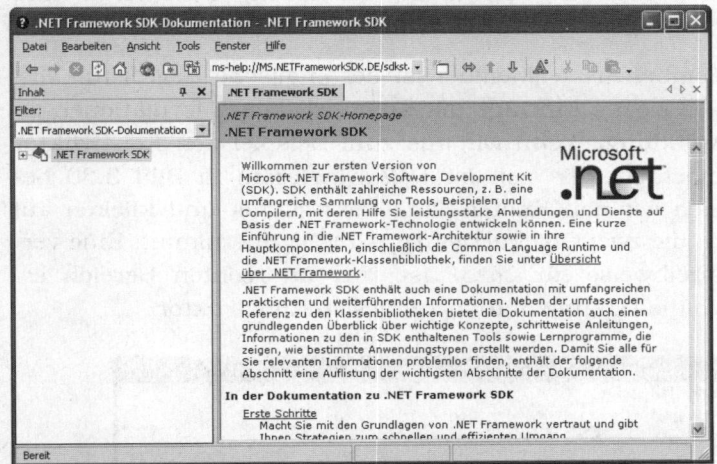

Bild 3.39:
Die Startseite der
Dokumentation

Im linken Bereich sehen Sie einen Stammbaum mit den Überschriften der einzelnen Dokumente. Zwei von ihnen sind bei der täglichen Arbeit mit *C#* besonders wichtig:

☐ .NET FRAMEWORK SDK ◆ REFERENZ ◆ KLASSENBIBLIOTHEK: An dieser Stelle sind alle Namensräume der Bibliothek zusammengestellt. Wenn Sie einen Namensraum auswählen, erscheinen zum Beispiel die zugehörigen Strukturen und Klassen. Wenn Sie eine Klasse auswählen, werden zum Beispiel ihre Felder, Konstruktoren und Methoden aufgeführt.

☐ .NET FRAMEWORK SDK ◆ REFERENZ ◆ COMPILER- UND SPRACHREFERENZ ◆ C# ◆ C#-PROGRAMMIERSPRACHENSPEZIFIKATION: In den einzelnen Abschnitten finden Sie Informationen zur Programmiersprache *C#*. Sie erfahren zum Beispiel, wie eine Anweisung aufgebaut ist und wie Strukturen entstehen.

Im Folgenden sehen wir uns einige Beispiele an, um zu verdeutlichen, wie man auf Basis der Dokumentation zur Klassenbibliothek zu *UML*-Diagrammen gelangt.

Im Namensraum `System.Drawing` haben wir bereits die `Size`-Struktur, die `Graphics`-Klasse, die `Brush`-Klasse, die `SolidBrush`-Klasse und die `Color`-Struktur kennen gelernt.

Um zur `Size`-Struktur zu gelangen, öffnen wir die Einträge KLASSENBIBLIOTHEK • SYSTEM.DRAWING • SIZE im Dokumentationsbaum. Bei SIZE-MEMBER gibt es einen Überblick über alle Konstruktoren, Felder, Eigenschaften, Methoden, Operatoren und Typkonvertierungen der `Size`-Struktur.

Für alle Member-Arten (Member ist der englische Begriff für Mitglied) gibt es eigene Einträge mit ausführlichen Informationen zu deren Verwendung. Wenn wir uns zum Beispiel den Konstruktor ansehen möchten, der sich im *UML*-Diagramm in Bild 3.30 befindet, öffnen wir den Knoten `Size`-KONSTRUKTOR und klicken auf die Version, die zwei Objekte des Typs `Int32` übernimmt. Eine verkürzte Schreibweise für `Int32` ist `int`. Im rechten Bereich erscheint nun die Dokumentation zu diesem Konstruktor.

Bild 3.40:
Die Dokumentation
zu einem `Size`-
Konstruktor

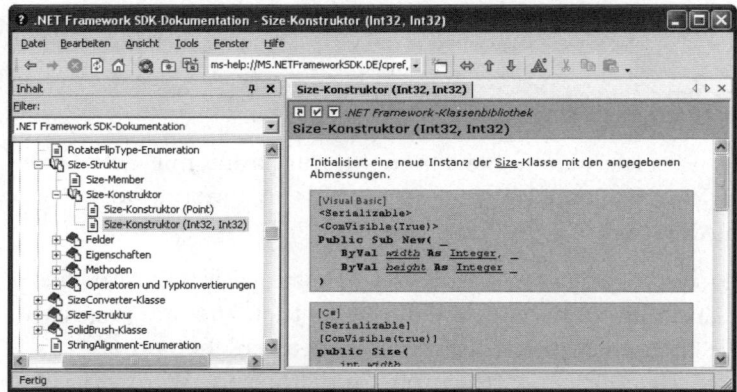

Neben dem Begriff .NET FRAMEWORK-KLASSENBIBLIOTHEK in der Kopfzeile befinden sich drei Symbole. Das rechte Symbol dient zur Einstellung eines Sprachfilters. Nach einem Klick hierauf können wir zum Beispiel die Programmiersprache *C#* auswählen und die Dokumentation auf die zugehörigen Teile reduzieren.

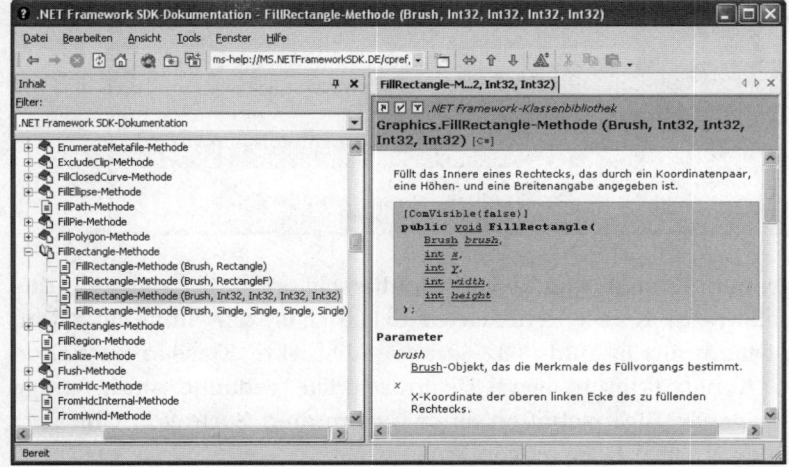

Nun sehen wir im grauen Kasten, dass der Konstruktor `public` und somit öffentlich ist, sodass im *UML*-Diagramm ein Pluszeichen erscheint. Als Argumente übernimmt er zwei Werte des Typs `int` für die Breite und die Höhe, was unter dem Stichwort PARAMETER ausführlich erklärt ist. Die Namen der Parameter `width` und `height` werden in *UML*-Diagrammen der Übersicht halber häufig weggelassen.

Um uns die `FillRectangle`-Methode in `Graphics` anzusehen, öffnen wir die Einträge KLASSENBIBLIOTHEK ⬦ SYSTEM.DRAWING ⬦ GRAPHICS ⬦ METHODEN. Es gibt vier Versionen von `FillRectangle`, sodass die Methode überladen ist. Im *UML*-Diagramm in Bild 3.31 taucht die Version auf, die einen Pinsel und vier Ganzzahlen übernimmt.

Bild 3.42:
Die Beschreibung
einer Methode

Im grauen Kasten steht, dass die Methode öffentlich ist, was zu einem Pluszeichen im *UML*-Diagramm führt. Das Schlüsselwort `void` ist sehr wichtig. Es besagt, dass `FillRectangle` keinen Wert als Ergebnis liefert, sodass der Teil, der aus dem Doppelpunkt und dem Typ besteht, im *UML*-Diagramm fehlt. Wenn eine Methode einen Wert zurückgibt, steht sein Typ anstelle von `void`. Die Namen der Parameter `brush`, `x`, `y`, `width` und `height` sind wiederum weggelassen.

Wenn wir die Dokumentation zum Pinsel über die Einträge KLASSENBIBLIOTHEK • SYSTEM.DRAWING • BRUSH öffnen, sehen wir vor dem grauen Kasten einen Stammbaum. Er besagt, dass `Brush` die Mitglieder der `MarshalByRefObject`-Klasse erbt, die wiederum von `Object` abgeleitet ist. Gleichzeitig ist zu erkennen, dass die Mitglieder von `Brush` an die konkreten Pinsel `HatchBrush`, `LinearGradientBrush`, `PathGradientBrush`, `SolidBrush` und `TextureBrush` weitergegeben werden. Im *UML*-Diagramm in Bild 3.32 ist die Abhängigkeit zwischen `Brush` und `SolidBrush` durch den Vererbungspfeil gekennzeichnet. Was Vererbung genau bedeutet, besprechen wir im nächsten Abschnitt.

Bild 3.43:
Die Beschreibung einer
abstrakten Klasse

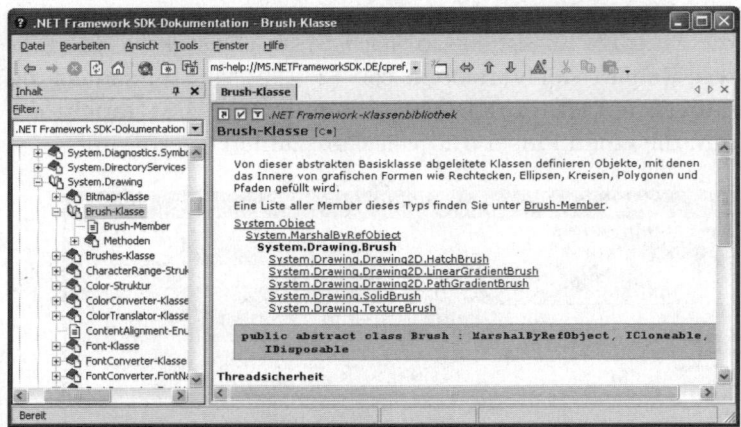

Im grauen Kasten taucht das Schlüsselwort `abstract` auf, das eine abstrakte Klasse kennzeichnet. Daher ist der Name `Brush` im *UML*-Diagramm in Bild 3.32 kursiv. Abstrakte Klassen enthalten keine Konstruktoren, weil sie nur dazu gedacht sind, einige grundlegende Eigenschaften einer bestimmten Sorte von Objekten festzulegen, zum Beispiel von Pinseln.

In `Color` sind wir der Methode `FromArgb` begegnet. Im grauen Kasten der Version, die drei Ganzzahlen des Typs `int` übernimmt, steht das Schlüsselwort `static`. Es weist darauf hin, dass die Methode über den Namen der Struktur und nicht über ein konkretes Objekt aufgerufen wird. Sie ist also statisch, sodass wir sie im *UML*-Diagramm in Bild 3.33 unterstreichen.

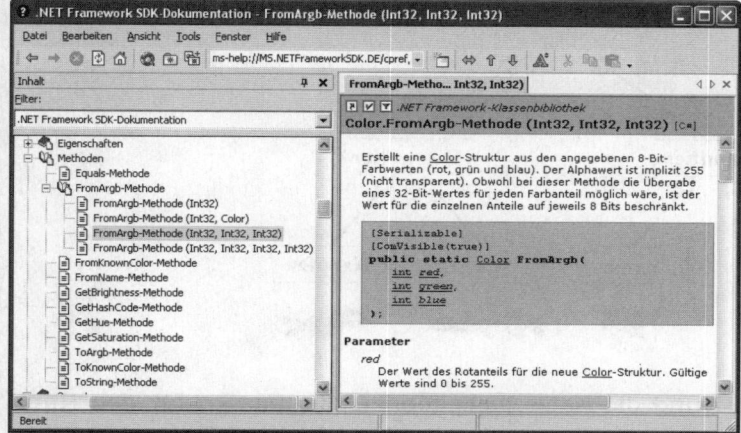

Bild 3.44:
Die Beschreibung einer statischen Methode

Im Vergleich zu `FillRectangle` in Bild 3.42 taucht nun anstelle von `void` ein konkreter Typ auf. Die `FromArgb`-Methode liefert eine Farbe als Ergebnis zurück. Im *UML*-Diagramm in Bild 3.33 ist der Typ des Rückgabewertes hinter einem Doppelpunkt aufgeführt.

Die Dokumentation parallel mitlesen

In den letzten Beispielen haben Sie gesehen, wie *UML*-Diagramme mithilfe der Informationen zur Klassenbibliothek entstehen. Sobald ein neues *UML*-Diagramm auftaucht, sollten Sie sich stets die zugehörige Dokumentation zur Vervollständigung ansehen.

3.4 Mitglieder vererben

Beim Betrachten der *UML*-Diagramme der Katze und des Hundes in den Bildern 3.1 und 3.9 stellen wir fest, dass einige Eigenschaften doppelt vorkommen. Es ist wünschenswert, diese Eigenschaften bereits in der `Raubtier`-Klasse aufzuführen und sie an die Klassen `Katze` und `Hund` zu vererben.

3.4.1 Stammbäume zusammenstellen

Die Vererbung von Mitgliedern ist am einfachsten in der Welt der Lebewesen zu verstehen. Wir betrachten einen Hund, eine Katze, einen Hecht und einen Karpfen.

Bild 3.45:
Mitglieder vererben

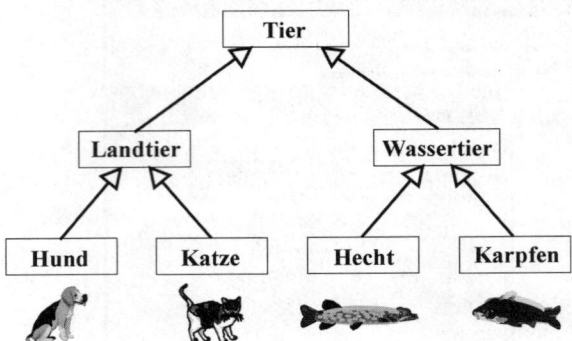

Weil der Hund die Katze jagt, können die Klassen für den Hund und die Katze nicht identisch sein. Das gilt ebenfalls für den Hecht und den Karpfen, der im frühen Lebensstadium vom Hecht gefressen werden kann. Doch worin besteht der Unterschied zwischen einem Hund und einem Hecht?

Hier können wir den Atemvorgang über Lungen und Kiemen heranziehen. Außerdem ist die Fortbewegung an den Lebensraum angepasst. Eine Einteilung in Landtiere und Wassertiere ist daher sinnvoll, wenn wir mal vom biologischen Standpunkt absehen. Landtiere und Wassertiere haben aber auch einige Gemeinsamkeiten, zum Beispiel ein Skelett oder Augen. Daher können wir diese beiden Gruppen allgemein als Tiere bezeichnen.

Aus diesen logischen Zusammenhängen entwickeln wir einen Stammbaum. Der Hund ist somit ein Landtier. Weil ein Landtier ein Tier ist, ist ein Hund auch ein Tier. Der Karpfen ist ein Wassertier, aber kein Landtier.

In *C#* dürfen Felder, Eigenschaften und Methoden von Klassen an andere Klassen vererbt werden. Nach dem Stammbaum der Tiere ist es zum Beispiel sinnvoll, die allgemeinen Mitglieder von `Tier` über `Landtier` an den `Hund` weiterzugeben. Die `Tier`-Klasse ist nun eine Oberklasse von `Hund`. Wenn es zwischen zwei Klassen keine weitere mehr gibt, sprechen wir auch von einer direkten Oberklasse. Zum Beispiel ist `Wassertier` eine direkte Oberklasse von `Hecht`. Neben Oberklassen gibt es auch Unterklassen. Eine Unterklasse von `Tier` ist zum Beispiel `Karpfen`.

3.4.2 Eigenschaften und Methoden vererben

In den *UML*-Diagrammen der Katze und des Hundes können wir eine Vererbung von Eigenschaften deutlich machen.

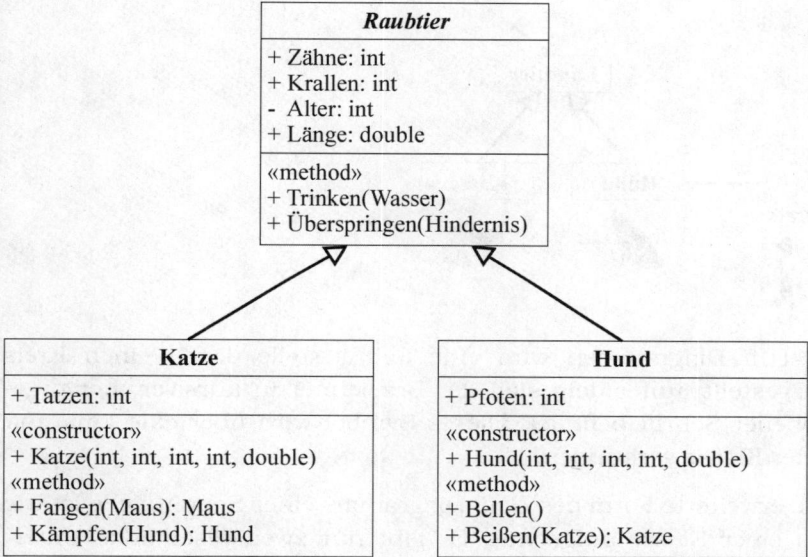

Bild 3.46:
Die Vererbung von Mitgliedern bei einer Katze und einem Hund

Alle Mitglieder, die für die Katze und den Hund gleich sind, kommen in die `Raubtier`-Klasse. Wenn ein Raubtier in der Lage ist, Wasser zu trinken oder ein Hindernis zu überspringen, überträgt sich das automatisch auf die Katze und den Hund. Die individuellen Mitglieder führen wir hingegen in `Katze` oder `Hund` auf.

3.4.3 Schnittstellen implementieren

Manchmal ist es sinnvoll, dass eine Klasse noch die Mitglieder einer weiteren Klasse erbt. Zum Beispiel erbt die `Hund`-Klasse bereits die Mitglieder von `Landtier`. Durch zusätzliche Ableitung von `Dressur` würden wir dressierte Hunde erhalten. *C#* unterstützt aber keine Mehrfachvererbung in dem Sinn, dass eine Klasse die Mitglieder von mehreren Klassen erbt.

Zur Lösung dieses Problems gibt es die Möglichkeit, beliebig viele Schnittstellen in eine Klasse zu implementieren. Hierbei handelt es sich um Sammlungen von Methoden, die an eine Klasse vererbt werden. Zum Beispiel entwickeln wir die IDressur-Schnittstelle und implementieren sie in die Hund-Klasse, um dressierte Hunde zu erhalten.

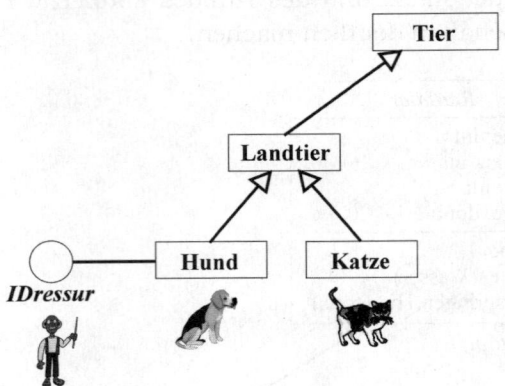

In *UML*-Diagrammen wird eine Schnittstelle durch einen Kreis dargestellt, unter dem sich der Bezeichner in kursiver, hervorgehobener Schrift befindet. Dieses Symbol wird über eine Linie mit einer Klasse verbunden.

Die erweiterte Form des *UML*-Diagramms einer Schnittstelle ist wie bei einer Klasse aufgebaut. Es gibt nur zwei wesentliche Unterschiede:

☐ In der ersten Zelle taucht über dem Bezeichner noch das Stichwort «interface» auf.

☐ Anstelle der Linie zeichnen wir einen gestrichelten Pfeil mit einem ungefüllten Dreieck als Spitze von der Klasse zur Schnittstelle.

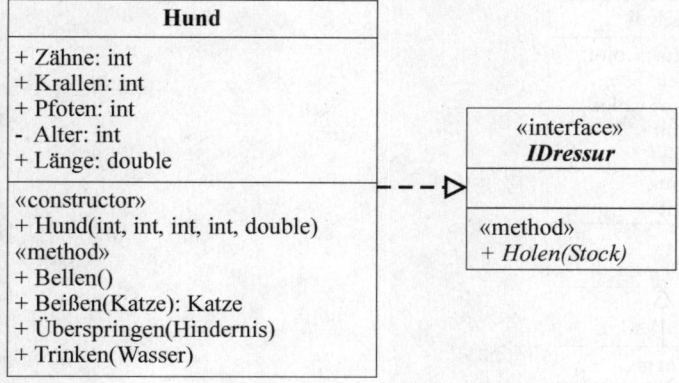

Alle Methoden in Schnittstellen enthalten noch keine Anweisungen und sind daher abstrakt, sodass sie in kursiver Schrift dargestellt werden.

3.5 Eigenschaften von Formularen festlegen

Im Arbeitsblatt *Slot1.ws* in Bild 3.37 taucht die Anweisung

```
ClientSize = new Size(500, 300);
```

im oberen Textbereich auf. Bei `ClientSize` handelt es sich um eine Eigenschaft eines Formulars zur Festlegung der Größe seines Clientbereichs. Woher diese Eigenschaft kommt, sehen wir uns im Folgenden an.

3.5.1 Formulare mit der Form-Klasse anlegen

Der Namensraum `System.Windows.Forms` ist für die Gestaltung von Formularen zuständig. Er bietet neben der `Form`-Klasse für Fenster noch viele weitere Klassen für Steuerelemente, zum Beispiel `Button` für Schaltflächen. Grundlegend für alle Steuerelemente ist die `Control`-Klasse.

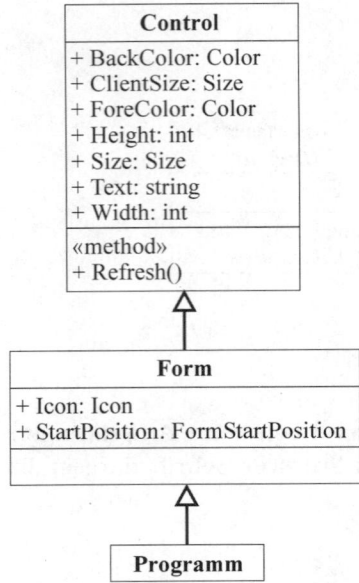

Control

+ BackColor: Color
+ ClientSize: Size
+ ForeColor: Color
+ Height: int
+ Size: Size
+ Text: string
+ Width: int

«method»
+ Refresh()

Form

+ Icon: Icon
+ StartPosition: FormStartPosition

Programm

Eigenschaft	Bedeutung
BackColor	die Hintergrundfarbe
ClientSize	die Größe des Clientbereichs
ForeColor	die Vordergrundfarbe, zum Beispiel für Aufschriften
Height	die Höhe des gesamten Steuerelements
Size	die Größe des gesamten Steuerelements
Text	bei Fenstern zum Beispiel der Name in der Titelleiste
Width	die Breite des gesamten Steuerelements

Abkürzungen für bestimmte Typen

Im Namensraum System gibt es die Klassen Int32 (Ganzzahlen), Char (Zeichen), Double (Fließkommazahlen), Boolean (Wahrheitswerte), String (Zeichenketten) und Object (Objekte). Als Abkürzungen für diese Typen wurden in *C#* die Schlüsselwörter int, char, double, bool, string und object verabredet.

Ein Aufruf der Refresh-Methode in Control sorgt dafür, dass sich das Steuerelement einschließlich der inliegenden Steuerelemente sofort selbst neu zeichnet. Der Anweisung

```
Refresh();
```

werden wir bei den Animationen im Spielcasino noch häufig begegnen.

Eigenschaft	Bedeutung
Icon	das Bild, welches das Formular auf der Taskleiste und links oben in der Titelleiste anzeigt
StartPosition	die anfängliche Position des Formulars auf dem Bildschirm

Tabelle 3.2:
Eigenschaften
der Form-Klasse

Bei der Ausführung eines Arbeitsblattes für ein *C#*-Formular stellt der *JLauncher* im Hintergrund die Klasse Programm zusammen, die alle Eigenschaften von Form und somit indirekt auch von Control erbt. Die Anweisungen in den Textbereichen INITIALISIERUNG DES FORMULARS und GRAFISCHE GESTALTUNG DES FORMULARS kommen automatisch an bestimmte Stellen im Quellcode.

Eine Katze kann mit der Fangen-Methode eine Maus jagen, was zu ihrem Verhalten gehört. Diese Mäusejagd ist durch eine Abfolge von einzelnen Schritten gekennzeichnet, zum Beispiel Beobachten, Anschleichen, Springen, Festhalten, Spielen, Laufenlassen, … Hierbei handelt es sich um eine Kette von Anweisungen, die nacheinander ausgeführt werden.

Bei der Initialisierung eines Formulars führen wir ebenfalls einige Anweisungen aus, zum Beispiel Hintergrundfarbe festlegen, Größe des Clientbereichs einstellen, Programmicon angeben, Startposition des Formulars festlegen und Programmname angeben. Diese Anweisungen kommen in den oberen Textbereich des Arbeitsblattes für ein *C#*-Formular.

☑ Öffnen Sie nun das Arbeitsblatt *Slot2.ws* im *JLauncher*.

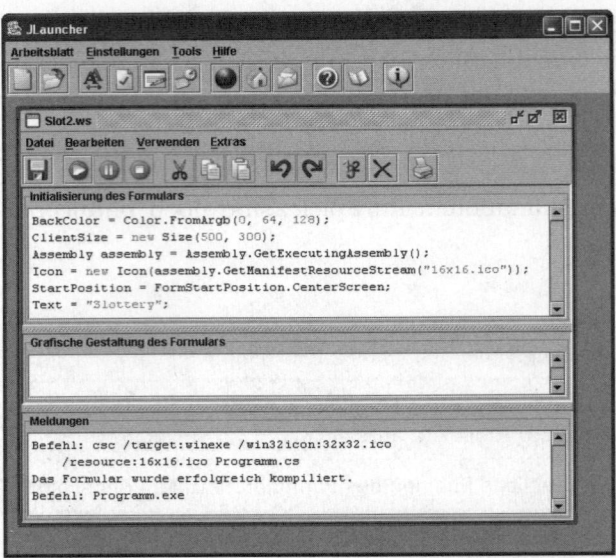

Im oberen Textbereich stehen die Anweisungen

```
BackColor = Color.FromArgb(0, 64, 128);
ClientSize = new Size(500, 300);
Assembly assembly = Assembly.GetExecutingAssembly();
Icon = new Icon(assembly.GetManifestResourceStream(
    "16x16.ico"));
StartPosition = FormStartPosition.CenterScreen;
Text = "Slottery";
```

Bei der Ausführung erscheint ein Formular, das eine dunkelblaue
Hintergrundfarbe (1. Anweisung) mit den *RGB*-Anteilen 0, 64, 128
hat und 500 x 300 Pixel groß ist (2. Anweisung), ein kleines Icon
in der linken oberen Ecke anzeigt (3. und 4. Anweisung), zentriert
auf dem Bildschirm erscheint (5. Anweisung) und *Slottery* als Pro-
grammnamen hat.

Bild 3.51:
Das Formular mit einem
Icon und einem Namen

Der Ausdruck zum Aufruf eines Feldes in Bild 3.14 verlangt die Angabe eines Täters. Dieses Objekt fehlt jedoch bei den obigen Anweisungen.

Um zu verstehen, warum wir in diesem Fall keinen Täter benötigen, ersetzen wir die Anweisungen im oberen Textbereich probeweise durch

```
this.BackColor = Color.FromArgb(0, 64, 128);
this.ClientSize = new Size(500, 300);
Assembly assembly = Assembly.GetExecutingAssembly();
this.Icon = new Icon(assembly.GetManifestResourceStream(
    "16x16.ico"));
this.StartPosition = FormStartPosition.CenterScreen;
this.Text = "Slottery";
```

Hier haben wir vor jeder Eigenschaft den Zusatz `this` angegeben. Bei `this` handelt es sich um ein Schlüsselwort zur Kennzeichnung des gegenwärtigen Objekts. In der `Programm`-Klasse stecken wir im Bauplan eines Fensters. Weil wir die Eigenschaften dieses Fensters beeinflussen möchten, nutzen wir `this` als Hinweis auf den Täter.

Eine kleine Verabredung beachten

Wenn Sie im Bauplan eines Objekts ein Feld oder eine Methode aufrufen möchten, das zu diesem Bauplan gehört, verwenden Sie `this` als Täter. Es besteht die Verabredung, dass Sie den Zusatz `this` in diesen beiden Fällen weglassen dürfen. Wenn das gegenwärtige Objekt allerdings als Argument einem Konstruktor oder einer Methode übergeben wird, darf `this` jedoch nicht fehlen.

Die Bedeutung der Anweisungen

```
BackColor = Color.FromArgb(0, 64, 128);
ClientSize = new Size(500, 300);
```

ist nicht schwer. Die Strukturen `Size` und `Color` haben wir uns bereits in den Bildern 3.30 und 3.33 angesehen.

3.5.2 Eine Zeichenkette für den Titel nutzen

Die Text-Eigenschaft hat den Typ string. Eine Zeichenkette entsteht, indem wir mehrere Zeichen über die Tastatur eintippen und diese Folge in zwei doppelte Anführungszeichen einschließen. Zum Beispiel weist die Anweisung

```
Text = "Slottery";
```

der Eigenschaft Text die Zeichenkette "Slottery" zu, die in der Titelleiste des Fensters erscheint.

3.5.3 Die Startposition festlegen

Beim Typ FormStartPosition handelt es sich um eine Aufzählung, die zum Namensraum System.Windows.Forms gehört, dessen Kontrollkästchen im Menü VERWENDEN ◆ NAMENSRÄUME des Arbeitsblattes *Slot2.ws* aktiviert ist. Aufzählungen sind Sammlungen statischer Konstanten. In der ersten Zelle in *UML*-Diagrammen taucht die Kennzeichnung «enum» auf.

«enum»
FormStartPosition
+ <u>CenterScreen</u>

Die statische CenterScreen-Konstante in der FormStartPosition-Aufzählung beinhaltet einen Wert zur Zentrierung eines Formulars auf dem Bildschirm.

```
StartPosition = FormStartPosition.CenterScreen;
```

3.5.4 Icons für das Programm erzeugen

Windows bietet die Möglichkeit, ein Programm durch ein kleines Bildchen zu kennzeichnen, das als Icon bezeichnet wird. In der linken oberen Ecke des Fensters und auf der Taskleiste taucht üblicherweise ein 16x16 Pixel großes Bildchen auf. Für den Desktop müssen wir zusätzlich noch eine 32x32 Pixel große Version erzeugen.

Die 32x32 Pixel große Bitmap mit einer Kirsche, die später beim Slot *BigApple* zum Einsatz kommt, liegt in der Datei *Cherry.bmp*.

Mithilfe geeigneter Software können wir leicht eine 16x16 Pixel große Version herstellen. Beide Bilder sind in den Dateien *32x32.ico* und *16x16.ico* mit der Erweiterung **.ico* für das spezielle Icon-Dateiformat gespeichert.

Einige Tools zur Herstellung von Icons ausprobieren

Auf der Homepage zu diesem Buch finden Sie weitere Informationen zur Herstellung von Icons. Seit *Windows XP* ist es neben TrueColor (24 Bit = 16.777.216 Farben) auch möglich, Icons mit transparenten Farben zu verwenden.

Alle Bilder, die zum Spielcasino gehören, müssen wir in die ausführbare Datei *Programm.exe* hineinpacken. Das Menü VERWENDEN ♦ RESSOURCEN enthält ein Textfeld zur Aufnahme eines Dateinamens. Im Arbeitsblatt *Slot2.ws* ist das Bild *16x16.ico* angegeben.

Mit mehreren Ressourcen arbeiten

Nach einem Klick auf irgendein Textfeld im Menü VERWENDEN ♦ RESSOURCEN mit der rechten Maustaste erscheint ein Popup-Menü. Es enthält die Einträge EINE RESSOURCE ENTFERNEN und EINE RESSOURCE HINZUFÜGEN, die dafür sorgen, dass ein leeres Textfeld entfernt oder ein neues hinzugefügt wird. Auf diese Weise können Sie mit beliebig vielen Ressourcen arbeiten.

Um an eine Ressource heranzukommen, müssen wir mit der Assembly des Programms arbeiten. Darunter ist eine Art Werkzeughalle zu verstehen, in der alle Ressourcen herumliegen. Die `Assembly`-Klasse gehört zum Namensraum `System.Reflection`, dessen Kontrollkästchen im Menü VERWENDEN ♦ NAMENSRÄUME des Arbeitsblattes *Slot2.ws* aktiviert ist.

Assembly
«method»
+ <u>GetExecutingAssembly(): Assembly</u>
+ GetManifestResourceStream(): Stream

Methode	Bedeutung
GetExecutingAssembly	die Assembly ermitteln, aus welcher das gegenwärtige Programm ausgeführt wird
GetManifestResourceStream	liefert einen Strom zur angegebenen Ressource in der Assembly

Die statische GetExecutingAssembly-Methode liefert die gegenwärtige Assembly, welche die Variable assembly erhält.

```
Assembly assembly = Assembly.GetExecutingAssembly();
```

Mit assembly.GetManifestResourceStream("16x16.ico") erhalten wir einen Strom zur Datei *16x16.ico*, die in der ausführbaren Datei *Programm.exe* steckt. In Strömen fließen Bytes von einer Quelle, zum Beispiel einer Datei, zu einem Ziel, zum Beispiel einem Icon-Objekt zur Erzeugung des Bildes.

Der Namensraum System.Drawing enthält die Icon-Klasse, deren Konstruktor einen Stream übernimmt.

Icon
«constructor»
+ Icon(Stream)

Damit ist auch die Bedeutung der letzten Anweisung, die wir bisher noch nicht besprochen haben, klar.

```
Icon = new Icon(assembly.GetManifestResourceStream(
    "16x16.ico"));
```

Das Bild *16x16.ico* wird in die Datei *Programm.exe* eingebunden, indem wir sie im Menü VERWENDEN ◆ RESSOURCEN angeben.

Neben dem Bild links oben in der Titelleiste ist noch das Programmsymbol wichtig, das auf dem Desktop und im Startmenü erscheint, wenn dort eine Verknüpfung zum Programm angelegt ist. Auch der *Windows-Explorer* zeigt neben jeder Datei ein Bildchen an.

Das Menü VERWENDEN ◆ ICON enthält ein Textfeld zur Angabe des Namens einer Datei. Hier tragen wir *32x32.ico* für die 32x32 Pixel große Version des Icons ein. Es wird bei der Ausführung des Arbeitsblattes automatisch als Icon der Datei *Programm.exe* mit eingebettet.

Bild 3.56:
Das Icon von *Slottery*
auf dem Desktop

Alle Schritte auf eigene Faust wiederholen

Zur Wiederholung der einzelnen Schritte zur Entwicklung eines C#-Formulars mithilfe eines Arbeitsblattes im *JLauncher* empfehle ich Ihnen, nun die Datei *Slot2.ws* zu löschen und aus dem Gedächtnis zu versuchen, das Arbeitsblatt auf eigene Faust wiederherzustellen.

3.6   Mit Bildern umgehen

Bei der grafischen Oberfläche unseres Slots fehlen jetzt nur noch die einzelnen Bilder.

3.6.1   Bilder laden und auseinander schnippeln

C#-Formulare können Bilder in verschiedenen Formaten laden. Dazu gehören Dateien mit den Erweiterungen **.gif* (Graphic Interchange Format), **.jpeg* (Joint Photographic Experts Group), **.png* (Portable Network Graphics), **.bmp* (*Windows*-Bitmap) und **.ico* (*Windows*-Format für Icons).

Alle Bilder für die Slots liegen im Format *.gif vor. Hierbei handelt es sich um ein Format, das nur für Bilder mit maximal 256 verschiedenen Farben geeignet ist. Diese Farben sind am Anfang der Datei in Form einer Farbpalette gespeichert. Um Speicherplatz zu sparen, fassen wir Bilder mit ähnlichen Farbpaletten in einer Datei zusammen. Zum Beispiel besteht die Bildersammlung *Plate.gif* aus einzelnen Schildern für unterschiedliche Zwecke.

Bild 3.57:
Eine Bildersammlung
mit Schildern

BALANCE:CREDIT:PAID:COINS:CHERRY MYSTERY SPECIAL JACKPOT CASHIER DEVIL MILLIONS

Für die grafische Oberfläche des Slots *BigApple* benötigen wir die Schilder CHERRY und MYSTERY. Bei der Ausführung des Arbeitsblattes *Slot3.ws* erscheinen sie auf dem dunkelblauen Hintergrund.

Bild 3.58:
Die Schilder CHERRY
und MYSTERY

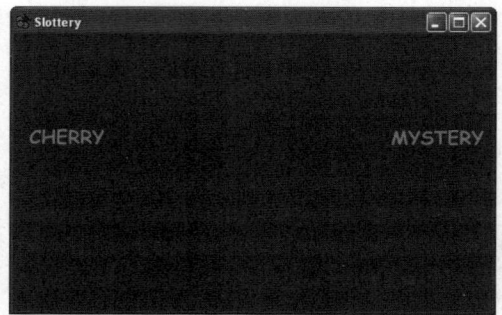

Zum Laden von Bildern und Ausschneiden von Bildteilen nutzen wir die `ImageLoader`-Klasse, deren innerer Bauplan in Kapitel 5 besprochen wird.

Bild 3.59:
UML-Diagramm der
ImageLoader-Klasse

ImageLoader
«constructor» + ImageLoader() «method» + GetImage(): Image + GetImage(int, int, int, int): Image + LoadImage(string)

Mit der Anweisung

```
ImageLoader loader = new ImageLoader();
```

erschaffen wir einen Bildlader mit dem Bezeichner `loader`.

Tabelle 3.4:
Methoden der
ImageLoader-Klasse

Methode	Bedeutung
GetImage	das komplette Bild oder einen rechteckigen Ausschnitt liefern
LoadImage	ein neues Bild laden

Die LoadImage-Methode verlangt eine Zeichenkette als Argument. Um zum Beispiel das Bild in der Datei *Plate.gif* zu laden, geben wir "Plate.gif" an. Die Anweisung

```
loader.LoadImage("Plate.gif");
```

sorgt dafür, dass das Bild mit den Schildern geladen wird.

Die GetImage-Methode ist überladen. Um die Schilder CHERRY und MYSTERY aus der Bildersammlung auszuschneiden, rufen wir die Version auf, die einen rechteckigen Bereich als Argument verlangt. Die Kennzahlen dieses Bereichs werden wie beim Füllen eines Rechtecks mit Farbe angegeben, also die x-Koordinate und die y-Koordinate der linken oberen Ecke, die Breite und die Höhe. Mit der Anweisung

```
Image cherryPlate = loader.GetImage(321, 0, 80, 22);
```

schneiden wir das Schild CHERRY mit der linken oberen Ecke beim Punkt (321, 0), einer Breite von 80 Pixel und einer Höhe von 22 Pixel aus.

Die Graphics-Klasse bietet eine Methode an, mit deren Hilfe wir ein fertiges Bild auf eine Grafik malen können.

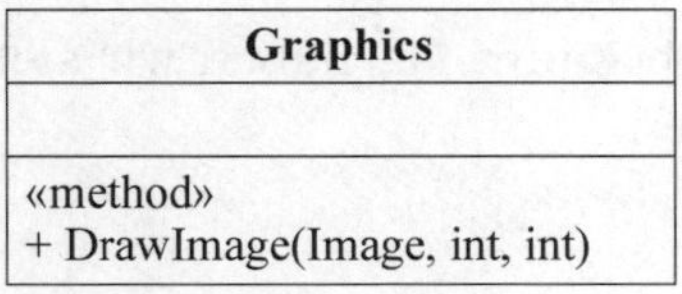

Bild 3.60:
UML-Diagramm der
Graphics-Klasse

Graphics
«method» + DrawImage(Image, int, int)

Das Bild cherryPlate soll auf der Grafik display des Casinos so positioniert werden, dass seine linke obere Ecke beim Punkt (16, 101) liegt. Hierzu dient die Anweisung

```
display.DrawImage(cherryPlate, 16, 101);
```

Dasselbe Verfahren wiederholen wir beim Schild MYSTERY.

```
Image mysteryPlate = loader.GetImage(401, 0, 98, 22);
display.DrawImage(mysteryPlate, 394, 101);
```

Der Quellcode der `ImageLoader`-Klasse liegt in der Datei *Image-Loader.cs*. Bei der Ausführung des Arbeitsblattes wird sie ebenfalls kompiliert und in die Datei *Programm.exe* hineingesteckt. Damit dieser Vorgang reibungslos funktioniert, müssen wir `ImageLoader` im Menü VERWENDEN ♦ KLASSEN des Arbeitsblattes eintragen.

Wie im Falle der Ressourcen können wir auf irgendein Textfeld im Menü VERWENDEN ♦ KLASSEN mit der rechten Maustaste klicken. Das Popup-Menü enthält die Einträge EINE KLASSE ENTFERNEN und EINE KLASSE HINZUFÜGEN, die dafür sorgen, dass ein leeres Textfeld entfernt oder ein neues Textfeld hinzugefügt wird. Somit können wir mit beliebig vielen Klassen arbeiten.

Im Vergleich zu *Slot2.ws* haben wir in *Slot3.ws* die Anweisung

```
BackColor = Color.FromArgb(0, 64, 128);
```

im Textbereich INITIALISIERUNG DES FORMULARS gelöscht. Der dunkelblaue Hintergrund des Slots entsteht im Textbereich GRAFISCHE GESTALTUNG DES FORMULARS, welcher die Anweisungen

```
SolidBrush blue = new SolidBrush(Color.FromArgb(0, 64, 128));
display.FillRectangle(blue, 0, 0, 500, 300);
ImageLoader loader = new ImageLoader();
loader.LoadImage("Plate.gif");
Image cherryPlate = loader.GetImage(321, 0, 80, 22);
display.DrawImage(cherryPlate, 16, 101);
Image mysteryPlate = loader.GetImage(401, 0, 98, 22);
display.DrawImage(mysteryPlate, 394, 101);
```

enthält. Damit die `ImageLoader`-Klasse bekannt ist, haben wir sie im Menü VERWENDEN ♦ KLASSEN eingetragen.

3.6.2 Das Verwenden-Menü im Arbeitsblatt überblicken

Das Menü VERWENDEN in einem Arbeitsblatt für ein *C#*-Formular bietet vier Einträge an, die wir uns im Folgenden noch einmal kurz im Überblick ansehen.

☐ NAMENSRÄUME: Durch Aktivierung des Kontrollkästchens neben einem Namensraum sind alle Typen, die zu ihm gehören, im

Arbeitsblatt bekannt. Bei jedem Typ, den wir in den Textbereichen Initialisierung des Formulars und Grafische Gestaltung des Formulars nutzen wollen, müssen wir überlegen, ob der zugehörige Namensraum angekreuzt ist. Bei den verabredeten Abkürzungen `int`, `char`, `double`, `bool`, `string` und `object` ist dies nicht notwendig, weil der Compiler standardmäßig weiß, in welchem Namensraum er die zugehörigen Typen findet.

- ☐ Icon: In das Textfeld tragen wir den Dateinamen eines 32x32 Pixel großen Icons ein, das als Programmsymbol (Desktop/Startmenü/*Windows-Explorer*) dienen soll.

- ☐ Ressourcen: In den Textfeldern geben wir die Dateinamen aller Ressourcen (Bilder, Klänge und Texte) an, die im Programm verwendet werden und in der ausführbaren Datei eingebettet sind.

- ☐ Klassen: In den Textfeldern geben wir eigene Typen an, die im Programm auftauchen und nicht zum *.NET Framework* gehören. Wichtig ist, dass die zugehörigen Dateien, deren Name sich aus dem Typ und der Erweiterung *.cs* zusammensetzt, im gleichen Ordner wie das Arbeitsblatt liegen.

3.6.3   Werte in einer Aufstellung sammeln

Als Nächstes malen wir die verkleinerten Slotsymbole bei den Bonussystemen Cherry und Mystery.

Bild 3.61:
Verkleinerte Symbole

Die zugehörigen Bilder liegen in der Datei *BigAppleBonus.gif* und haben jeweils eine Größe von 28 x 28 Pixeln.

Bild 3.62:
Die grauen und die erleuchteten Symbole

Um alle Symbole zur Verfügung zu haben, könnten wir 12 Variablen einführen. *C#* bietet uns jedoch die Möglichkeit, Aufstellungen zu verwenden, mit deren Hilfe wir gemütlich auf die einzelnen Bilder zugreifen können.

Eine Aufstellung von Schachfiguren lässt sich sehr einfach beschreiben, wenn wir die Plätze auf dem Schachbrett mit Indexen versehen. Zum Beispiel hat das Feld rechts oben mit dem schwarzen Turm den Index H8.

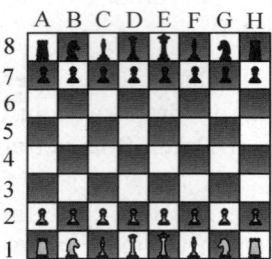

Bild 3.63:
Die Aufstellung der
Schachfiguren zu
Spielbeginn

Die einzelnen Züge während eines Spielverlaufs lassen sich mithilfe der Indexe nun leicht beschreiben, ohne das Spielbrett nach jedem Zug fotografieren zu müssen.

Mit deutschen Übersetzungen eine Vorstellung erhalten

Aufstellung heißt im Englischen *Array*. Abhängig vom Umfeld, in dem Sie sich bewegen, sollten Sie anstelle der deutschen Übersetzungen die englischen Fachbegriffe verwenden. In diesem Buch für Einsteiger fand ich es wichtiger, deutsche Begriffe einzuführen, damit Sie auch sprachlich eine Vorstellung von dem bekommen, worüber gerade gesprochen wird.

Die Dokumentation zum *.NET Framework SDK* schwankt selbst zwischen englischen und deutschen Begriffen hin und her. So wird von Membern (Mitgliedern) einer Klasse gesprochen, an anderen Stellen jedoch von Eigenschaften (Properties) einer Klasse.

In der achten Reihe des Schachbretts befinden sich 8 Figuren, die wir in einer separaten Aufstellung ablegen wollen. Für die Nummerierung der einzelnen Plätze stehen in *C#* keine Buchstaben, sondern nur Ziffern zur Verfügung. Die Indizierung startet stets bei 0.

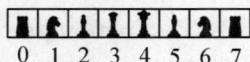
0 1 2 3 4 5 6 7

Der Typ einer eindimensionalen Aufstellung setzt sich aus dem Typ der Werte auf den Plätzen und einem eckigen Klammerpaar zusammen. Beim Typ Schachfigur erhalten wir Schachfigur[] als Typ der Aufstellung.

Auf einen Wert in einer Aufstellung greifen wir über seinen Index zu. Wenn die Variable für das Spielbrett zum Beispiel den Bezeichner board hat, kennzeichnet board[2] den schwarzen Läufer auf der linken Seite.

Nun zurück zu unserem Bonussystem. Beim Schild CHERRY benötigen wir 6 Kirschen, die bei den Punkten (12, 126), (43, 140), (74, 126), (74, 69), (43, 55) und (12, 69) platziert werden. Um auf die Koordinaten einfacher zugreifen zu können, lohnt es sich, zwei Aufstellungen zu erschaffen. Das geschieht wie bei der Einführung einer neuen Variablen.

```
int[] x = {12, 43, 74, 74, 43, 12};
int[] y = {126, 140, 126, 69, 55, 69};
```

Der Typ der Aufstellungen ist in beiden Fällen int[]. In den geschweiften Klammern führen wir die einzelnen Koordinaten auf. Zum Beispiel liefert x[1] die Ganzzahl 43.

3.6.4 Anweisungen mehrfach ausführen

Bevor wir die Kirschen auf die Grafik malen, legen wir alle Symbole von *BigAppleBonus.gif* in einer Aufstellung mit Bildern ab. Die Anweisung

```
loader.LoadImage("BigAppleBonus.gif");
```

lädt das Bild aus der Assembly des Programms. Es ist wichtig, später im Arbeitsblatt daran zu denken, die Ressource *BigAppleBonus.gif* hinzuzufügen.

Leider ist es im Vergleich zu den Koordinaten nicht so einfach möglich, die Werte der einzelnen Bilder in geschweiften Klammern aufzuführen. Daher nutzen wir ein alternatives Verfahren zur Erschaffung einer Aufstellung.

Zunächst deklarieren wir die Variable bonus des Typs Image[]. Hinter dem Operator = folgt nun das Schlüsselwort new und der

Typ, wobei in den eckigen Klammern die Anzahl der benötigten Plätze in der Aufstellung steht. In unserem Fall gibt es 12 verschiedene Bilder.

```
Image[] bonus = new Image[12];
```

Die Anweisungen

```
bonus[0] = loader.GetImage(0, 0, 28, 28);
bonus[1] = loader.GetImage(28, 0, 28, 28);
bonus[2] = loader.GetImage(56, 0, 28, 28);
bonus[3] = loader.GetImage(84, 0, 28, 28);
bonus[4] = loader.GetImage(112, 0, 28, 28);
...
bonus[10] = loader.GetImage(280, 0, 28, 28);
bonus[11] = loader.GetImage(308, 0, 28, 28);
```

legen schrittweise alle 12 Symbole auf den Plätzen der Aufstellung bonus ab. Wir verschieben die x-Koordinate der linken oberen Ecke jeweils um 28 Pixel nach rechts, um in der Bildersammlung von links nach rechts zu wandern und alle Bilder auszuschneiden.

Eigentlich sind diese 12 Anweisungen alle bis auf die Ganzzahlen bei der x-Koordinate identisch. Es ist leicht zu erkennen, dass sie vom Index des aktuellen Platzes in der Aufstellung bonus abhängen. Wir müssen nur eine Möglichkeit finden, die Anweisung

```
bonus[i] = loader.GetImage(i * 28, 0, 28, 28);
```

mehrmals hintereinander auszuführen, wobei die Variable i des Typs int die Ganzzahlen von 0 bis 11 für die Indexe annimmt.

Die Operatoren +, -, * und / kennzeichnen die Addition, Subtraktion, Multiplikation und Division von zwei Zahlen. Wenn die Rechnung nur aus Ganzzahlen besteht, ist das Ergebnis ebenfalls eine Ganzzahl, ansonsten eine Fließkommazahl. Zum Beispiel liefert 3 / 2 das Ergebnis 1. Links und rechts neben dem Operator steht eine Ganzzahl, sodass die Nachkommastellen wegfallen, die bei einer exakten Rechnung entstehen.

Eine mehrfache Wiederholung einer Anweisung, wobei sich bei jedem Schritt eine Zählvariable ändert, erlaubt die for-Anweisung. Die 12 obigen Zeilen mit den Einzelschritten können wir durch

```
for (int i = 0; i < 12; i++) {
  bonus[i] = loader.GetImage(i * 28, 0, 28, 28);
}
```

abkürzen. In den runden Klammern hinter dem Schlüsselwort `for` stehen drei Angaben.

- Zuerst führen wir die Variable `i` des Typs `int` ein, die bei 0 starten soll. Aus diesem Grund ist die Angabe `int i = 0` eingetragen, wobei es sich um die übliche Initialisierung einer Variablen handelt.

- Hinter dem ersten Semikolon folgt die Bedingung `i < 12` (`i` ist kleiner als 12). Sie sorgt dafür, dass die Ausführung der Anweisung in den geschweiften Klammern wiederholt wird, wenn der Wert der Variablen `i` kleiner als 12 ist. Sobald `i` die Zahl 11 übertrifft, ist die Bedingung `i < 12` nicht mehr erfüllt und die `for`-Anweisung endet automatisch.

- Hinter dem zweiten Semikolon steht der Ausdruck `i++`. Um den Wert der Variablen `i` nach jedem Durchlauf um 1 zu erhöhen, setzen wir den Operator `++` dahinter. Dieser Vorgang sorgt dafür, dass der Wert von `i` irgendwann den Wert 11 übersteigt und die Prüfbedingung `i < 12` nicht mehr erfüllt ist.

Die `for`-Anweisung hat die allgemeine Form

```
for (<Initialisierung>; <Bedingung>; <Iteration>) {
  <Anweisungen>
}
```

Zur Veranschaulichung des Ablaufs in einer solchen Anweisung zeichnen wir Flussdiagramme, die ebenfalls Bestandteil der *UML* sind. Der Fluss startet beim gefüllten Kreis ohne Umrandung und endet beim gefüllten Kreis mit Umrandung.

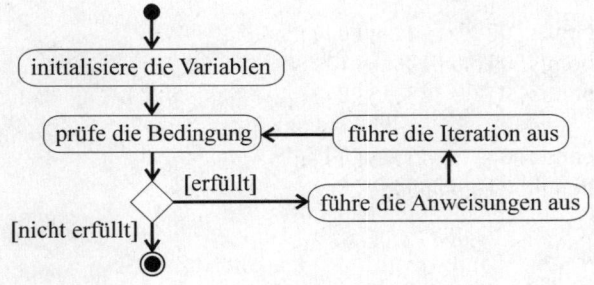

Bild 3.65:
Flussdiagramm für
die `for`-Anweisung

Beim gedrehten Quadrat liegt eine Verzweigung. Wenn die Bedingung erfüllt ist, geht es nach rechts weiter. Ansonsten landen wir unten, wo die Flusskontrolle endet.

Mittlerweile haben Sie schon einige Operatoren von *C#* kennen gelernt. Zum Rechnen mit Zahlen gibt es + (Addition), - (Subtraktion), * (Multiplikation) und / (Division). Zum Vergleichen von Zahlen gibt es < (kleiner als), <= (kleiner als oder gleich), == (gleich), >= (größer als oder gleich) und > (größer als). Um den Wert einer Variablen um 1 zu erhöhen oder zu verringern, schreiben wir den Operator ++ oder -- hinter die Variable.

Die Operatoren = und == unterscheiden

Wenn Sie prüfen wollen, ob zwei Werte gleich sind, sollten Sie streng auf die Anzahl der Gleichheitszeichen im Operator achten. Bei = handelt es sich um den Zuweisungsoperator, der einer Variablen auf der linken Seite den Wert eines Ausdrucks auf der rechten Seite zuweist. Für die Überprüfung der Gleichheit ist hingegen der Vergleichsoperator == zuständig.

Zum Malen der Kirschen beim Schild CHERRY nutzen wir ebenfalls eine for-Anweisung.

```
for (int i = 0; i < 6; i++) {
  display.DrawImage(bonus[0], x[i], y[i]);
}
```

Der Ausdruck bonus[0] liefert das Bild mit der Kirsche. Die einzelnen Koordinaten für die 6 Platzierungen arbeiten wir mit x[i] und y[i] ab. Insgesamt werden die Anweisungen

```
display.DrawImage(bonus[0], x[0], y[0]);
display.DrawImage(bonus[0], x[1], y[1]);
display.DrawImage(bonus[0], x[2], y[2]);
...
display.DrawImage(bonus[0], x[4], y[4]);
display.DrawImage(bonus[0], x[5], y[5]);
```

ausgeführt.

Um die Schilder beim Bonus MYSTERY anzuzeigen, benötigen wir andere Koordinaten. Leider ist es verboten, der Variablen x mit der Anweisung

```
x = {398, 429, 460, 460, 429, 398};
```

eine neue Aufstellung mit Koordinaten zuzuweisen. Es könnte passieren, dass die Anzahl der Plätze falsch ist.

Um dieses Problem zu vermeiden, schreiben wir das Schlüsselwort new vor die geschweiften Klammern und wiederholen den Typ.

```
x = new int[] {398, 429, 460, 460, 429, 398};
y = new int[] {126, 140, 126, 69, 55, 69};
```

Eine weitere for-Anweisung erledigt die Ausgabe der anderen Slotsymbole. Anstelle des Ausdrucks bonus[0] taucht nun bonus[i] auf, weil wir eine Kirsche, eine Pflaume, eine Orange, eine Glocke, eine Birne und eine Erdbeere platzieren wollen.

```
for (int i = 0; i < 6; i++) {
  display.DrawImage(bonus[i], x[i], y[i]);
}
```

Das komplette Arbeitsblatt finden Sie in der Datei *Slot4.ws*.

3.6.5 Mehrere Dimensionen bei Aufstellungen

Um zu einem zweidimensionalen Schachbrett zu gelangen, stellen wir die Figuren zunächst reihenweise auf die Plätze von acht eindimensionalen Aufstellungen. Diese Reihen legen wir dann auf den Plätzen einer weiteren Aufstellung ab.

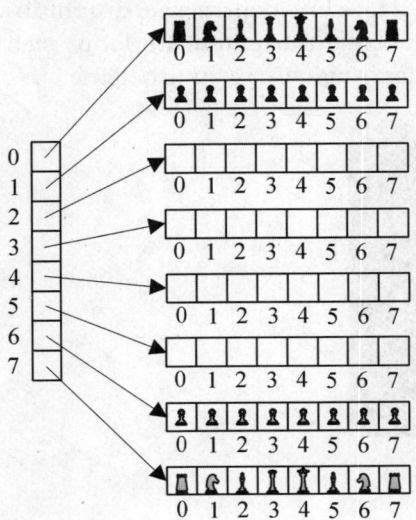

Bild 3.66:
Die zweidimensionale Aufstellung mit den Schachfiguren

Der Typ einer zweidimensionalen Aufstellung setzt sich aus dem Typ der Werte auf den Plätzen und einem eckigen Klammerpaar zusammen, das eine bestimmte Anzahl von Kommas enthält. Bei einer Dimension taucht kein Komma, bei zwei Dimensionen ein Komma, bei drei Dimensionen zwei Kommas usw. auf. Das Schachbrett hat somit den Typ `Schachfigur[,]`.

Wichtig ist die Vorstellung, dass es sich bei einer mehrdimensionalen Aufstellung um eine „Aufstellung von Aufstellungen" handelt. Wenn das Schachbrett zum Beispiel den Bezeichner `board` hat, liefert `board[1]` die Aufstellung mit den schwarzen Bauern. Mit dem Ausdruck `board[7, 0]` kommen wir an den weißen Turm auf der linken Seite heran.

In der Datei *BigAppleBigSymbol.gif*, die als Ressource im Arbeitsblatt angegeben werden muss, liegen die sieben Slotsymbole für den Slot *Big Apple*.

Das Bild laden wir mit der Anweisung

```
loader.LoadImage("BigAppleBigSymbol.gif");
```

Auf dem oberen und unteren Teil einer Walze befinden sich halbe Symbole. Insgesamt müssen wir 21 Schneideprozesse durchführen, um alle 3 Teile für die 7 Symbole zu erhalten. Es lohnt sich folglich, mit einer zweidimensionalen Aufstellung zu arbeiten.

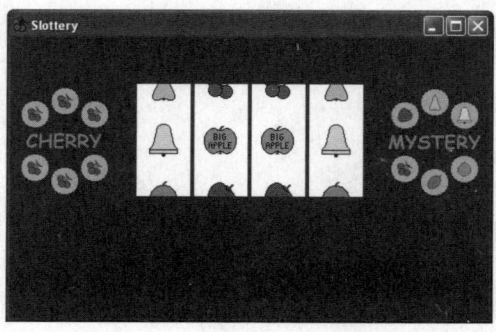

Die Anweisung

```
Image[,] bigSymbol = new Image[7, 3];
```

deklariert die Aufstellung `bigSymbol` des Typs `Image[,]` für die 21 benötigten Bilder. Bei genauerer Betrachtung handelt es sich um eine Aufstellung mit 7 Plätzen für die einzelnen Symbole. Auf jedem Platz liegt eine weitere Aufstellung mit 3 Plätzen für das untere, ganze und obere Symbolteil.

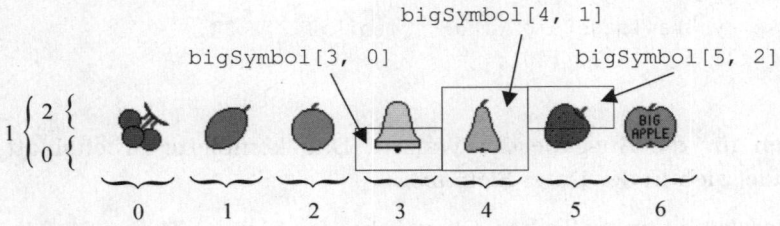

Bild 3.69:
Die Indexe bei
den Symbolen

Ein Symbol hat eine Größe von 56 x 60 Pixel, sodass wir die Einzelteile bequem mit drei `for`-Anweisungen ausschneiden.

```
for (int i = 0; i < 7; i++) {
  bigSymbol[i, 0] = loader.GetImage(i * 56, 30, 56, 30);
}
for (int i = 0; i < 7; i++) {
  bigSymbol[i, 1] = loader.GetImage(i * 56, 0, 56, 60);
}
for (int i = 0; i < 7; i++) {
  bigSymbol[i, 2] = loader.GetImage(i * 56, 0, 56, 30);
}
```

Die Symbole auf den Walzen legen wir in der Aufstellung `symbol` des Typs `int[,]` ab.

```
int[,] symbol = {{4, 3, 2}, {0, 6, 5}, {0, 6, 5}, {4, 3, 2}};
```

Die Aufstellung `{4, 3, 2}` entspricht einer Birne, einer Glocke und einer Orange, die auf der ersten und vierten Walze von oben nach unten angeordnet sind.

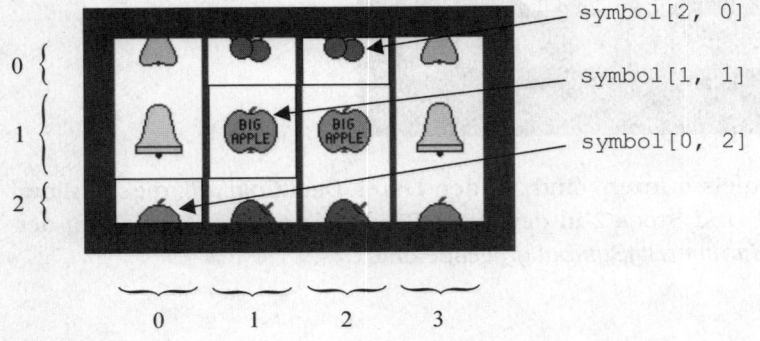

Bild 3.70:
Indexe bei den Symbolen auf den Walzen

Die Anweisungen

```
for (int i = 0; i < 4; i++) {
  display.DrawImage(bigSymbol[symbol[i, 0], 0],
      132 + i * 60, 50);
  display.DrawImage(bigSymbol[symbol[i, 1], 1],
      132 + i * 60, 80);
  display.DrawImage(bigSymbol[symbol[i, 2], 2],
      132 + i * 60, 140);
}
```

sorgen für die Ausgabe der Walzen. Das komplette Arbeitsblatt befindet sich in der Datei *Slot5.ws*.

Im Vergleich zur grafischen Oberfläche des Slots in Bild 3.22 fehlen nur noch die Plaketten mit den Zahlen von 1 bis 5 über den Walzen und die Schaltflächen zur Bedienung des Slots. Die zugehörigen Bilder liegen in den Dateien *GrayRedAction.gif*, *QuadraticButton.gif* und *GrayRedArrow.gif*, die im Arbeitsblatt *Slot6.ws* als Ressourcen angegeben sind. Werfen Sie abschließend einen kurzen Blick über seinen Quellcode. Neue Erkenntnisse gibt es nicht.

3.7 Übungsaufgabe

☑ Gestalten Sie die grafische Oberfläche des Slots *Hammer*.

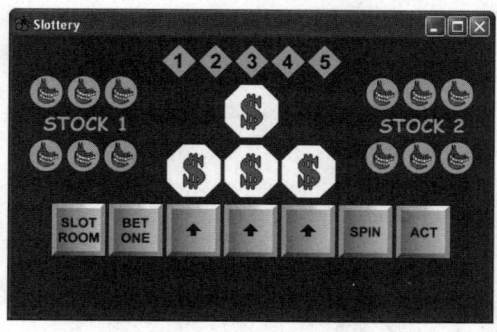

Die Teufelsmünzen sind in der Datei *DevilCoin.gif*, die Schilder STOCK 1 und STOCK 2 in der Datei *Stock.gif* und die Symbole in der Datei *HammerBigSymbol.gif* gespeichert.

Die Schaltfläche Slot Room liegt beim Punkt (42, 178). Die anderen Schaltflächen jeweils 60 Pixel in x-Richtung weiter. Die Orte der Symbole sind: (162, 114) für die linke untere Walze, (222, 114) für die mittlere untere Walze, (282, 114) für die rechte untere Walze und (222, 50) für die obere Walze. Die Plaketten mit den Zahlen von 1 bis 5 liegen an der gleichen Stelle wie bei *Big Apple*. Ein wenig Copy & Paste genügt hier also. Die Schilder Stock 1 und Stock 2 liegen bei (32, 83) und (383, 83). Die x-Koordinaten für die linken Teufelsmünzen sind 18, 57 und 96. Die beiden Reihen haben 41 und 109 als y-Koordinaten. Die rechten Teufelsmünzen liegen 351 Pixel in x-Richtung weiter.

Um sich Arbeit bei der Platzierung der Teufelsmünzen zu ersparen, nutzen Sie am besten eine verschachtelte for-Anweisung. Zum Beispiel könnte i die obere / untere Reihe in einem Stock, j den Stock 1/Stock 2 und k die drei Münzen in einer Reihe eines Stocks kennzeichnen. Abhängig von den Werten der Variablen i, j und k lassen sich die 12 Teufelsmünzen nun mit einer Anweisung auf die Grafik display malen.

```
for (int i = 0; i < 2; i++) {
  for (int j = 0; j < 2; j++) {
    for (int k = 0; k < 3; k++) {
      display.DrawImage(devilCoin, 18 + k * 39 + j * 351,
        41 + i * 68);
    }
  }
}
```

Bei der Verschachtelung werden nun gemäß dem Flussdiagramm in Bild 3.65 die folgenden Vorgänge durchgeführt:

☐ Die Variable i wird mit 0 initialisiert. Die Bedingung i < 2 ist erfüllt. Es geht mit der Anweisung im Rumpf der ersten for-Anweisung weiter, wobei es sich um die zweite for-Anweisung handelt.

☐ Die Variable j wird mit 0 initialisiert. Die Bedingung j < 2 ist erfüllt. Es geht mit der Anweisung im Rumpf der zweiten for-Anweisung weiter, wobei es sich um die dritte for-Anweisung handelt.

☐ Die Variable k wird mit 0 initialisiert. Die Bedingung k < 3 ist erfüllt. Es geht mit der Anweisung im Rumpf der dritten for-Anweisung weiter. Nun wird die linke Teufelsmünze in der oberen Reihe von Stock 1 gemalt.

- Der Ausdruck k++ wird ausgewertet, sodass k den Wert 1 hat. Die Bedingung k < 3 ist erfüllt, sodass wieder die Malanweisung ausgeführt wird. Diesmal wird die mittlere Teufelsmünze in der oberen Reihe von STOCK 1 gemalt.

- Der Ausdruck k++ wird ausgewertet, sodass k den Wert 2 hat. Die Bedingung k < 3 ist erfüllt, sodass wieder die Malanweisung ausgeführt wird. Diesmal wird die rechte Teufelsmünze in der oberen Reihe von STOCK 1 gemalt.

- Der Ausdruck k++ wird ausgewertet, sodass k den Wert 3 hat. Die Bedingung k < 3 ist nicht mehr erfüllt, sodass die dritte for-Anweisung endet.

- Der Ausdruck j++ wird ausgewertet, sodass j den Wert 1 hat. Die Bedingung j < 2 ist erfüllt. Es geht mit der Anweisung im Rumpf der zweiten for-Anweisung weiter, wobei es sich um die dritte for-Anweisung handelt.

- Die Variable k wird mit 0 initialisiert. Die Bedingung k < 3 ist erfüllt. Es geht mit der Anweisung im Rumpf der dritten for-Anweisung weiter. Nun wird die linke Teufelsmünze in der oberen Reihe von STOCK 2 gemalt.

In diesem Sinne geht es solange weiter, bis es zum Schluss zur Auswertung des Ausdrucks i++ kommt, die Bedingung i < 2 nicht mehr erfüllt ist und die erste for-Anweisung somit endet.

Eine Lösung zu dieser Aufgabe finden Sie in der Datei *Slot7.ws*.

Rechteckige Bereiche schnell ermitteln

Kennzahlen für die rechteckigen Bereiche, die zum Ausschneiden von Bildteilen nötig sind, erhalten Sie leicht mithilfe des Malprogramms *Paint* unter *Windows*. Auch der *JLauncher* enthält eine Bildvorschau, die Sie zu diesem Zweck nutzen können.

☑ Rufen Sie das Menü TOOLS auf und aktivieren Sie das Kontrollkästchen NAVIGATOR. Auf der linken Seite erscheint ein Ordnerbaum, in dem Sie sich zu den Bildern bewegen.

☑ Markieren Sie ein Bild und klicken Sie es mit der rechten Maustaste an. Nach der Auswahl des Eintrags ÖFFNEN im Pop-up-Menü erscheint die Bildvorschau auf dem Desktop.

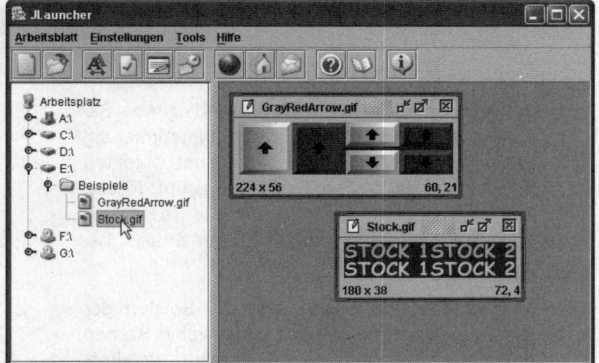

Bild 3.72:
Bilddateien im Ordner-baum markieren und öffnen

Links unten in den inneren Fenstern steht die Größe des Bildes. Zum Beispiel hat das Bild *GrayRedArrow.gif* eine Größe von 224 x 56 Pixel.

☑ Mit der Maus können Sie einen rechteckigen Bereich markieren. Dazu drücken Sie die linke Maustaste an der Stelle, wo die linke obere Ecke des Rechtecks liegen soll, und bewegen die Maus bei gedrückter Taste zur rechten unteren Ecke. Dann lassen Sie die Taste wieder los.

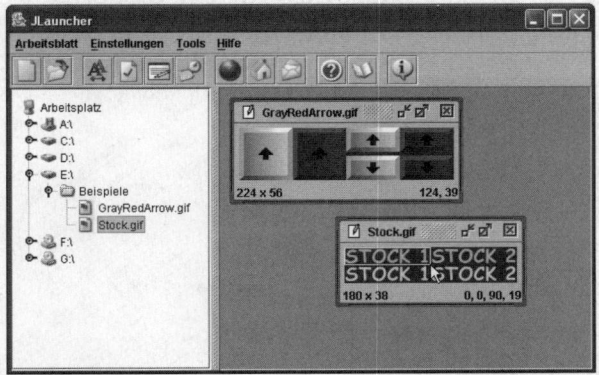

Bild 3.73:
Kennzahlen von recht-eckigen Bereichen ermitteln

Die Kennzahlen der rechteckigen Markierung stehen rechts unten in den inneren Fenstern. Zum Beispiel wird das graue Schild STOCK 1 durch die Kennzahlen 0, 0, 90, 19 beschrieben. Diese Zahlen benötigt die `GetImage`-Methode des `ImageLoader`, um den zugehörigen Bildausschnitt zu liefern.

4 Bilder animieren und Sound abspielen

In Kapitel 3 haben wir einige grundlegende Begriffe aus der objektorientierten Programmierung kennen gelernt und den Umgang mit Objekten am Beispiel der Graphics-Klasse geübt. Neben den Malvorgängen ist uns auch die for-Anweisung zur Steuerung des Programmablaufs begegnet.

Animationen und Sound sind bei Spielen der Schlüssel zum Erfolg. Wenn wir einzelne Szenen malen und zwischendurch die Grafik in regelmäßigen Zeitabständen auffrischen, entsteht ein Film. Obwohl das *.NET Framework* standardmäßig keinen Sound unterstützt, können wir dennoch durch den Aufruf externer Methoden die Animation mit Klängen untermalen.

4.1　Das Schloss mit dem Spielcasino

Bevor ein Spieler zu den Slots gehen kann, muss er zunächst das Casino betreten. Im Arbeitsblatt *Castle1.ws* für ein *C#*-Formular gestalten wir das Schloss und seine Umgebung.

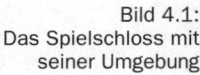
Bild 4.1:
Das Spielschloss mit
seiner Umgebung

Im Textbereich GRAFISCHE GESTALTUNG DES FORMULARS stehen die Anweisungen

```
ImageLoader loader = new ImageLoader();
loader.LoadImage("Background.gif");
```

```
for (int i = 0; i < 25; i++) {
  display.DrawImage(loader.GetImage(), i * 20, 0);
}
loader.LoadImage("Castle.gif");
display.DrawImage(loader.GetImage(), 299, 61);
loader.LoadImage("Cliff.gif");
display.DrawImage(loader.GetImage(), 259, 246);
```

Der Farbverlauf *Background.gif* wird in Form von 25 vertikalen
Streifen der Breite 20 Pixel auf den Hintergrund tapeziert. Die
Bilder *Castle.gif* und *Cliff.gif* sorgen für das Spielschloss und die
Felsen davor.

4.2 Klänge laden und abspielen

Während der Spieler noch überlegt, ob er das Casino besuchen
soll, hört er das Sausen des Windes und in der Ferne ein paar
unregelmäßige Donnerschläge.

4.2.1 Den Wind pfeifen lassen

Zum Laden und Abspielen von Klängen verwenden wir die Sound-
Player-Klasse, deren innerer Bauplan wie im Falle des ImageLoader in Kapitel 5 besprochen wird. Ihr Quellcode befindet sich in
der Datei *SoundPlayer.cs*. Sie ist von der Hashtable-Klasse abgeleitet, die zum Namensraum System.Collections gehört.

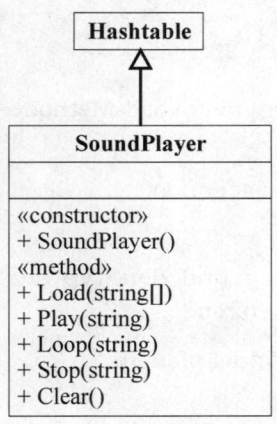

Bild 4.2:
UML-Diagramm der
SoundPlayer-Klasse

Eine Hashtabelle enthält zwei Spalten. Im Falle des `SoundPlayer` stehen in der ersten Spalte die einzelnen Dateinamen als Zeichenketten und in der zweiten Spalte die zugehörigen Objekte des Typs Sound. Der Quellcode dieser Klasse, zu dem wir in Kapitel 5 kommen, liegt in der Datei *Sound.cs*. Durch diese Zuordnung können wir die einzelnen Klänge bequem über ihre Namen abspielen.

Tabelle 4.1:
Methoden der
`SoundPlayer`-Klasse

Methode	Bedeutung
Load	alle Sounds mit den Dateinamen in der Aufstellung laden
Play	einen Sound einmal abspielen
Loop	einen Sound ständig abspielen
Stop	das Abspielen eines Sounds beenden
Clear	alle Sounds anhalten und alle Einträge in der Hashtabelle entfernen

Im Arbeitsblatt *Castle2.ws* kommen im Vergleich zu *Castle1.ws* drei neue Anweisungen hinzu. Mit der Zeile

```
SoundPlayer player = new SoundPlayer();
```

erschaffen wir einen `SoundPlayer` zum Abspielen von Klängen.

Um die Lockrufe des Spielteufels, das Donnergrollen und den Wind zu laden, geben wir die Dateinamen *Devil.wav*, *Thunder.wav* und *Wind.wav* in einer Aufstellung mit Zeichenketten an. Anstatt eine Variable `list` durch

```
string[] list = {"Devil.wav", "Thunder.wav", "Wind.wav"};
```

einzuführen, übergeben wir die Aufstellung der Load-Methode direkt als Argument.

```
player.Load(new string[] {"Devil.wav", "Thunder.wav",
    "Wind.wav"});
```

Hierbei müssen wir an das Schlüsselwort `new` und den Typ der Aufstellung vor den geschweiften Klammern denken.

Mit der Loop-Methode lassen wir den Wind ständig pfeifen.

```
player.Loop("Wind.wav");
```

Vergessen Sie nicht, die Stärke Ihrer Lautsprecher etwas anzupassen, um den Wind zu hören.

Die Sounddateien nicht als Ressourcen hinzufügen

Der `SoundPlayer` arbeitet im Inneren mit der externen Methode `PlaySound` des *Windows 32 API*. Daher dürfen Sie die Klänge in den Arbeitsblättern nicht als Ressourcen angeben, um zu verhindern, dass sie in die Datei *Programm.exe* eingebettet werden. Die Sounds müssen außerhalb dieser Datei im gleichen Ordner liegen. Sehen Sie ab und zu auf der Homepage zu diesem Buch nach, ob es ein Update zum `SoundPlayer` gibt, das diese unerwünschte Schwäche beseitigt.

4.2.2   Eine Zufallszahl ermitteln

Ab und zu soll ein Donner in der Ferne grollen. Um den Umgang mit zufälligen Ereignissen zu verstehen, sehen wir uns kurz ein Experiment aus der Praxis an.

☑ Wir werfen 1 weiße und 19 schwarze Kugeln, also insgesamt 20 Kugeln, in einen Karton.

☑ Wir ziehen nun mit geschlossenen Augen eine Kugel, sehen uns die Farbe an und legen die Kugel anschließend in den Karton zurück.

☑ Wenn wir eine weiße Kugel erwischt haben, lassen wir den Donner grollen. Das müsste zum Beispiel bei 2000 Ziehungen zirka 100 mal passieren.

Leider kann der Computer dieses Kugelexperiment nicht selbst durchführen. Er ist aber in der Lage, eine zufällige Zahl auszuspielen, die größer als oder gleich 0.0, aber kleiner als 1.0 ist. Die Fließkommazahl 1.0 entsteht also bei der Ziehung nicht.

Die Ziehung einer Zufallszahl geschieht mit der `NextDouble`-Methode in der `Random`-Klasse im Namensraum `System`, den wir im Arbeitsblatt *Castle3.ws* verwenden.

Die Dokumentation durchsuchen

Rufen Sie das Menü HILFE • SUCHEN auf, um die Dokumentation zum *.NET Framework SDK* nach gewissen Begriffen zu durchsuchen. Zum Beispiel erscheinen beim Stichwort `random` (Zufall) einige Seiten, aus denen Sie ersehen können, dass es keine alternativen Methoden zur `Random`-Klasse gibt.

Bild 4.3:
UML-Diagramm der
`Random`-Klasse

Random
«constructor» + Random() «method» + NextDouble(): double

Mit der Anweisung

```
Random random = new Random();
```

erschaffen wir ein Objekt des Typs `Random`. Anschließend liefert der Ausdruck `random.NextDouble()` eine zufällig gezogene Fließkommazahl zwischen `0.0` und `1.0`, wobei die `0.0`, aber nicht die `1.0` entstehen kann.

4.2.3   Ein Fenster auf eigene Faust öffnen

Um die Wirkung der `Random`-Methode kurz testen zu können, bietet der *JLauncher* neben den Arbeitsblättern für *C#*-Formulare noch welche für *C#*-Applikationen an. Zunächst sehen wir uns jedoch an, wie wir in einem solchen Arbeitsblatt ein Formular auf eigene Faust öffnen.

☑ Rufen Sie im *JLauncher* das Menü ARBEITSBLATT • NEU auf. Es erscheint ein Dialog, der Ihnen verschiedene Sprachen für Programme und Dokumente anbietet. Wählen Sie die Option C# aus und klicken Sie auf die Schaltfläche OK.

☑ Nun ist ein weiterer Dialog zu sehen, der sich nach dem genauen Typ des *C#*-Programms erkundigt. Wählen Sie nun die Option APPLIKATION aus und klicken Sie auf die Schaltfläche OK. Eine Applikation besteht aus einer Kette von Anweisungen. Wir können zum Beispiel ein Formular auf dem Bildschirm öffnen oder eine kleine Rechnung durchführen.

Auf dem Desktop des *JLaunchers* erscheint ein Arbeitsblatt mit zwei Textbereichen zur Entwicklung einer Applikation in *C#*.

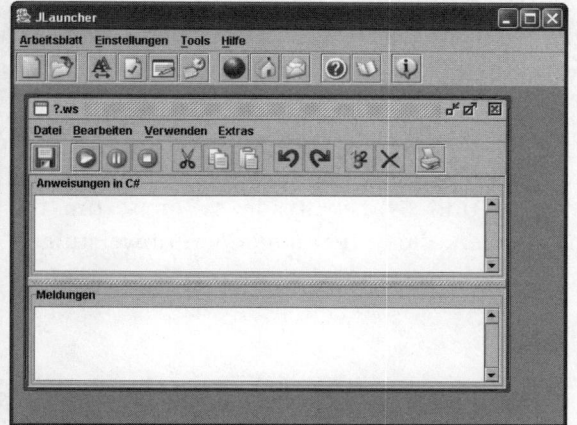

Bild 4.4:
Ein Arbeitsblatt
für eine Applikation

☑ Rufen Sie das Menü DATEI ◆ SPEICHERN auf, um das Arbeitsblatt zu speichern, zum Beispiel in der Datei *Form.ws* im Ordner *E:\Beispiele.*

☑ Auch wenn der Textbereich ANWEISUNGEN IN C# noch leer ist, können Sie bereits das Menü BEARBEITEN ◆ AUSFÜHREN aufrufen.

Im Textbereich MELDUNGEN steht, welche Aktionen der *JLauncher* bei der Ausführung des Arbeitsblattes durchführt. Er bettet die Anweisungen im Textbereich ANWEISUNGEN IN C# in ein Programm ein, das in der Datei *Programm.cs* gespeichert wird. Der Befehl

```
csc Programm.cs
```

führt die Kompilierung durch, wobei die ausführbare Datei *Programm.exe* entsteht. Der Start dieses Programms erfolgt mit dem Befehl

```
Programm.exe
```

Weil keine Anweisungen im Arbeitsblatt *Form.ws* stehen, geschieht noch nichts.

Applikationen und Formulare unterscheiden

Im Gegensatz zu einem Arbeitsblatt für ein *C#*-Formular erbt die `Programm`-Klasse bei einem Arbeitsblatt für eine *C#*-Applikation nicht die Eigenschaften der `Form`-Klasse. Mit der Entwicklung einer Applikation ist also nicht notwendig das Öffnen eines Fensters auf dem Bildschirm verbunden.

☑ Verwenden Sie nun im Arbeitsblatt *Form.ws* die Namensräume `System`, `System.Drawing` und `System.Windows.Forms`, um die Klassen bekannt zu machen, die in den folgenden Anweisungen auftauchen.

Die Anweisung

```
Form form = new Form();
```

erschafft ein neues Formular. Seine `ClientSize`-Eigenschaft erhält in der Zeile

```
form.ClientSize = new Size(300, 150);
```

eine Größe von 300x150 Pixel.

Die `Application`-Klasse im Namensraum `System.Windows.Forms` bietet die statische `Run`-Methode zum Öffnen eines Formulars auf dem Bildschirm an.

Bild 4.5:
UML-Diagramm der
`Application`-Klasse

Application
«method»   + <u>Run(Form)</u>

Die Anweisung

```
Application.Run(form);
```

sorgt also dafür, dass das Formular sichtbar wird.

Die `Run`-Methode endet erst, wenn der Benutzer das Formular wieder schließt, sodass es mit der nächsten Anweisung weitergeht. Wenn hinter dem Aufruf von `Run` keine Anweisung mehr folgt, bedeutet dies aber nicht, dass die Applikation zu Ende ist. Wenn wir zum Beispiel im Formular eine Aktion ausgelöst haben, die dauerhaft einen Sound abspielt, läuft *Programm.exe* im Hintergrund noch weiter. Nun können Sie das Programm nur noch mithilfe des *Task-Managers* unter *Windows* anhalten.

Ein Programm im *Task-Manager* beenden

Klicken Sie mit der rechten Maustaste auf eine freie Stelle der Taskleiste und starten Sie im Popup-Menü den *Task-Manager*. Wählen Sie im erscheinenden Dialog die Registerkarte PROZESSE aus, markieren Sie den Eintrag PROGRAMM.EXE in der Tabelle und betätigen Sie die Schaltfläche PROZESS BEENDEN.

Um einen kompletten Abbruch der Applikation zu erzwingen, sobald der Benutzer das Formular `form` schließt, bietet die `Environment`-Klasse im Namensraum `System` die statische `Exit`-Methode an.

Environment
«method» + <u>Exit(int)</u>

Bild 4.6:
UML-Diagramm der
`Environment`-Klasse

Die Anweisung

```
Environment.Exit(0);
```

beendet die Ausführung der Laufzeitumgebung, die für die Ausführung von Programmen bezüglich des *.NET Frameworks* zuständig ist. Dies führt automatisch zum Abbruch der Applikation und aller zugehörigen Prozesse.

Als Argument erhält die `Run`-Methode den Fehlercode 0, der für einen „normalen" Programmabbruch steht. Durch die Übergabe anderer Zahlen können wir bei Bedarf verschiedene Fehlerquellen kennzeichnen. Der Benutzer müsste dann in der Dokumentation nachsehen, was der Fehlercode in unserer Applikation bedeutet.

Die richtige Exit**-Methode nehmen**

Die Application- und die Environment-Klasse bieten beide eine statische Exit-Methode an. Beachten Sie, dass die Version in Application lediglich die Anwendungsfenster schließt. Die laufenden Prozesse, die diese Fenster im Hintergrund gestartet haben, sind erst mit der Version in Environment beendet.

Wenn Sie die besprochenen vier Anweisungen in den Textbereich ANWEISUNGEN IN C# eingeben und das Arbeitsblatt ausführen, erscheint dasselbe Formular wie in Bild 3.26 auf dem Bildschirm. Damals kam aber ein Arbeitsblatt für ein *C#*-Formular zum Einsatz und nicht eines für eine *C#*-Applikation.

Bild 4.7:
Ein leeres Formular
auf dem Bildschirm

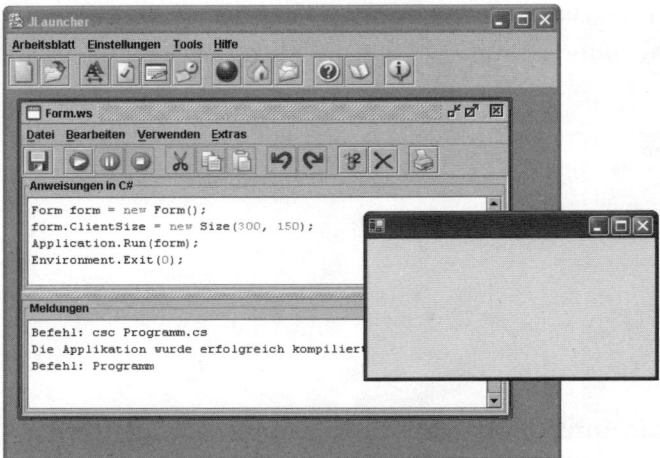

4.2.4   Ergebnisse von Rechnungen ausgeben

In der Console-Klasse im Namensraum System gibt es die statische Out-Eigenschaft. Mithilfe dieses Objekts des Typs TextWriter schreiben wir Nachrichten in den Standardausgabestrom. In den Arbeitsblättern im *JLauncher* ist dieser Strom mit dem Textbereich MELDUNGEN verbunden, sodass wir sie hierin lesen können.

Console
+ <u>Out: TextWriter</u>

Die `TextWriter`-Klasse im Namensraum `System.IO` (`IO` ist eine Abkürzung von Input/Output) stellt eine Vielzahl von Methoden zur Verfügung, um Werte verschiedener Typen auszudrucken. Wir sehen uns nur eine kleine Auswahl an.

TextWriter
«method»
+ Write(double)
+ Write(int)
+ Write(string)
+ WriteLine()
+ WriteLine(double)
+ WriteLine(int)
+ WriteLine(string)

Die Typen `double`, `int` und `string` für Fließkommazahlen, Ganzzahlen und Zeichenketten sind uns bereits begegnet.

Methode	Bedeutung
Write	einen Wert schreiben
WriteLine	einen Wert schreiben und anschließend einen Sprung in eine neue Zeile durchführen

Die `WriteLine`-Methode ohne Argument sorgt nur für einen Sprung in eine neue Zeile.

Um zu sehen, welche Werte beim Aufruf der `NextDouble`-Methode in der `Random`-Klasse entstehen, legen wir ein neues Arbeitsblatt für eine *C#*-Applikation an, speichern es in der Datei *Random.ws* ab, schreiben die Anweisungen

```
Random random = new Random();
Console.Out.Write(random.NextDouble());
```

hinein und verwenden den Namensraum `System`.

Mit dem Ausdruck `Console.Out` kommen wir an den statischen Standardausgabestrom `Out` in der `Console`-Klasse heran. Der Aufruf der `Write`-Methode sorgt für die Ausgabe des Wertes des übergebenen Ausdrucks `random.NextDouble()`.

Bei der Ausführung des Arbeitsblattes erscheint zum Beispiel die Fließkommazahl `0,893200451458432`.

Bild 4.10:
Eine zufällig gezogene Fließkommazahl ausgeben

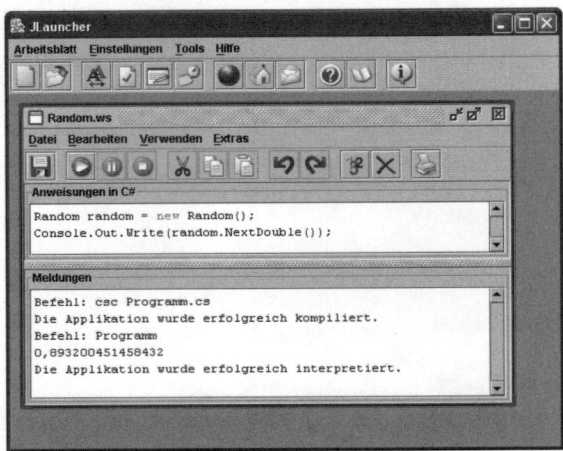

Die Datei *Programm.exe*, die bei der Ausführung des Arbeitsblattes *Random.ws* im Ordner *E:\Beispiele* entsteht, können wir zum Beispiel für andere Benutzer im Internet zum Download anbieten. Wenn sie durch einen Doppelklick im *Windows-Explorer* ausgeführt wird, erscheint ein Fenster der *Eingabeaufforderung*. Leider geht es viel zu schnell zu, sodass wir die gezogene Zahl nicht sehen können.

Fertige Programme, die in *C#* geschrieben sind, werden in Konsolenanwendungen und *Windows*-Anwendungen eingeteilt.

☐ Der Start einer Konsolenanwendung ist mit dem Öffnen eines Fensters der *Eingabeaufforderung* verbunden. Sobald die Anwendung beendet ist, schließt sich dieses Fenster wieder. Wenn wir mithilfe der `Console`-Klasse eine Nachricht in die Konsole schreiben und diese etwas länger begutachten wollen, sind wir gezwungen, Konsolenanwendungen direkt in einer *Eingabeaufforderung* aufzurufen.

☐ Bei einer *Windows*-Anwendung wird keine *Eingabeaufforderung* zum Starten geöffnet. Sie dient meistens dazu, den Dialog mit dem Benutzer über eine grafische Benutzeroberfläche zu führen. Die Ausgabe von Nachrichten in der Konsole mithilfe der `Console`-Klasse ist sinnlos, weil das Programm im Hintergrund abläuft.

Bei den Arbeitsblättern für *C#*-Applikationen erscheinen die Nachrichten automatisch im Textbereich MELDUNGEN. Um die Nachrichten in der *Eingabeaufforderung* zu sehen, werfen wir die Datei *Programm.exe* per Drag & Drop in das zugehörige Fenster. Hier erscheint nun der komplette Pfad zur Datei. Nach Betätigen der Enter-Taste wird das Programm ausgeführt und die Fließkommazahl erscheint.

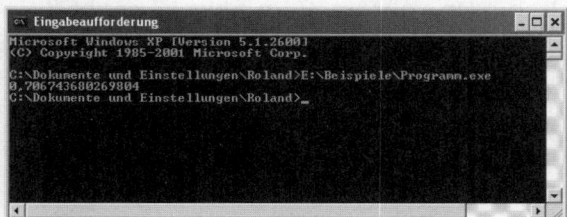

Bild 4.11:
Eine Nachricht in der
Eingabeaufforderung

Den Programmtyp beim Download angeben

Im Internet geben Sie am besten den Typ Ihres Programms an, damit die Benutzer nach dem Download wissen, ob es sich um eine Konsolenanwendung, die in der *Eingabeaufforderung* gestartet wird, oder um eine *Windows*-Anwendung, die nach einem Doppelklick auf die Datei abläuft, handelt.

4.2.5 Eine Bedingung formulieren

Beim beschriebenen Kugelexperiment soll ein Donner ertönen, wenn der Computer eine weiße Kugel zieht. Diese Bedingung wird exakt durch den Ausdruck

```
random.NextDouble() < 0.05
```

beschrieben. Auf die Zahl `0.05` kommen wir, indem wir die Anzahl der weißen Kugeln (1) durch die Gesamtanzahl der Kugeln (20) teilen (`1.0 / 20.0` ergibt `0.05`). Probeweise können Sie mal die Anweisung

```
Console.Out.Write(1.0 / 20.0);
```

in einem Arbeitsblatt für eine *C#*-Applikation ausführen.

In *C#* gibt es die Vergleichsoperatoren `<` (kleiner als), `<=` (kleiner als oder gleich), `>=` (größer als oder gleich), `>` (größer als), `==` (gleich) und `!=` (ungleich). Ein Ausdruck, in dem wir zwei Werte miteinander vergleichen, liefert entweder den Wert `false` oder `true`. Diese beiden Wahrheitswerte haben den Typ `bool` und drücken aus, ob etwas falsch oder wahr ist. Zum Beispiel ergibt `2 != 2` den Wert `false`, was Sie nachvollziehen können, wenn Sie die Anweisung

```
Console.Out.Write(2 != 2);
```

in einem Arbeitsblatt für eine *C#*-Applikation ausführen.

Der Ausdruck

```
random.NextDouble() < 0.05
```

liefert den Wert `true`, wenn die ausgespielte Zahl kleiner als `0.05` ist, und den Wert `false`, wenn die ausgespielte Zahl größer als oder gleich `0.05` ist.

Jetzt haben wir eine Bedingung für das Abspielen des Donnergrollens formuliert. Wenn der obige Ausdruck den Wert `false` ergibt, passiert nichts. Beim Wert `true` spielen wir den Donner ab.

4.2.6   Eine Bedingung überprüfen

Zum Überprüfen von Bedingungen dienen `if`-Anweisungen mit der allgemeinen Form

```
if (<Ausdruck des Typs bool>) {
  <Anweisungen>
}
```

Wenn die Bedingung in den runden Klammern hinter dem Schlüsselwort `if` den Wert `true` liefert, kommt es zur Ausführung der Anweisungen in den geschweiften Klammern. Beim Wert `false` werden die Anweisungen übersprungen und das Programm fortgesetzt. Der Teil in den runden Klammern wird als Kopf und der Teil in den geschweiften Klammern als Körper der if-Anweisung bezeichnet.

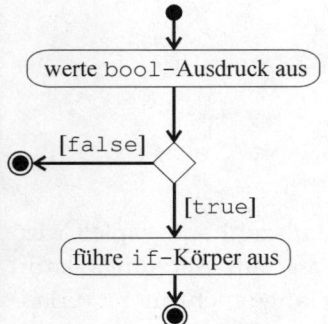

Bild 4.12:
Flussdiagramm für
die if-Anweisung

Mit der Anweisung

```
if (random.NextDouble() < 0.05) {
  player.Play("Thunder.wav");
}
```

lassen wir den Donner zufällig grollen.

4.2.7   Anweisungen beliebig oft ausführen

Um den Donner öfters abzuspielen, nutzen wir eine while-Anweisung mit der allgemeinen Form

```
while (<Ausdruck des Typs bool>) {
  <Anweisungen>
}
```

Solange die Bedingung im while-Kopf den Wert true ergibt, werden die Anweisungen im while-Körper ausgeführt.

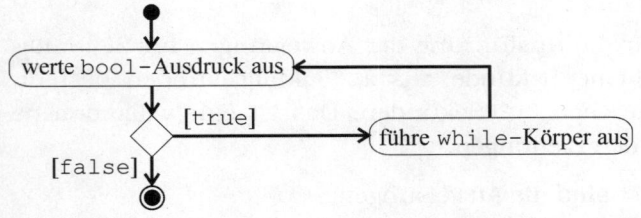

Bild 4.13:
Flussdiagramm für
die while-Anweisung

Wenn der Wert true in den runden Klammern steht, erhalten wir eine unendliche Schleife. Weil die Auswertung der Bedingung immer `true` liefert, werden die Anweisungen im `while`-Körper ständig ausgeführt.

Die Anweisung

```
while (true) {
  if (random.NextDouble() < 0.05) {
    player.Play("Thunder.wav");
  }
}
```

sorgt also dafür, dass beliebig oft eine Zufallszahl ausgespielt wird und abhängig vom Ergebnis der Donner grollt. Allerdings kann das Programm die unendliche Schleife so lange nicht mehr verlassen, bis es vom Benutzer beendet wird.

Wegen der hohen Prozessorgeschwindigkeit ist ein Rechner in der Lage, tausende von Ziehversuchen in der Sekunde durchzuführen. Daher donnert es ständig, sodass wir eine kleine Bremse einführen müssen.

In der `Thread`-Klasse im Namensraum `System.Threading` gibt es die statische `Sleep`-Methode. Mit ihr kann ein Programm ein kleines Nickerchen einlegen.

Bild 4.14:
UML-Diagramm der
`Thread`-Klasse

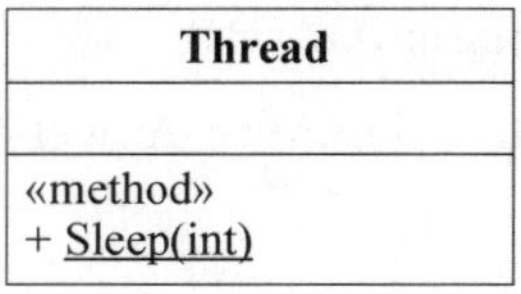

Thread
«method» + Sleep(int)

Als Argument verlangt sie eine Ganzzahl des Typs `int` für die Anzahl der Millisekunden der gewünschten Zeitspanne.

Mit der Anweisung

```
Thread.Sleep(200);
```

unterbrechen wir die Ausführung der Anweisungen für 200 Millisekunden. Weil eine Sekunde aus 1000 Millisekunden besteht, dauert das Nickerchen 0.2 Sekunden. Das ist eine willkommene Pause zwischen den Ziehungen.

Zusammengefasst sind die Anweisungen

```
Random random = new Random();
while (true) {
  if (random.NextDouble() < 0.05) {
```

```
    player.Play("Thunder.wav");
  }
  Thread.Sleep(200);
}
```

für das Donnergrollen verantwortlich. Das komplette Arbeitsblatt befindet sich in der Datei *Castle3.ws*.

Sounds werden nacheinander abgespielt

Die externe PlaySound-Methode des *Windows 32 API* ist nicht in der Lage, Klänge zu mixen. Daher werden die Donnerschläge nicht direkt abgespielt, wenn sie entstehen, sondern erst am Ende eines Windsausens. Sobald keine Donnerschläge mehr in der Sound-schleife stehen, geht es mit dem Wind weiter.

Für den späteren Spielverlauf ist es wichtig zu beachten, dass kein Sound länger als die entsprechende Animation im Spiel ist. Sonst ist der Spieler manchmal etwas verwirrt, wenn er noch einen Soundeffekt hört und der Ablauf schon etwas weiter ist.

4.3   Bilder in Bewegung bringen

Ein Vogel soll über das Spielschloss von links nach rechts fliegen. Die einzelnen Flugszenen liegen in der Datei *Bird.gif*.

Bild 4.15:
Szenen für den
fliegenden Vogel

Mit den Anweisungen

```
loader.LoadImage("Bird.gif");
Image[] bird = new Image[7];
for (int i = 0; i < 5; i++) {
  bird[i] = loader.GetImage(0 + i * 51, 0, 51, 22);
}
bird[5] = bird[3];
bird[6] = bird[2];
```

laden wir die Bildersammlung und erschaffen eine Aufstellung mit den einzelnen Szenen. Das Bild `bird[0]` hat die Farbe des Hintergrundes und dient zur Übermalung der letzten Vogelposition. Es folgen das zweite, dritte, vierte und fünfte Bild, in denen der Vogel die Flügel nach oben bewegt, und das vierte und dritte Bild, in denen der Vogel die Flügel wieder nach unten bewegt. Die Bilder `bird[1]` bis `bird[6]` ergeben somit eine Animation.

Bild 4.16:
Der Film vom
fliegenden Vogel

Anschließend benötigen wir die Variablen `location` und `index` mit der x-Koordinate des Ortes und der Bildnummer.

```
int location = -51;
int index = 1;
```

Die anfängliche x-Koordinate liegt außerhalb des Formulars, damit der Vogel von links hereinfliegt.

In einer unendlichen Schleife fliegt der Vogel über den Bildschirm.

```
while (true) {
  display.DrawImage(bird[0], location, 12);
  location += 6;
  display.DrawImage(bird[index], location, 12);
  Refresh();
  if (location >= 600) {
    location = -51;
  }
  if (index == 6) {
    index = 1;
  } else {
    index++;
  }
  Thread.Sleep(200);
}
```

Zuerst übermalen wir die letzte Position des Vogels mit dem Bild `bird[0]`. Anschließend verschieben wir die Position um 6 Pixel nach rechts und malen die neue Flugszene. Die Anweisung

```
Refresh();
```

sorgt für die Auffrischung der Grafik im Formular. Sie taucht im Arbeitsblatt *Castle4.ws* nach dem Malen des Startbildes, das aus dem Hintergrund, dem Spielschloss und den Felsen besteht, sowie nach jeder Flugszene auf.

Die Control-Klasse vererbt die Refresh-Methode nach dem *UML-*Diagramm in Bild 3.49 an das Formular. Wenn das aufrufende Objekt fehlt, steht der Zusatz this davor, um das gegenwärtige Objekt zu kennzeichnen.

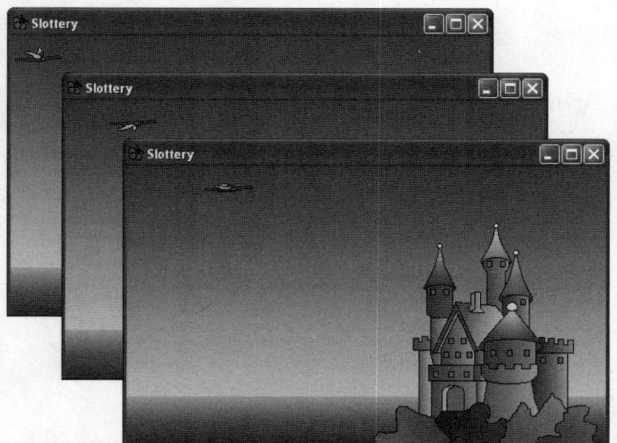

Bild 4.17:
Der Vogel fliegt los

Die if-Anweisung mit der Bedingung location >= 600 sorgt dafür, dass die Position des Vogels auf die anfängliche Position -51 zurückgesetzt wird, sobald er das Formular um 100 Pixel nach rechts verlassen hat.

In der darauf folgenden if-else-Anweisung prüft der Ausdruck index == 6, ob die Bildnummer gleich 6 ist. Wenn wir beim letzten Bild angekommen sind, starten wir im if-Körper wieder beim Index 1. Ansonsten erhöhen wir den Index um 1 im else-Körper, um zur nächsten Flugszene zu gelangen.

Bei einer if-else-Anweisung mit der allgemeinen Form

```
if (<Ausdruck des Typs bool>) {
  <Anweisungen>
} else {
  <Anweisungen>
}
```

werden also abhängig von der Prüfbedingung verschiedene Anweisungen ausgeführt.

Bild 4.18:
Flussdiagramm für die
if-else-Anweisung

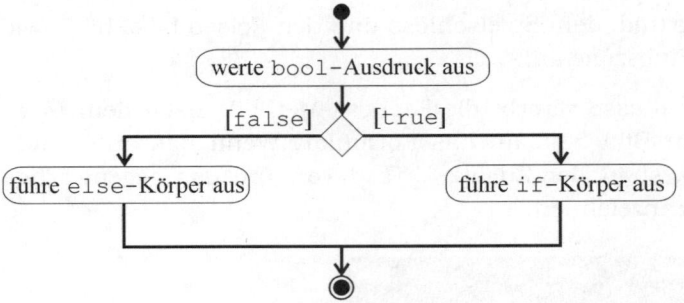

Im Vergleich zum Arbeitsblatt *Castle3.ws* wurden die Anweisungen zum Abspielen von Klängen gelöscht. In der abschließenden Übungsaufgabe sollen Sie noch die Fenster des Schlosses zum Blinken bringen und einen Spielteufel erscheinen lassen, der ein Lied auf seiner Flöte spielt, um Spieler anzulocken.

4.4 Übungsaufgabe

In der Datei *Devil.gif* finden Sie einen Spielteufel, der von links unten auftauchen soll. Der Hintergrund des Teufels ist transparent. Mit *DevilBackground.gif* löschen Sie die ursprüngliche Position. Kurz bevor er abtaucht, ertönt ein Lied. Hierzu spielen Sie die Datei *Devil.wav* einige Male hintereinander ab.

Bild 4.19:
Der Spielteufel

In der Bildersammlung *Portal.gif* befinden sich die Tür und die Fenster des Spielschlosses in dunkler und erleuchteter Form.

Bild 4.20:
Die Tür und die Fenster

Im Schloss sollen in unregelmäßigen Zeitabständen einige Lampen an- und ausgehen.

Ihre Aufgabe besteht darin, die Animationen für den Vogel, den Teufel und die flackernden Lampen inklusive Vertonung in einer einzigen while-Anweisung unterzubringen.

Bild 4.21:
Das animierte und
vertonte Spielschloss

Das Portal liegt bei (334, 238). Für die Positionen der Fenster erschaffen Sie die Aufstellungen

```
int[] x = {317, 331, 376, 390, 411, 336, 349, 331, 343, 355,
    380, 397, 415, 432, 450, 320, 336, 352};
int[] y = {132, 132, 102, 102, 143, 187, 187, 202, 202, 202,
    200, 200, 200, 208, 208, 223, 223, 223};
```

Das Bild zum Löschen des Teufels kommt an die Position (20, 213). Die x-Koordinate des Teufels ist 20. Seine y-Koordinate schwankt zwischen 213 (höchste Position) und 463 (niedrigste Position). Er soll um jeweils 5 Pixel angehoben und gesenkt werden.

Für die Animation des Teufels lohnt es sich, die Variablen down und stop des Typs bool, sowie wait des Typs int einzurichten. Mit down wird kontrolliert, ob er sich runter oder rauf bewegt, und mit stop, ob er gerade in der obersten Position verharrt. Ist er oben, erhöhen wir die Variable wait schrittweise von 0 bis 4 und spielen währenddessen auf der Flöte.

Eine Lösung zu dieser Aufgabe finden Sie in der Datei *Castle5.ws*.

5 Objektorientiert programmieren

In Kapitel 3 und 4 haben wir gesehen, wie wir Bilder mit einem `ImageLoader` laden und Teilbereiche aus ihnen ausschneiden können. Auch das Abspielen eines Sounds mithilfe eines `SoundPlayer` bereitete keine Probleme. Nun geht es darum, einen Blick in den Quellcode dieser Klassen zu werfen und zu verstehen, wie wir uns selbst eigene Baupläne für Objekte herstellen können. Für das Casino ist noch einiges mehr notwendig, zum Beispiel ein Zähler für den aktuellen Kreditstand und ein Alphabet für Nachrichten.

5.1 Einen Bildlader entwickeln

Die Methoden eines Bildladers beruhen auf den Klassen `Bitmap`, `Graphics` und `Image` des *.NET Frameworks*. Wir sehen uns zunächst einige Eigenschaften dieser Klassen an, bevor wir den `ImageLoader` entwickeln.

5.1.1 Ein Bild laden

Die Datei *BigAppleBigSymbol.gif* enthält die Symbole für die Walzen des Slots *Big Apple*.

Bild 5.1:
Das Bild mit den
Symbolen für *Big Apple*

Im Arbeitsblatt *ImageLoader1.ws* für ein Formular laden wir dieses Bild und zeigen es auf der Grafik des Formulars an.

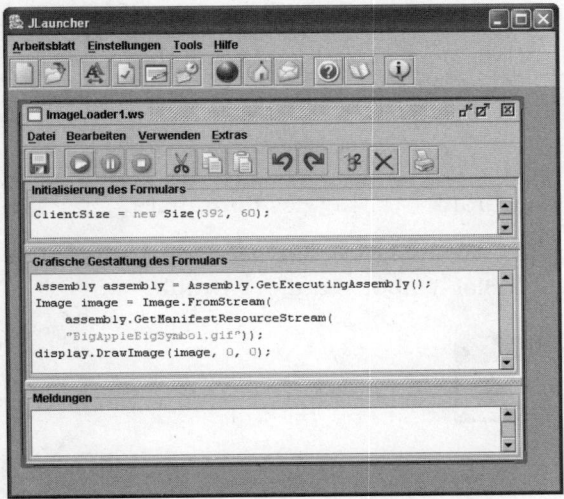

Bild 5.2:
Anweisungen zum
Laden eines Bildes

Die Anweisung

```
ClientSize = new Size(392, 60);
```

im oberen Textbereich legt die Größe des Clientbereichs des Formulars auf 392 x 60 Pixel fest, was der Bildgröße entspricht.

In der abstrakten Image-Klasse im Namensraum System.Drawing
gibt es die statische FromStream-Methode, die uns beim Laden
eines Bildes hilft.

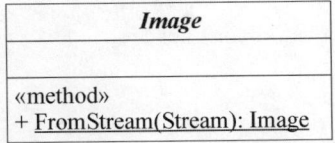

Bild 5.3:
UML-Diagramm
der Image-Klasse

Die FromStream-Methode verlangt einen Strom zur Datei mit dem
Bild. Hierzu nutzen wir die GetManifestResourceStream-Methode
in der Assembly-Klasse, deren *UML*-Diagramm wir uns bereits in
Bild 3.54 angesehen haben. Wenn das Bild als Ressource im Arbeitsblatt angegeben ist, sorgen die Anweisungen

```
Assembly assembly = Assembly.GetExecutingAssembly();
Image image = Image.FromStream(
    assembly.GetManifestResourceStream(
    "BigAppleBigSymbol.gif"));
```

im mittleren Textbereich dafür, dass das Bild mit den Slotsymbolen über die Variable image zur Verfügung steht.

In der `Graphics`-Klasse gibt es die `DrawImage`-Methode zum Malen eines Bildes, die uns im *UML*-Diagramm in Bild 3.60 begegnet ist. Mithilfe der Anweisung

```
display.DrawImage(image, 0, 0);
```

malen wir das Bild auf die Grafik `display` des Formulars.

Bei der Ausführung des Arbeitsblattes *ImageLoader1.ws* öffnet sich das Formular mit den Slotsymbolen auf der Grafik.

Bild 5.4:
Eine komplette Bilder-
sammlung im Formular

5.1.2 Einen Bildausschnitt erhalten

Im Arbeitsblatt *ImageLoader2.ws* schneiden wir die Glocke der Bildersammlung mit den Slotsymbolen aus und malen sie auf die Grafik des Formulars.

Bild 5.5:
Die ausgeschnittene
Glocke im Formular

Der mittlere Textbereich startet mit den Anweisungen

```
Assembly assembly = Assembly.GetExecutingAssembly();
Image image = Image.FromStream(
    assembly.GetManifestResourceStream(
    "BigAppleBigSymbol.gif"));
```

zum Laden der Bildersammlung.

Ein eigenes Bild erschaffen wir mit dem Konstruktor in der `Bitmap`-Klasse im Namensraum `System.Drawing`, die alle Eigenschaften von `Image` erbt. Er verlangt zwei Ganzzahlen für die Höhe und die Breite der `Bitmap`.

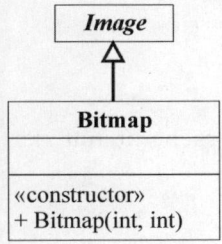

Die Glocke hat eine Größe von 56 x 60 Pixel, sodass wir mit der Anweisung

```
Bitmap bitmap = new Bitmap(56, 60);
```

eine passende Bitmap im *ARGB*-Modell erschaffen. Zunächst sind alle Pixel transparent.

Die Graphics-Klasse stellt die statische FromImage-Methode zur Verfügung, um die Grafik eines Bildes zu ermitteln.

Graphics
«method»
+ <u>FromImage(Image): Graphics</u>

Weil eine Bitmap von Image abgeleitet ist, können wir die Variable bitmap dieser Methode als Parameter übergeben. Als Rückgabewert entsteht eine Grafik, mit deren Hilfe wir geometrische Figuren oder Bilder auf die Bitmap malen können.

```
Graphics graphics = Graphics.FromImage(bitmap);
```

Um den Bildausschnitt mit der Glocke zu erhalten, wird die Bildersammlung beim Punkt (-168, 0) im Koordinatensystem der Bitmap verankert. Hierdurch entsteht eine Verschiebung um -168 Pixel in x-Richtung, was 3 Symbolen (3 x 56 = 168) entspricht. Alle Teile der Bildersammlung, die über den Rand der Bitmap hinausragen, fallen automatisch weg.

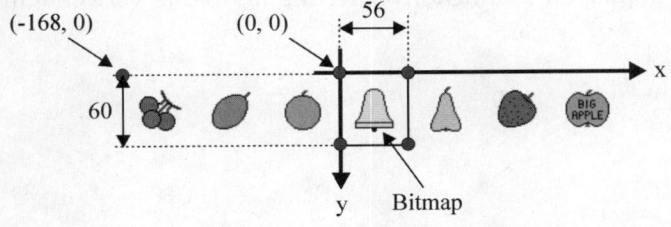

Bild 5.8:
Eine große Bilder-
sammlung auf eine
kleine Bitmap malen

Die Anweisung

```
graphics.DrawImage(image, -168, 0);
```

dient somit zum Ausschneiden der Glocke. Sie erscheint mit der Zeile

```
display.DrawImage(bitmap, 0, 0);
```

auf dem Bildschirm. Nach dem *UML*-Diagramm in Bild 3.60 verlangt die DrawImage-Methode ein Image-Objekt. Weil eine Bitmap die Eigenschaften von Image erbt, dürfen wir sie dieser Methode als Parameter übergeben.

Objekte implizit umwandeln

Es ist wichtig, den Stammbaum eines Objekts zu kennen. Bei Methoden, die einen Wert eines bestimmten Typs als Parameter verlangen, können Sie auch einen Wert der Typen übergeben, die vom geforderten Typ abgeleitet sind. Dieses Prinzip heißt implizite Boxingkonvertierung. Zum Beispiel können Sie einen Hund nach dem Stammbaum der Tiere implizit als Landtier oder eine Bitmap nach dem Stammbaum der Bilder implizit als Image verwenden.

Die Image-Klasse ist abstrakt, sodass sie keinen Konstruktor anbietet, um ein Bild zu erschaffen. Dennoch haben wir bei der Anweisung

```
Image image = Image.FromStream(
    assembly.GetManifestResourceStream(
    "BigAppleBigSymbol.gif"));
```

eine Variable des Typs Image eingerichtet, die mithilfe der From-Stream-Methode einen Wert erhält. Was sie liefert, ist nicht direkt ein Image, sondern ein Objekt irgendeiner Unterklasse, das wir aufgrund der impliziten Boxingkonvertierung als Image verwenden können.

5.1.3 Eine Klasse aufbauen

Das Grundgerüst für eine Klasse besteht aus einem Kopf mit einer Deklaration und einem Rumpf, in den später die Felder zur Festlegung des Zustands, die Eigenschaften zur Steuerung des Zugriffs auf die Felder, die Konstruktoren zur Initialisierung der Felder und die Methoden zur Beschreibung des Verhaltens hineinkommen. Der Rumpf befindet sich in einem geschweiften Klammerpaar.

```
<Deklaration der Klasse> {

  <Felder>

  <Eigenschaften>

  <Konstruktoren>

  <Methoden>

}
```

Um eine Klasse in *C#* zu entwickeln, benötigen wir einen Editor.

☑ Wählen Sie im *JLauncher* das Menü TOOLS ✦ EDITOR aus, damit der Editor auf dem Desktop erscheint. Durch Aktivieren der Option *C#* im Menü EXTRAS ✦ SPRACHE des Editors werden die einzelnen Bestandteile im Quellcode farblich gekennzeichnet.

Kein Arbeitsblatt für eine Klasse verwenden

Der *JLauncher* bietet auch Arbeitsblätter für Klassen in *C#* an. Wenn Sie ein solches Arbeitsblatt nutzen möchten, müssen Sie eine `Main`-Methode einfügen, sonst entsteht eine Fehlermeldung bei der Ausführung. Die Bedeutung dieser speziellen Methode erfahren Sie in Kapitel 6.

Die Deklaration einer Klasse hat in vielen Fällen den Aufbau

```
public class <Bezeichner>
```

Das Schlüsselwort `public` drückt aus, dass die Klasse öffentlich ist, sodass wir problemlos auf ihre Mitglieder zugreifen können. Das Schlüsselwort `class` weist darauf hin, dass der Quellcode im nachfolgenden Rumpf die Mitglieder einer Klasse beschreibt. Zum Schluss folgt der Bezeichner der Klasse.

Die `ImageLoader`-Klasse hat den grundlegenden Aufbau

```
public class ImageLoader {

    <Felder>

    <Konstruktoren>

    <Methoden>

}
```

Um die Felder, Konstruktoren und Methoden kümmern wir uns in Kürze.

☑ Schreiben Sie das Grundgerüst für die `ImageLoader`-Klasse ohne die Teile im Rumpf in den Textbereich des Editors hinein.

☑ Rufen Sie im Editor das Menü DATEI ♦ SPEICHERN auf und speichern Sie den Text in der Datei *ImageLoader.cs* ab.

Bild 5.9:
Der Editor mit dem anfänglichen Quellcode der `ImageLoader`-Klasse

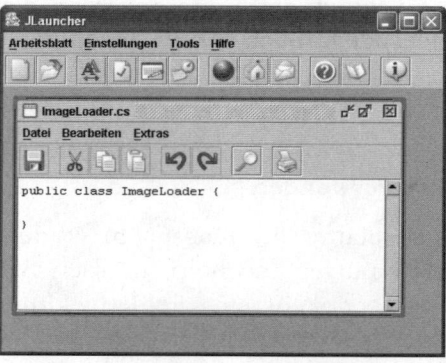

Der Quellcode einer Klasse in *C#* wird gewöhnlich in einer Datei gespeichert, deren Name sich aus dem Bezeichner der Klasse und der Erweiterung **.cs* (als Abkürzung für „c sharp") zusammensetzt.

5.1.4 Den Zustand mit Feldern festlegen

Das *UML*-Diagramm der `ImageLoader`-Klasse haben wir bereits in Bild 3.59 kennen gelernt. Felder waren hier nicht aufgeführt, weil sie nach dem Prinzip der Datenkapselung in Bild 3.20 durch die Methoden nach außen hin abgeschirmt sind und der Benutzer mit ihnen nichts anfangen kann.

Bei der Entwicklung einer Klasse spielen Felder hingegen eine große Rolle, weil sie den inneren Zustand der Objekte widerspiegeln. Zum Beispiel hat eine Katze nach dem *UML*-Diagramm in Bild 3.1 die `Alter`-Eigenschaft. Vor ihr steht ein Minuszeichen, weil sie privat sein soll und folglich von außen nicht abfragbar ist.

Der Zustand eines `ImageLoader` ist durch das zuletzt geladene Bild bestimmt. Daher erweitern wir das *UML*-Diagramm um das Feld `image` des Typs `Image`. Nun entsteht eine leicht ergänzte Version des *UML*-Diagramms, die für den Entwickler der Klasse sehr wichtig ist. Für den Benutzer der Klasse liefert das Diagramm keine zusätzlichen Informationen, weil er sich nicht mit dem inneren Quellcode der Klasse auseinander setzen soll.

ImageLoader
- image: Image
«constructor» + ImageLoader() «method» + GetImage(): Image + GetImage(int, int, int, int): Image + LoadImage(string)

Bild 5.10: Erweitertes *UML*-Diagramm der `ImageLoader`-Klasse für den Entwickler

Vor dem Feld `image` steht ein Minuszeichen, um ein privates Feld zu erhalten. Hierdurch können wir von außen nicht auf das Feld zugreifen und seinen Wert abfragen. Bei der Verwendung des Ausdrucks `loader.image` würde der Compiler sofort eine Fehlermeldung ausgeben. Innerhalb der `ImageLoader`-Klasse, das heißt zum Beispiel im Quellcode der Konstruktoren und Methoden, können wir aber mit dem Feld `image` arbeiten.

Die Einführung des privaten Feldes in die `ImageLoader`-Klasse ist einfach.

```
private Image image;
```

Die Deklaration eines Feldes hat häufig den Aufbau

```
private <Typ> <Bezeichner>;
```

Das Schlüsselwort `private` verbietet den Zugriff auf das Feld von außerhalb. Dahinter folgt der Typ und der Bezeichner des Feldes.

Wir dürfen einem Feld hinter der Deklaration direkt einen anfänglichen Wert mithilfe des Zuweisungsoperators = zuweisen.

```
private <Typ> <Bezeichner> = <Wert>;
```

Wenn wir einem Feld keinen Wert zuweisen, bekommt es automatisch einen Anfangswert. Zum Beispiel erhalten Felder des Typs `bool` den Wert `false` und Felder für Zahlentypen wie `int` oder `double` den Wert 0 oder 0.0.

Kein Wert ist auch ein Wert!

In *C#* gibt es noch `null` als besonderen Wert, was so viel wie „kein Wert" bedeutet. Sie können diesen Wert allen Variablen zuordnen, bei deren Typ es sich um eine Klasse handelt, zum Beispiel `Graphics`. Bei einer Variablen des Typs `Color` ist das aber zum Beispiel nicht erlaubt, weil eine Struktur vorliegt.

Das `image`-Feld in der `ImageLoader`-Klasse hat somit den Anfangswert `null`. Erst wenn wir ein konkretes Bild geladen haben, ergibt es einen Sinn, das Bild mit der `GetImage`-Methode abzurufen.

5.1.5   Auf einen Konstruktor verzichten

Ein Konstruktor ist ein Hilfsmittel zur Erschaffung eines Objekts. Er dient im Wesentlichen dazu, die Felder mit vernünftigen Werten zu belegen.

Wir verwenden die `GetImage`-Methode nach der Erschaffung eines `ImageLoader`, um ein Bild zu laden und es auf dem `image`-Feld abzulegen. Folglich ist ein Konstruktor in diesem Fall überflüssig. Wenn eine Klasse keinen Konstruktor hat, stellt der Compiler automatisch einen Standardkonstruktor zur Verfügung, der keine Parameter übernimmt.

5.1.6 Das Verhalten durch Methoden beschreiben

Nun fehlen in der `ImageLoader`-Klasse noch die Methoden, um das Verhalten eines Bildladers festzulegen.

Das Grundgerüst für eine Methode besteht wie bei einer Klasse aus einem Kopf mit einer Deklaration und einem Rumpf. Der Rumpf befindet sich in einem geschweiften Klammerpaar und enthält Anweisungen, die zum Beispiel den Zustand des Objekts ändern oder einen Vorgang durchführen, der ein Ergebnis liefert.

```
<Deklaration der Methode> {
  <Anweisungen>
}
```

Die Deklaration einer Methode hat in vielen Fällen den Aufbau

```
public <Typ> <Bezeichner>(<Liste mit Argumenten>)
```

Das Schlüsselwort `public` macht die Methode öffentlich, sodass sie von überall aus aufgerufen werden kann. Es folgt der Typ des Wertes, der als Ergebnis zurückgegeben wird. Wenn die Methode keinen Wert liefert, kommt das Schlüsselwort `void` an diese Stelle. Dahinter schreiben wir den Bezeichner und geben in einem runden Klammerpaar noch eine Liste mit Argumenten an.

Die `GetImage`-Methode liefert den Wert des `image`-Feldes, auf dem sich das zuletzt geladene Bild befindet. Der Rückgabetyp ist also `Image`. Eine Liste mit Argumenten ist nicht notwendig, sodass das runde Klammerpaar leer bleibt.

```
public Image GetImage() {
  <Anweisungen>
}
```

Mit der `return`-Anweisung

```
return <Ausdruck>;
```

geben wir den Wert des angegebenen Ausdrucks als Ergebnis zurück. Die Methode ist nun sofort beendet, sodass hinter einer `return`-Anweisung keine weiteren Anweisungen mehr stehen dürfen.

Die `GetImage`-Methode sieht sehr einfach aus.

```
public Image GetImage() {
  return image;
}
```

Um ein Bild zu laden, übergeben wir der LoadImage-Methode den Namen der zugehörigen Datei als Parameter des Typs string. Er soll im Rumpf der Methode als Wert einer Variablen unter dem Bezeichner name zur Verfügung stehen.

Lokale und globale Variablen unterscheiden

Bei Feldern handelt es sich um globale Variablen, auf die wir in allen Rümpfen von Konstruktoren und Methoden zugreifen dürfen. Die zugehörigen Bezeichner sind also in der gesamten Klasse sichtbar. Hingegen werden Parameter, die wir einem Konstruktor oder einer Methode übergeben, lediglich als lokale Variablen eingerichtet. Sie sind nur im jeweiligen Rumpf dieses Konstruktors oder dieser Methode bekannt, aber nicht außerhalb.

Eine Liste mit Argumenten besteht aus einzelnen Einträgen, die durch Kommas voneinander getrennt werden. Jeder Eintrag setzt sich aus einem Typ und einem Bezeichner zusammen.

Zum Beispiel übernimmt die GetImage-Methode nur einen Parameter. Er hat den Typ string und soll über die lokal eingerichtete Variable name in ihrem Rumpf zur Verfügung stehen. In den runden Klammern steht also der Eintrag string name.

Die Methode liefert kein Ergebnis, sodass void zum Einsatz kommt und keine return-Anweisung auftaucht. Im Arbeitsblatt *ImageLoader1.ws* haben wir die beiden Anweisungen zum Laden eines Bildes bereits getestet.

```
public void LoadImage(string name) {
  Assembly assembly = Assembly.GetExecutingAssembly();
  image = Image.FromStream(
      assembly.GetManifestResourceStream(name));
}
```

Im Rumpf der LoadImage-Methode gibt es die lokalen Variablen name (als Parameter) und assembly (neu eingeführt). Bei der Variablen image ist das Feld der ImageLoader-Klasse gemeint. Mit der zweiten Anweisung weisen wir der globalen Variablen `image` das soeben geladene Bild zu.

Die zweite Version der `GetImage`-Methode hat vier Parameter. Nun kommen Kommas zur Trennung der einzelnen Einträge zum Einsatz. Als lokale Variablen werden im Rumpf die Variablen `x`, `y`, `width` und `height` eingerichtet, die alle den Typ `int` haben. Sie erhalten automatisch die Ganzzahlen, die wir beim Aufruf dieser Methode in einem Programm übergeben.

```
public Image GetImage(int x, int y, int width, int height) {
  Bitmap bitmap = new Bitmap(width, height);
  Graphics graphics = Graphics.FromImage(bitmap);
  graphics.DrawImage(image, -x, -y);
  return bitmap;
}
```

Als Ergebnis produziert die `GetImage`-Methode ein Bild, sodass `Image` als Rückgabetyp angegeben ist. Die Anweisungen zur Herstellung des Bildausschnitts haben wir im Arbeitsblatt *ImageLoader2.ws* getestet. Der Wert der lokalen Variablen `bitmap` mit dem Bildausschnitt wird am Ende mithilfe einer `return`-Anweisung zurückgegeben.

5.1.7   Namensräume verwenden

In der `ImageLoader`-Klasse kommen die Typen `Assembly`, `Bitmap`, `Image` und `Graphics` vor. Sie gehören zu den Namensräumen `System.Drawing` und `System.Reflection`.

Bisher haben wir Namensräume im *JLauncher* durch Aktivieren der zugehörigen Kontrollkästchen im Menü VERWENDEN der Arbeitsblätter verwendet. Durch die `using`-Anweisungen

```
using System.Drawing;
using System.Reflection;
```

am Anfang der `ImageLoader`-Klasse machen wir alle Typen der Namensräume `System.Drawing` und `System.Reflection` bekannt.

Die Typen `int` und `string` dürfen wir als grundlegende Typen in jeder Klasse automatisch verwenden, ohne darüber nachzudenken, zu welchem Namensraum sie eigentlich gehören.

Zum Abschluss werfen wir noch einen Blick über den gesamten Quellcode.

Bild 5.11:
Globale und lokale
Variablen in der
ImageLoader-Klasse

```
using System.Drawing;
using System.Reflection;

public class ImageLoader {          ◄------        globale Variable (Feld)

    private Image image;             ◄——————        lokale Variable

    public Image GetImage() {
        return image;
    }

    public Image GetImage(int x, int y, int width, int height) {
        Bitmap bitmap = new Bitmap(width, height);
        Graphics graphics = Graphics.FromImage(bitmap);
        graphics.DrawImage(image, -x, -y);
        return bitmap;
    }

    public void LoadImage(string name) {
        Assembly assembly = Assembly.GetExecutingAssembly();
        image = Image.FromStream(
            assembly.GetManifestResourceStream(name));
    }

}
```

Achten Sie besonders auf die Unterschiede zwischen globalen und lokalen Variablen. Das Feld `image` wirkt global. Die lokalen Variablen `x`, `y`, `width`, `height` und `name` entstehen durch die Übergabe von Parametern. Die lokalen Variablen `bitmap`, `graphics` und `assembly` werden neu eingeführt.

Das Arbeitsblatt *ImageLoader3.ws* testet die `ImageLoader`-Klasse. Die Anweisung im oberen Textbereich ist uns bereits in den Arbeitsblättern *ImageLoader1.ws* und *ImageLoader2.ws* begegnet und legt die Größe des Clientbereichs des Formulars fest. Im mittleren Textbereich stehen die Anweisungen

```
ImageLoader loader = new ImageLoader();
loader.LoadImage("BigAppleBigSymbol.gif");
Image bell = loader.GetImage(168, 0, 56, 60);
display.DrawImage(bell, 0, 0);
```

zur Erschaffung eines Bildladers, zum Laden der Bildersammlung mit den Slotsymbolen, zur Ermittlung des Ausschnitts mit der Glocke und zum Malen der Glocke auf die Grafik `display` des Formulars.

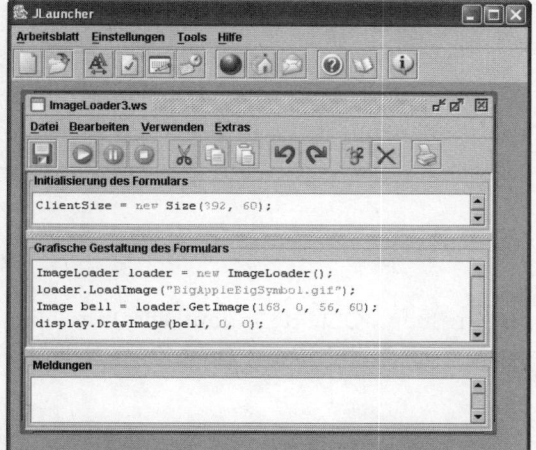

Bild 5.12:
Laden eines Bildes
und Anzeigen eines
Ausschnitts mithilfe der
ImageLoader-Klasse

Die ImageLoader-Klasse ist im Menü VERWENDEN bei den Klassen eingetragen. Sie wird gemeinsam mit dem Arbeitsblatt kompiliert und in die ausführbare Datei *Programm.exe* eingebunden.

5.2 Eine Musikbox zusammenstellen

Neben dem ImageLoader haben wir in Kapitel 4 noch mit einem SoundPlayer gearbeitet. Seinen Quellcode wollen wir uns nun genauer ansehen.

5.2.1 Einen Sound über seinen Dateinamen ansprechen

Die SoundPlayer-Klasse arbeitet intern mit Sound-Objekten. Sie kapseln die Informationen eines Klangs, die aus einer Datei mit der Erweiterung *.wav* stammen.

Sound
- control: bool - name: string
«constructor» + Sound(string) «method» + Play() + Loop() + Stop()

Der Konstruktor erschafft ein Sound-Objekt, indem wir ihm eine Zeichenkette mit dem Namen einer Datei übergeben. Zum Beispiel sorgt die Zeile

```
Sound devil = new Sound("Devil.wav");
```

im Arbeitsblatt *Sound.ws* für eine *C#*-Applikation für die Erschaffung eines Klangs mit den Informationen aus der Datei *Devil.wav*.

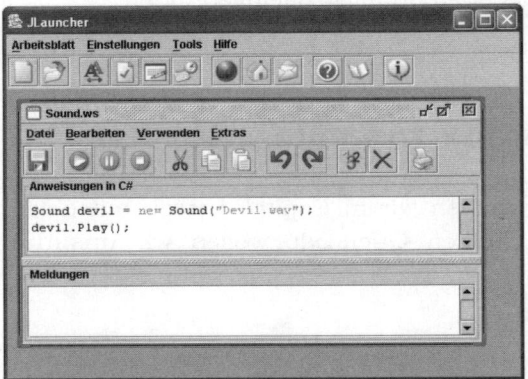

Damit der Klang auch über die Lautsprecher zu hören ist, stehen drei Methoden zur Verfügung.

Methode	Bedeutung
Play	den Klang einmal abspielen
Loop	den Klang abspielen und diesen Vorgang am Ende ständig wiederholen
Stop	das ständige Abspielen eines Klangs stoppen

Die Anweisung

```
devil.Play();
```

spielt den Sound `devil` ein einziges Mal ab, was wir bei der Ausführung des Arbeitsblattes nachvollziehen können.

Wenn wir die `Play`-Methode durch `Loop` ersetzen, müssen wir
daran denken, das Abspielen des Sounds irgendwann zu beenden.
Eine Hintergrundmusik geht dem Benutzer nach einiger Zeit auf
die Nerven.

Damit das wiederholte Abspielen des Sounds nicht sofort wieder
stoppt, nutzen wir die statische `Sleep`-Methode der `Thread`-Klasse
aus dem *UML*-Diagramm in Bild 4.14. Sie erhält eine Ganzzahl für
die Anzahl der Millisekunden. Zum Beispiel sorgen die
Anweisungen

```
devil.Loop();
Thread.Sleep(5000);
devil.Stop();
```

dafür, dass eine Pause von 5 Sekunden zwischen dem Start und
dem Ende der wiederholt abspielenden Musik entsteht. Damit die
`Thread`-Klasse bekannt ist, müssen wir den Namensraum `Sys-
tem.Threading` im Arbeitsblatt aktivieren.

Einen Sound ständig abspielen

Wenn Sie vergessen, das ständige Abspielen eines Sounds zu
stoppen, können Sie den zugehörigen Prozess mithilfe des *Task-
Manager* von *Windows* beenden. Sie können aber auch den Monitor im *JLauncher* nutzen, der nach Auswahl des Menüs TOOLS ▸
MONITOR auf dem Desktop erscheint, den entsprechenden Eintrag
anklicken und die Schaltfläche BEENDEN betätigen.

Wir kommen nun zur Implementierung der `Sound`-Klasse, also
zum Aufbau ihres Quellcodes. Das *UML*-Diagramm in Bild 5.13
zeigt noch die privaten Felder `control` und `name` an. Die `bool`-Va-
riable `control` dient dazu, das ständige Abspielen des Sounds zu
kontrollieren, wie wir in Kürze sehen werden.

Den größten Teil des Quellcodes der Sound-Klasse können wir direkt hinschreiben. Er ergibt sich alleine aufgrund der Informationen im zugehörigen *UML*-Diagramm.

```
public class Sound {

  private bool control;

  private string name;

  public Sound(string name) {
    <Anweisungen>
  }

  public void Play() {
    <Anweisungen>
  }

  public void Loop() {
    <Anweisungen>
  }

  public void Stop() {
    <Anweisungen>
  }

}
```

Der Konstruktor hat die Aufgabe, die übergebenen Werte bei der Erschaffung eines Objekts an die Felder weiterzuleiten. Es ist eine Verabredung, dass der Name des Parameters mit dem Namen des Feldes identisch ist, das den übergebenen Wert zugewiesen bekommt.

Bei der Unterscheidung zwischen lokalen Variablen (übergebene Parameter oder neu eingerichtete Variablen in den Rümpfen von Konstruktoren und Methoden) und globalen Variablen (Felder) in Abschnitt 5.1.6 haben wir festgestellt, dass globale Variablen in der gesamten Klasse sichtbar sind, wohingegen lokale Variablen nur in den Rümpfen von Konstruktoren und Methoden zur Verfügung stehen, in denen sie eingerichtet sind. Beim obigen Quellcode der Sound-Klasse entsteht ein Namenskonflikt. Im Rumpf des Konstruktors ist das Feld name als globale Variable sichtbar. Gleichzeitig ist aber auch die lokale Variable name bekannt, die aufgrund des übergebenen Parameters automatisch eingerichtet wird.

Bild 5.15:
Ein Namenskonflikt
entsteht

```
public class Sound {

  private bool control;                      globale Variable (Feld)

  private string name;                       lokale Variable

  public Sound(string name) {
     <Anweisungen>
  }

  public void Play() {
     <Anweisungen>
  }

  ...

}
```

Namenskonflikte vermeiden

Namenskonflikte haben verschiedene Ursachen. Zum Beispiel kann es passieren, dass ein Feldname mit einem Parameternamen oder ein Parametername mit einer lokalen Variablen kollidiert, weil der Entwickler mal nicht genau aufgepasst hat. Grundsätzlich gilt, dass die lokale Variable stärker als die globale Variable ist. Bei einem Namenskonflikt wird der Feldname also versteckt. Um das Feld anzusprechen, müssen Sie das Schlüsselwort this als Täter verwenden. Es kennzeichnet das gegenwärtige Objekt.

Mithilfe der Anweisung

```
this.name = name;
```

im Konstruktor der Sound-Klasse weisen wir den Wert des übergebenen Parameters name dem Feld name zu. Der Zusatz this ist notwendig, weil der Feldname zur Vermeidung eines Konflikts versteckt wird.

Das Verstecken eines Namens gilt nur in den Bereichen, in denen ansonsten ein Konflikt auftreten würde. In der Play-Methode wird das Feld name nicht versteckt, solange keine lokale Variable mit demselben Bezeichner auftaucht.

```
public class Sound {

  private bool control;                    <------- globale Variable (Feld)

  private string name;                     <------- lokale Variable

  public Sound(string name) {
    this.name = name;
  }

  public void Play() {
    <Anweisungen>
  }

  ...

}
```

5.2.2 Einen Klang mithilfe externer Methoden abspielen

Im *.NET Framework* gibt es zurzeit noch keine Namensräume zur Handhabung von Multimedia-Elementen, zum Beispiel einer Videoübertragung. Bereits das Abspielen eines Klangs scheitert am Fehlen einer Methode.

Glücklicherweise gibt es bereits Bibliotheken, die solche Sonderwünsche leicht erfüllbar machen. Sie sind aber nicht in *C#*, sondern in einer anderen Programmiersprache, zum Beispiel *C* geschrieben. Das *Windows 32 API* enthält eine *DLL*-Datei (*Dynamic Link Library*) mit einer Methode zum Abspielen eines Sounds. Es handelt sich um die Datei *winmm.dll* mit der PlaySound-Methode, welche die Deklaration

```
BOOL PlaySound(LPCSTR pszSound, HMODULE hmod, DWORD fdwSound)
```

hat. Der Parameter pszSound ist eine Zeichenkette mit dem Dateinamen des Sounds. Mit hmod und fdwSound können wir einige Details beim Abspielen beeinflussen, zum Beispiel, ob der Sound ständig zu hören sein soll.

Um eine externe Methode in einer Klasse verwenden zu können, müssen wir ihre Deklaration nachbilden. Dies geschieht durch die Zeilen

```
[DllImport("winmm.dll")]
private static extern bool PlaySound(string pszSound,
    int hmod, int fdwSound);
```

Der Teil [DllImport("winmm.dll")] sorgt dafür, dass der Compiler weiß, aus welcher Bibliothek die folgende externe Methode stammt.

In der Deklaration von PlaySound tauchen einige neue Schlüsselwörter auf.

☐ private und public: Wir haben bereits private bei Feldern und public bei Konstruktoren und Methoden kennen gelernt. Abhängig davon, ob man von außerhalb an eine bestimmte Eigenschaft in einer Klasse herankommen soll, tauchen die Schlüsselwörter public und private auf. Auf private Teile können wir nur innerhalb der Klasse zugreifen.

☐ static: Felder und Methoden können statisch sein, sobald sie nicht eine individuelle Eigenschaft eines Objekts darstellen. Externe Methoden müssen statisch sein.

☐ extern: Eine externe Methode enthält zur besonderen Kennzeichnung das Schlüsselwort extern in ihrer Deklaration.

Anschließend folgt der Typ bool des gelieferten Ergebnisses der PlaySound-Methode. Sie gibt true oder false zurück, wenn der Sound erfolgreich abgespielt werden konnte oder nicht. Die Parameterliste ist nachgebaut. Wir verwenden die Typen string, int und int mit denselben Bezeichnern wie in der ursprünglichen Methode.

Damit DllImport funktioniert, müssen wir den Namensraum System.Runtime.InteropServices verwenden. Dies geschieht durch die Anweisung

```
using System.Runtime.InteropServices;
```

zu Beginn der Sound-Klasse.

Die Anweisung

```
PlaySound(name, 0, 0);
```

in irgendeinem Methodenrumpf sorgt dafür, dass der Sound in der Datei mit dem Namen im Feld name abgespielt wird. Als Parameter für die Details übergeben wir zweimal den Wert 0 (Standardeinstellungen).

Andere externe Methoden ausprobieren

Die `PlaySound`-Methode ist zwar einfach zu verwenden, hat aber gravierende Nachteile. Zum einen ist es nicht möglich, Klänge zu mixen. Alles wird schön hintereinander abgespielt. Dadurch kann es zur Verschiebung von Effekten kommen, die in Spielen fehlplatziert wirken. Zum anderen können die Dateien nicht als Ressourcen eingebunden werden. Sie liegen zum Schluss außerhalb der ausführbaren Programmdatei. Mithilfe anderer Bibliotheken, die aber nicht einfach verständlich sind, können Sie diese Probleme umgehen. Irgendwann werden aber die Namensräume für Multimedia zur Verfügung gestellt. Beobachten Sie die Homepage zu diesem Buch, um ein Update des `SoundPlayer` zu erhalten.

5.2.3 Einen eigenen Strang starten

Beim Abspielen eines Sounds taucht noch ein weiteres Problem auf. Nach dem Aufruf der `PlaySound`-Methode wird das Programm so lange angehalten, bis der Sound komplett abgespielt ist. Das bedeutet zum Beispiel bei der Animation in Kapitel 4, dass der Vogel so lange nicht mehr weiterfliegt, bis der Teufel sein Flötenspiel beendet hat. Animation und Sound müssen jedoch nebeneinander ablaufen, was fachlich als asynchron bezeichnet wird.

Ein `Thread` (der deutsche Begriff ist Strang) ist eine Kette von Anweisungen, die hintereinander ablaufen. Erst wenn eine Anweisung komplett ausgeführt ist, kann mit der nächsten fortgefahren werden. Die Anweisungen im mittleren Textbereich eines Arbeitsblattes für ein *C#*-Formular bilden einen Strang, der zum Beispiel für die Animation des Spielschlosses zuständig ist. Ab und zu wollen wir Klänge abspielen, die aber asynchron zu diesem Strang ablaufen sollen, um ihn nicht für eine gewisse Zeit anzuhalten. Dies kann nur funktionieren, indem wir für den Abspielvorgang einen neuen Strang einsetzen.

Der Namensraum `System.Threading` enthält die `Thread`-Klasse zum Starten eigener Stränge.

```
┌─────────────────────────────────┐
│            Thread               │
├─────────────────────────────────┤
│                                 │
├─────────────────────────────────┤
│ «constructor»                   │
│ + Thread(ThreadStart)           │
│ «method»                        │
│ + Start()                       │
└─────────────────────────────────┘
```

Der Konstruktor übernimmt einen ThreadStart-Delegaten, der seine Verantwortung für eine bestimmte Aufgabe auf eine spezielle Methode überträgt. Die Start-Methode sorgt dafür, dass die Anweisungen in dieser Methode ausgeführt werden, ohne den weiteren Verlauf des bisherigen Programms zu stören.

```
┌─────────────────────────────────┐
│          «delegate»             │
│         ThreadStart             │
├─────────────────────────────────┤
│                                 │
├─────────────────────────────────┤
│ «constructor»                   │
│ + ThreadStart()                 │
└─────────────────────────────────┘
```

Weil der ThreadStart-Delegat keine Parameter übernimmt, führen wir eine Methode ohne Parameter in die Sound-Klasse ein. Sie ist privat, weil sie nur für innere Zwecke dient.

```
private void Play_Start() {
   PlaySound(name, 0, 0);
}
```

Die Play_Start-Methode enthält die Anweisung zum Abspielen des Sounds mit dem Dateinamen name.

In die Play-Methode kommt nun eine Anweisung, die einen neuen Thread erschafft und ihm einen ThreadStart-Delegaten übergibt, der auf die Methode Play_Start verweist.

```
public void Play() {
   new Thread(new ThreadStart(Play_Start)).Start();
}
```

Ein Aufruf der Start-Methode dieses Thread sorgt mithilfe des Delegaten für einen Aufruf der Play_Start-Methode, die asynchron zum Programm abläuft.

Damit wir die Thread-Klasse und den ThreadStart-Delegaten nutzen dürfen, kommt die Zeile

```
using System.Threading;
```

an den Anfang der Sound-Klasse.

Die Methoden Loop und Stop arbeiten ähnlich wie Play.

```
public void Loop() {
  new Thread(new ThreadStart(Loop_Start)).Start();
}

private void Loop_Start() {
  control = true;
  while (control) {
    PlaySound(name, 0, 0);
  }
}

public void Stop() {
  control = false;
}
```

In Loop erschaffen wir einen weiteren Strang, der mithilfe eines Delegaten auf die Loop_Start-Methode verweist. Sie schaltet die Variable control auf true. Die unendliche Schleife sorgt nun dafür, dass der Sound ständig abgespielt wird. Die PlaySound-Methode blockiert den Programmablauf so lange, bis der Abspielvorgang beendet ist. Somit können wir sicher sein, dass wir mit der unendlichen Schleife nicht gleich Tausende von Anweisungen ausführen. Beim Aufruf der Stop-Methode erhält die Variable control den Wert false, sodass die ständige Ausführung der Anweisung in der while-Anweisung endet.

5.2.4   Eine Tabelle mit Objektpaaren aufbauen

Es ist sehr vorteilhaft, wenn wir den SoundPlayer so gestalten, dass die einzelnen Sounds über ihre Dateinamen ansprechbar sind. Hierfür benötigen wir die Hashtable-Klasse, die zum Namensraum System.Collections gehört. Sie stellt eine besondere Tabelle dar, die wie eine Abbildung funktioniert.

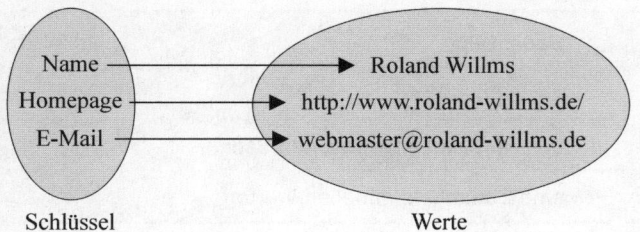

Schlüssel   Werte

Eine Abbildung enthält Paare, die aus einem Schlüssel und einem Wert bestehen. Zum Beispiel liefert der Schlüssel "Name" bei der Abbildung in Bild 5.19 den Wert "Roland Willms". Hierdurch entsteht eine Zuordnung, die wir beim SoundPlayer sehr gut gebrauchen können. Zum Beispiel könnte der Schlüssel "Devil.wav" das zugehörige Sound-Objekt liefern.

Bevor wir überlegen, wie wir dem SoundPlayer die Eigenschaften und Methoden einer Hashtable verleihen können, sehen wir uns kurz das Arbeitsblatt *Hashtable.ws* für eine *C#*-Applikation an. Es enthält die Anweisungen

```
Hashtable table = new Hashtable();
table.Add("Name", "Roland Willms");
table.Add("Homepage", "http://www.roland-willms.de/");
table.Add("E-Mail", "webmaster@roland-willms.de");
Console.Out.Write(table["Homepage"]);
```

und baut eine Hashtabelle mit den Informationen aus Bild 5.19 auf.

Hashtable
+ Count: int + this[object]: object + Values: ICollection
«constructor» + Hashtable() «method» + Add(object, object) + Clear()

Der Standardkonstruktor benötigt keine Informationen über die voraussichtliche Größe der Tabelle. Sie wächst automatisch mit, sobald neue Paare mit Schlüsseln und Werten hinzukommen.

Feld	Bedeutung
`Count`	Anzahl der Paare
`this[object]`	der Wert zum angegebenen Schlüssel
`Values`	eine Sammlung mit allen Werten

Accessoren in der Dokumentation erkennen

In der *.NET Framework SDK*-Dokumentation erkennen Sie Accessoren am geschweiften Klammerpaar hinter dem Feldnamen. Zum Beispiel steht hinter `Count` der Zusatz `{get;}` (nur Lesen). Bei einer Schreibmöglichkeit käme noch `set;` hinzu.

Bei `this[object]` handelt es sich um einen Indexer, der den Zugriff auf bestimmte Objekte erleichtert. `this` ist das Schlüsselwort zur Kennzeichnung des gegenwärtigen Objekts. In der Praxis tritt ein konkreter Bezeichner an diese Stelle, wenn wir uns außerhalb eines Bauplans befinden.

Methode	Bedeutung
`Add`	ein Paar mit einem Schlüssel und einem Wert hinzufügen
`Clear`	alle Schlüssel und Werte aus der Tabelle entfernen

Eine `Hashtable` ordnet jedem Schlüssel genau einen Wert zu. Damit die Eindeutigkeit dieser Zuordnung nicht verloren geht, darf ein Schlüssel nicht mehrmals verwendet werden.

Nun sind die Anweisungen im Arbeitsblatt *Hashtable.ws* verständlich. Zunächst erschaffen wir eine `Hashtable` mit variabler Größe. Mithilfe der `Add`-Methode kommen drei Paare hinzu. Im Ausdruck `table["Homepage"]` taucht der Indexer auf, der den Wert zum Schlüssel `"Homepage"` liefert. Bei der Ausführung erscheint folglich die Adresse *http://www.roland-willms.de/* im unteren Textbereich.

5.2.5 Sounds in einer Tabelle speichern

Damit der `SoundPlayer` wie eine `Hashtable` funktioniert, vererben wir ihre Mitglieder weiter. Dies geschieht, indem wir in der Deklaration der `SoundPlayer`-Klasse hinter dem Bezeichner einen Doppelpunkt schreiben und die Oberklasse angeben.

```
public class SoundPlayer : Hashtable {

  <Felder, Konstruktoren und Methoden>

}
```

Jede Klasse darf nur eine direkte Oberklasse haben. Mithilfe von Schnittstellen sind wir in der Lage, zusätzliche Eigenschaften zu vererben. Ihre Bezeichner beginnen in *C#* mit dem Buchstaben I (interface) und werden ebenfalls hinter dem Doppelpunkt aufgeführt. Zur Trennung der Bezeichner in der Liste kommt ein Doppelpunkt zum Einsatz.

Keine direkte Oberklasse angeben

Wenn Sie keine Mitglieder an eine Klasse vererben möchten, lassen Sie den Doppelpunkt und die Liste mit der direkten Oberklasse und den Schnittstellen einfach weg. In einem solchen Fall führt der Compiler automatisch den Zusatz : `object` ein, sodass die Klasse die Mitglieder der `Object`-Klasse im Namensraum `System` erbt. Auf diese Weise sind alle Klassen automatisch von `object` abgeleitet. Die `Object`-Klasse steht damit an der Wurzel jedes Stammbaums.

Die `Object`-Klasse stellt zwei wichtige Methoden zur Verfügung, die wir uns kurz ansehen.

Object
«method» + Equals(object): bool + Equals(object, object): bool + ToString(): string

Bild 5.21:
UML-Diagramm
der `Object`-Klasse

Tabelle 5.4: Methoden der Object-Klasse	Methode	Bedeutung
	Equals	ein Objekt mit einem anderen Objekt vergleichen
	ToString	eine Darstellung des Objekts in Form einer Zeichenkette erhalten

Im Arbeitsblatt *Object.ws* für eine *C#*-Applikation testen wir die drei Methoden mithilfe von Zeichenketten.

Bild 5.22:
Einige grundlegende
Methoden der
Object-Klasse

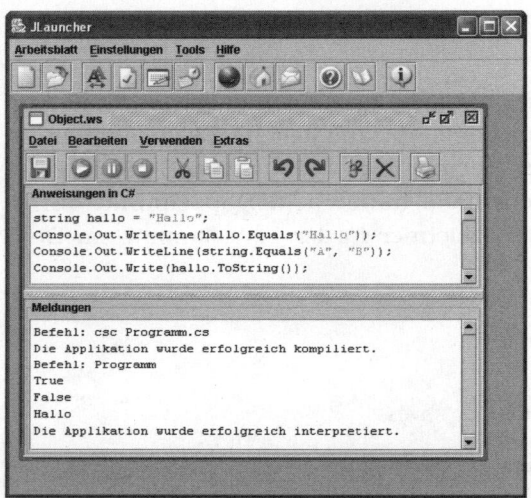

Die String-Klasse für Zeichenketten im Namensraum System erbt automatisch die Eigenschaften von Object. Selbstverständlich sind die Anweisungen in den Methoden Equals und ToString leicht angepasst, damit sie so funktionieren, wie es sich jeder vorstellt. Dieser Vorgang wird als Überschreiben bezeichnet. Wir werden ihn in Kürze auch beim SoundPlayer erleben.

Zunächst erschaffen wir eine Zeichenkette mit der Zeile

```
string hallo = "Hallo";
```

Zur Erinnerung sei nochmal erwähnt, dass wir die Typen string und object anstelle von String und Object verwenden. Dies hat den Vorteil, dass der Compiler automatisch weiß, zu welchem Namensraum sie gehören. Wegen der Nutzung der Console-Klasse spielt das in diesem Fall eigentlich keine Rolle.

Um die Zeichenkette `hallo` mit dem Objekt "Hallo" zu vergleichen, nutzen wir die Version der `Equals`-Methode, die einen Täter benötigt.

```
Console.Out.WriteLine(hallo.Equals("Hallo"));
```

Die statische `Equals`-Methode vergleicht die übergebenen Objekte.

```
Console.Out.WriteLine(string.Equals("A", "B"));
```

Um den Wert der Variablen `hallo` in eine Zeichenkette zu verwandeln, nutzen wir die `ToString`-Methode.

```
Console.Out.Write(hallo.ToString());
```

Alles funktioniert wie erwartet, da bei der Ausführung die Werte `True`, `False` und `Hallo` im unteren Textbereich erscheinen.

Nun kommen wir zurück zum `SoundPlayer`. Die Vererbung von Mitgliedern können wir uns so vorstellen, dass der Quellcode der Oberklasse in die abgeleitete Klasse hineinrutscht. Somit verfügt die `SoundPlayer`-Klasse direkt schon über einige Felder, Eigenschaften und Methoden. In der Praxis funktioniert Vererbung aber so, dass der Compiler in der Oberklasse nachsieht, ob sich dort das Element befindet, das in der abgeleiteten Klasse aufgerufen wird, aber dort unbekannt ist.

Konstruktoren werden grundsätzlich nicht vererbt. Im Quellcode der `SoundPlayer`-Klasse sehen wir keinen Konstruktor vor, weil es keine Felder zu initialisieren gibt. In diesem Fall fügt der Compiler einen Standardkonstruktor ein, der im *UML*-Diagramm in Bild 4.2 zu sehen ist und dafür sorgt, dass die vererbten Felder der `Hashtable`-Klasse vernünftige Werte erhalten.

Die `Load`-Methode erhält eine Aufstellung mit Dateinamen von Sounds. Die `for`-Anweisung geht alle Zeichenketten nacheinander durch und fügt dem `SoundPlayer`, der selbst eine `Hashtable` ist, mithilfe der `Add`-Methode jeweils ein Paar hinzu. Es besteht aus einem Dateinamen und dem zugehörigen Sound-Objekt.

```
public void Load(string[] list) {
  for (int i = 0; i < list.Length; i++) {
    Add(list[i], new Sound(list[i]));
  }
}
```

Aufstellungen haben den Typ `Array`, der zum Namensraum `System` gehört.

Bild 5.23:
UML-Diagramm
der `Array`-Klasse

Array
+ Length: int + Rank: int

Die `Length`-Eigenschaft gibt Auskunft über die Gesamtanzahl der vorhandenen Plätze. `Rank` liefert die Anzahl der Dimensionen. Zum Beispiel erscheinen die Ganzzahlen 4 und 2 bei der Ausführung der Anweisungen

```
int[,] i = new int[2, 2];
Console.Out.WriteLine(i.Length);
Console.Out.Write(i.Rank);
```

im Arbeitsblatt *Array.ws* für eine *C#*-Applikation. Bei i handelt es sich um eine quadratische Aufstellung mit zwei Dimensionen, die vier Plätze enthält.

Der Ausdruck `i < list.Length` als Bedingung in der `for`-Anweisung in der `Load`-Methode bricht die mehrfache Ausführung der Anweisung zum Hinzufügen eines Schlüssel-Werte-Paares ab, sobald das Ende der Aufstellung `list` erreicht ist.

Die `Play`-Methode spielt den Sound zum übergebenen Dateinamen ab. Mithilfe des Indexers der `Hashtable` ermitteln wir den Wert `this[name]` zum Schlüssel `name`. Er hat den allgemeinen Typ `object` und muss folglich explizit in den Typ `Sound` umgewandelt werden. Hierzu schreiben wir den expliziten Konvertierungsoperator `(<gewünschter Typ>)` vor den Ausdruck. Um zum Beispiel anzugeben, dass es sich beim Objekt `this[name]` um einen `Sound` handelt, schreiben wir den Operator `(Sound)` davor. Die Variable `clip` kann nun den Ausdruck `(Sound) this[name]` als `Sound` erhalten. Zum Abspielen des Sounds dient die `Play`-Methode.

```
public void Play(string name) {
  Sound clip = (Sound) this[name];
  clip.Play();
}
```

Implizite und explizite Boxingkonvertierung

Jede Klasse hat einen Stammbaum, an deren Spitze die Klasse Object steht. Wenn Sie einen Typ in einen allgemeineren Typ umwandeln, also sich im Stammbaum nach oben bewegen, ist kein expliziter Konvertierungsoperator notwendig. Diese Boxingkonvertierung wird implizit durchgeführt. Wenn Sie einen Typ in einen spezielleren umwandeln, also im Stammbaum nach unten wandern, ist aber der explizite Konvertierungsoperator zwingend vorgeschrieben. Nun muss eine Unboxingkonvertierung stattfinden. Anstelle von Boxingkonvertierung und Unboxingkonvertierung sind auch die Begriffe Boxing und Unboxing geläufig.

Nach demselben Muster arbeiten die Methoden Loop und Stop.

```
public void Loop(string name) {
    Sound clip = (Sound) this[name];
    clip.Loop();
}

public void Stop(string name) {
    Sound clip = (Sound) this[name];
    clip.Stop();
}
```

5.2.6 Eine Methode überschreiben

Das *UML*-Diagramm der SoundPlayer-Klasse in Bild 4.2 enthält noch die Clear-Methode zum Anhalten des Abspielens aller Sounds und zur Entfernung aller Einträge in der Tabelle. Weil wir einen Sound mit der Loop-Methode ständig abspielen können, dürfen wir im SoundPlayer die vererbte Clear-Methode aus der Hashtable-Klasse nicht so einfach stehen lassen. Sonst könnte es passieren, dass die Sounds nicht mehr zu stoppen sind, bis der Benutzer verärgert das Programm abbricht.

Um die vererbte Version der Clear-Methode zu ersetzen, schreiben wir einfach eine neue Version in die SoundPlayer-Klasse hinein. Diesen Vorgang bezeichnet man als Überschreiben einer Methode. Die Deklaration der neuen Version ist mit der alten bis auf das

Schlüsselwort override identisch. Hierdurch erfährt der Compiler, dass die alte Version überschrieben wird.

```
public override void Clear() {
  Sound[] list = new Sound[Count];
  Values.CopyTo(list, 0);
  for (int i = 0; i < list.Length; i++) {
    list[i].Stop();
  }
  base.Clear();
}
```

Zunächst erschaffen wir die Aufstellung list des Typs Sound[]. Die Anzahl der notwendigen Plätze liefert die Count-Eigenschaft des SoundPlayer. Die Values-Eigenschaft ist eine ICollection mit den vorhandenen Schlüsseln. Diese Schnittstelle gehört zum Namensraum System.Collections.

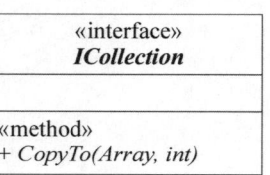

Mithilfe der CopyTo-Methode kopieren wir die Schlüssel in die Aufstellung list, wobei wir mit der Ablage beim Platz mit dem Index 0 starten. In der folgenden for-Anweisung wird das Abspielen aller Sounds gestoppt. Interessant ist nun die letzte Anweisung

```
base.Clear();
```

Zum Abschluss müssen wir noch daran denken, den SoundPlayer zu entleeren. Um das zu erledigen, rufen wir die alte Version der Clear-Methode auf. Dies geschieht auf keinen Fall mit der Anweisung

```
Clear();
```

Hierdurch würden wir die neue Version von Clear erneut aufrufen, was zu einem unendlichen Zyklus führt.

Unendliche Schleifen vermeiden

Rufen Sie in einer Methode keinesfalls dieselbe Methode noch einmal auf, ohne vorher darüber nachzudenken. Es könnte rasch passieren, dass hierdurch eine unendliche Schleife entsteht, weil jeder Aufruf der Methode zum erneuten Aufruf dieser Methode führt. In einem solchen Fall muss an irgendeiner Stelle eine klare Abbruchanweisung stehen oder eine Bedingung nicht erfüllt werden, sodass die Rekursion endet.

Um die alte Version der `Clear`-Methode aufzurufen, verwenden wir den Täter `base`. Mithilfe des Schlüsselwortes `base` kommen wir also an die Mitglieder der Oberklasse heran. Der Zusatz `this` hilft uns dabei, mit den Eigenschaften im gegenwärtigen Bauplan zu arbeiten.

5.3 Einzelne Buchstaben anzeigen

Um im Spielcasino ab und zu Nachrichten anzuzeigen, zum Beispiel wenn der Spieler wieder mal einen Bonuspunkt erhalten hat, benötigen wir ein Alphabet. Leider sind bei Schriften einige Lizenzbestimmungen zu beachten, sodass sie nicht auf allen Betriebssystemen zur Verfügung stehen. Um später keine Überraschungen bei nicht vorhandenen Schriften zu erleben, stellen wir uns ein eigenes Alphabet zusammen. Die Buchstaben, Ziffern und Sonderzeichen sind in der Datei *Alphabet.gif*.

`0123456789ABCDEFGHIJKLMNOPQRSTUVWXYZÄÖÜ  .:*$-_`

Bild 5.25:
Buchstaben, Ziffern
und Sonderzeichen

5.3.1 Einzelne Zeichen ansprechen

Der *Unicode* ist ein umfangreiches System mit zurzeit zirka 40.000 Zeichen, die in den heutigen Weltsprachen vorkommen. *C#* unterstützt ihn vollständig über den Typ `char`.

Um ein Zeichen zu erhalten, schließen wir es in zwei einfache Hochkommas ein. Die Anweisung

```
char c = '$';
```

im Arbeitsblatt *Char.ws* für eine *C#*-Applikation führt zum Beispiel die Variable c des Typs char ein, die ein Dollarzeichen als Wert erhält. Mithilfe der Zeile

```
Console.Out.Write(c);
```

geben wir das Dollarzeichen im unteren Textbereich wieder aus.

Es ist möglich, in den *Unicode*-Tabellen den zugehörigen Zahlencode eines Zeichens nachzuschlagen. Sobald er bekannt ist, können wir ein Zeichen auch mithilfe von '\u????' erschaffen, wobei der vierziffrige hexadezimale Code an die Stelle der vier Fragezeichen kommt. Dieser Vorgang ist unumgänglich, sobald es das gewünschte Zeichen nicht mehr auf der Tastatur gibt. Wenn sich zum Beispiel die Anweisung

```
char c = '\u0024';
```

im Arbeitsblatt *Char.ws* befindet, erscheint ebenfalls das Dollarzeichen bei der Ausführung im unteren Textbereich. 0024 ist der vierziffrige hexadezimale Code des Dollarzeichens.

Um auf ein Zeichen aus unserer Bildersammlung zuzugreifen, entwickeln wir die Alphabet-Klasse.

Bild 5.26:
UML-Diagramm der
Alphabet-Klasse

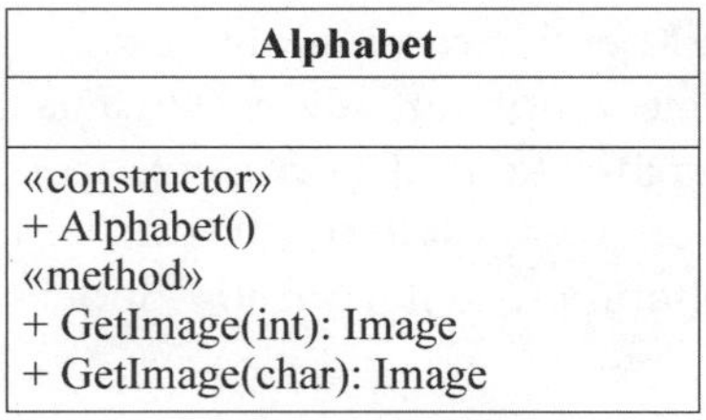

Alphabet
«constructor» + Alphabet() «method» + GetImage(int): Image + GetImage(char): Image

Die GetImage-Methode liefert einen Ausschnitt der Bildersammlung mit dem übergebenen Zeichen. Wenn wir zum Beispiel die Ganzzahl 0 des Typs int als Argument übergeben, kommt die erste Version von GetImage zum Einsatz. Beim Parameter '0' des Typs char landen wir bei der zweiten Version.

Zwei Methoden, die denselben Bezeichner, aber eine unterschiedliche Liste mit Parametern anbieten, werden fachlich als überladen bezeichnet. Auch Konstruktoren sind überladbar, sodass verschiedene Versionen in einer Klasse nebeneinander existieren können.

Die Alphabet-Klasse beginnt mit dem Feld letters. In diese Aufstellung kommen die einzelnen Zeichen der Bildersammlung in Bild 5.25.

```
private Image[] letters;
```

Im Konstruktor laden wir die Datei *Alphabet.gif* und schneiden die einzelnen Zeichen auseinander. Das Bild mit der Ziffer 0 liefert zum Beispiel der Ausdruck letters[0]. Die Zeichen von 0 bis 9 haben zur Vereinfachung die passenden Indexe 0 bis 9. Die Buchstaben und die Sonderzeichen folgen anschließend.

5.3.2 Die Felder mithilfe von Konstruktoren initialisieren

Das Grundgerüst für einen Konstruktor besteht wie bei einer Methode aus einem Kopf mit einer Deklaration und einem Rumpf, der sich in einem geschweiften Klammerpaar befindet. In den Rumpf kommen Anweisungen zur Initialisierung der Felder.

```
<Deklaration des Konstruktors> {
  <Anweisungen>
}
```

Die Deklaration eines Konstruktors hat in vielen Fällen den Aufbau

```
public <Bezeichner>(<Liste mit Argumenten>)
```

Das Schlüsselwort public sorgt dafür, dass wir ihn uneingeschränkt aufrufen können. Es folgt ein Bezeichner, der mit dem Bezeichner der Klasse identisch ist. Anschließend führen wir in den runden Klammern eine Liste mit Argumenten auf, deren Werte an die Felder weitergereicht werden sollen.

Der Konstruktor in der Alphabet-Klasse erschafft einen ImageLoader, der für den Ladevorgang des Bildes *Alphabet.gif* und das Ausschneiden der einzelnen Zeichen zuständig ist.

```
public Alphabet() {
  ImageLoader loader = new ImageLoader();
  loader.LoadImage("Alphabet.gif");
  letters = new Image[46];
```

```
for (int i = 0; i < 46; i++) {
    letters[i] = loader.GetImage(i * 16, 0, 16, 22);
  }
}
```

Die Aufstellung letters ist bisher lediglich deklariert worden, sodass zwar ihr Typ Image[], nicht aber die Anzahl der Plätze bekannt ist. Dies holen wir mit der dritten Anweisung nach. Die for-Anweisung schneidet alle 46 Zeichen der Bildersammlung von links nach rechts aus und legt sie auf den entsprechenden Plätzen der Aufstellung ab.

5.3.3 Den Standardkonstruktor verstehen

Im Falle der Methoden haben wir die Vererbung bereits in der Praxis erlebt. In der Deklaration der Alphabet-Klasse fehlt der Zusatz hinter dem Doppelpunkt, sodass sie automatisch alle Eigenschaften der Object-Klasse erbt. Über diesen Weg stehen weitere Felder zur Verfügung, die unbedingt initialisiert werden müssen.

In *C#* gibt es zur Initialisierung der vererbten Felder einen besonderen Mechanismus. Es ist möglich, die Anweisungen in einem Konstruktor der direkten Oberklasse auszuführen. Hiernach haben die vererbten Felder automatisch vernünftige Werte erhalten. Konstruktoren in einer Oberklasse dienen dazu, alle ihre Felder zu initialisieren.

Wenn hinter der Deklaration eines Konstruktors nichts weiter steht, fügt der Compiler automatisch den Zusatz : base() hinzu.

```
public <Bezeichner>(<Liste mit Argumenten>) : base()
```

Er sorgt dafür, dass vor den Anweisungen in diesem Konstruktor zunächst die Anweisungen im Standardkonstruktor der Oberklasse ausgeführt werden.

Die Anweisungen in einem anderen Konstruktor der gegenwärtigen Klasse werden durch den Zusatz : this(<Parameter>) ausgeführt. Mit dem Zusatz : base(<Parameter>) rufen Sie die Anweisungen in einem Konstruktor der Oberklasse auf. In der Deklaration eines Konstruktors darf nur einer dieser beiden Zusätze auftauchen. Wenn wir den Aufruf eines Konstruktors in der gegenwärtigen oder übergeordneten Klasse vergessen, führt der Compiler automatisch den Zusatz : base() ein, damit die vererbten Felder vernünftige Werte erhalten.

Eine Klasse ohne einen Konstruktor erhält automatisch den Standardkonstruktor

```
public <Bezeichner>() {
}
```

der mit dem Konstruktor

```
public <Bezeichner>() : base() {
}
```

identisch ist. Auf diese Weise erhalten die vererbten Felder der Object-Klasse stets vernünftige Anfangswerte.

5.3.4   Eine Methode überladen

Wenn wir der GetImage-Methode eine Zahl i von 0 bis 9 übergeben, muss sie nur das Bild auf dem Platz mit dem Index i in der Aufstellung letters zurückgeben.

```
public Image GetImage(int i) {
  return letters[i];
}
```

Bei einem Zeichen nutzen wir die private Methode GetIdentity, um die Platznummer des zugehörigen Bildes zu bestimmen. Anstelle von i taucht daher der Ausdruck GetIdentity(c) auf.

```
public Image GetImage(char c) {
  return letters[GetIdentity(c)];
}
```

Weil 46 Zeichen vorkommen, nutzen wir eine mehrstufige if-else-Anweisung mit der allgemeinen Form

```
if (<1. bool-Ausdruck>) {
  <Anweisungen>
} else if (<2. bool-Ausdruck>) {
  <Anweisungen>
} else {
  <Anweisungen>
}
```

Wenn die erste Bedingung den Wert true liefert, werden die Anweisungen im if-Körper ausgeführt. Andernfalls entscheidet die zweite Bedingung darüber, ob es zur Ausführung der Anweisungen im else if-Körper oder im else-Körper kommt.

Bild 5.27: Flussdiagramm für die mehrstufige if-else-Anweisung

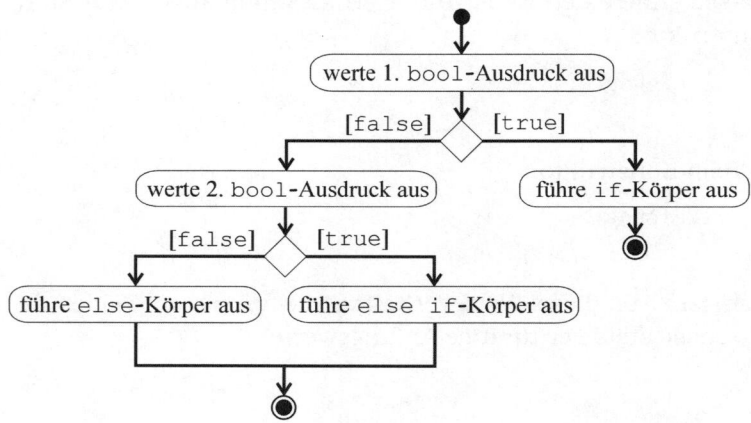

Natürlich ist es möglich, noch weitere else if-Klauseln zu dieser Struktur hinzuzufügen. Die Methode GetIdentity testet nacheinander, ob das übergebene Zeichen gleich '0', '1', '2', ..., '$', '-' und '_' ist.

```
private int GetIdentity(char c) {
  int i;
  if (c == '0') {
    i = 0;
  } else if (c == '1') {
    i = 1;
  } else if (c == '2') {
    i = 2;
  <Fälle '3' bis '*'>
  } else if (c == '$') {
    i = 43;
```

```
  } else if (c == '-') {
    i = 44;
  } else { // c == '_'
    i = 45;
  }
  return i;
}
```

Sobald ein Vergleich erfolgreich ist, haben wir die Platznummer des zugehörigen Bildes in der Aufstellung gefunden, die am Ende der Methode zurückgegeben wird.

Bei der letzten `else`-Klausel steht ein einzeiliger Kommentar, der durch zwei Slashes `//` eingeleitet wird. Sobald der Compiler auf diese beiden Zeichen stößt, überliest er den Rest der Zeile. In unserem Beispiel machen wir durch den Kommentar darauf aufmerksam, dass es sich beim letzten Fall um einen Unterstrich handelt. Es gibt auch einen mehrzeiligen Kommentar, der durch die Zeichenkombination `/*` eingeleitet und durch `*/` beendet wird.

Quellcode übergangsweise entmachten

Mehrzeilige Kommentare sind sehr nützlich, wenn Sie mal kurz einen Block mit Anweisungen ausblenden wollen, um zu überprüfen, ob die Kompilierung an diesem Block scheitert.

Um die Klasse `Alphabet` zu testen, führen wir die Anweisungen

```
Alphabet alphabet = new Alphabet();
display.DrawImage(alphabet.GetImage('A'), 0, 0);
display.DrawImage(alphabet.GetImage(1), 0, 22);
```

im Arbeitsblatt *Alphabet.ws* für ein *C#*-Formular aus.

Bild 5.28:
Ein Buchstabe
und eine Ziffer

In der zweiten und dritten Zeile rufen wir beide Versionen der Methode `GetImage` auf. Auf dem Bildschirm erscheinen der Buchstabe A und die Ziffer 1.

5.4 Übungsaufgabe

Entwickeln Sie die Display-Klasse, die einen Satz in einzelne Buchstaben zerlegt und die zugehörigen Bilder mithilfe der Alphabet-Klasse auf eine Grafik malt.

Display
«constructor» + Display(Graphics) «method» + Sketch(int, int, string)

Der Konstruktor benötigt eine Grafik zur Ausgabe des Satzes. Die Sketch-Methode verlangt die x- und die y-Koordinate der linken oberen Ecke des Bildes mit dem ersten Zeichen des Satzes und eine Zeichenkette.

Um die einzelnen Zeichen des Satzes zu ermitteln, ist eine for-Anweisung hilfreich. Die Anzahl der Zeichen erhalten Sie mit der Length-Eigenschaft in der String-Klasse. Der Indexer this[int] liefert das Zeichen an einer bestimmten Stelle des Satzes. Hierbei ist zu beachten, dass das erste Zeichen den Index 0 hat.

String
+ Length(): int + this[int]: char

Testen Sie die Display-Klasse in einem Arbeitsblatt.

Eine Lösung zu dieser Aufgabe finden Sie in der Datei *Display.ws*.

5.5 Verschiedene Zähler bereitstellen

Für das Spielcasino benötigen wir einige Zähler. An der Kasse sieht der Spieler sein aktuelles Guthaben (BALANCE). Nun kann er sich entscheiden, ob er mit ¢25, $1, $2, $5, $10 oder $20 spielt. Über die Schaltflächen + oder – erhöht oder erniedrigt sich der Spielmodus. Anschließend wirft er Münzen in den Slot hinein. Neben dem Schlitz befindet sich ein Zähler mit einer Anzeige, wie viel Geld sich zurzeit im Spielautomaten befindet. Erst wenn mindestens der Stand des Spielmodus erreicht ist, kann die Anzahl der Spiele (CREDIT) angehoben werden.

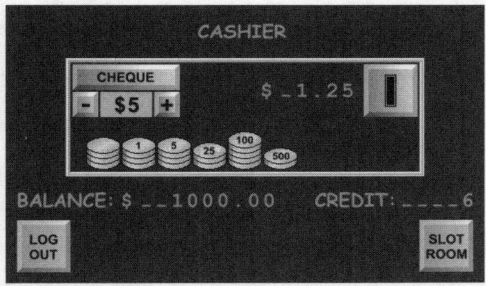

Bild 5.32:
Zähler für SLOT, BALANCE und CREDIT

Beim Einwurf von $31.25 und dem Spielmodus $5 haben wir Kredit für 6 Spiele (6 x $5 = $30) und ein Restguthaben von $1.25. Wenn wir noch $3.75 einwerfen, können wir ein weiteres Spiel spielen.

Jede Slotmaschine zeigt später vier Zähler an.

Bild 5.33:
Zähler für COINS, PAID, BALANCE und CREDIT

Über die Schaltfläche BET ONE wird die Anzahl der gesetzten Münzen (COINS) eingestellt. Beim Spielmodus $5 und zwei gesetzten Münzen spielen wir also um $10. Der maximale Spielmodus $20 und die maximale Münzanzahl 3 führen zum maximalen Einsatz von $60 pro Spiel.

Auch die Anzahl der ausgezahlten Münzen (PAID) bei einem Gewinn zeigt ein Zähler an. Die beiden anderen Zähler haben wir bereits bei der Kasse kennen gelernt.

5.5.1 Eine abstrakte Klasse entwickeln

Für die Zähler benötigen wir die Klassen `SlotCounter`, `BalanceCounter`, `CreditCounter`, `CoinsCounter` und `PaidCounter`. Es gibt nur geringe Unterschiede zwischen den einzelnen Zählern.

☐ Wie viele Stellen hat der Zähler? (CREDIT hat 5 Stellen)

☐ Handelt es sich um einen ganzzahligen Zähler oder um einen Zähler mit Dezimalpunkt und Dollarzeichen? (PAID ist ganzzahlig, BALANCE hat einen Dezimalpunkt und ein Dollarzeichen)

☐ Befindet sich ein Schild vor dem Zähler? (beim `CreditCounter` gibt es das Schild CREDIT, der `SlotCounter` hat kein Schild)

Es lohnt sich also, die Eigenschaften, die für alle Zähler eine Rolle spielen, in einer gemeinsamen Oberklasse zusammenzustellen.

Bild 5.34:
UML-Diagramm der
`Counter`-Klasse

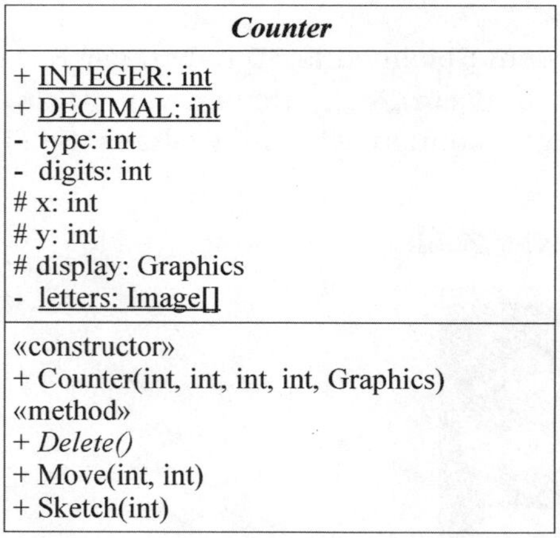

Counter
+ <u>INTEGER: int</u>
+ <u>DECIMAL: int</u>
- type: int
- digits: int
x: int
y: int
display: Graphics
- <u>letters: Image[]</u>
«constructor»
+ Counter(int, int, int, int, Graphics)
«method»
+ *Delete()*
+ Move(int, int)
+ Sketch(int)

Der Bezeichner der `Counter`-Klasse ist kursiv gedruckt, weil sie abstrakt ist. In die Deklaration schreiben wir daher das Schlüsselwort `abstract` hinein.

```
public abstract class Counter {

    <Felder, Konstruktoren und Methoden>

}
```

Abstrakte Klassen enthalten abstrakte Methoden, die keinen Rumpf haben und somit noch nicht vollständig implementiert sind. Weil der Bezeichner der `Delete`-Methode kursiv ist, liegt eine abstrakte Methode vor. Sie hat den Zweck, den Zähler mit der Hintergrundfarbe des Casinos zu übermalen. Weil die fünf Zähler eine individuelle Größe haben, kennen wir die Anweisungen im Rumpf von `Delete` in der `Counter`-Klasse noch nicht.

Auch in der Deklaration einer abstrakten Methode taucht das Schlüsselwort `abstract` auf. Weil der Rumpf mit den Anweisungen fehlt, fügen wir am Ende ein Semikolon hinzu.

```
public abstract void Delete();
```

In den Unterklassen von `Counter` überschreiben wir die `Delete`-Methode durch eine neue Version, die nicht mehr abstrakt ist.

Wie wir später sehen, können wir die Anweisungen in den Methoden `Move` und `Sketch` bereits in der abstrakten `Counter`-Klasse implementieren, sodass diese Methoden nicht abstrakt sind.

Weil eine abstrakte Klasse noch nicht vollständig ist, macht es keinen Sinn, eine Instanz dieser Klasse zu erschaffen. Der Compiler achtet darauf und gibt entsprechende Fehlermeldungen aus. Trotzdem dürfen wir einen Konstruktor in eine abstrakte Klasse hineinschreiben, um ihre Felder zu initialisieren.

Private Felder, vor denen ein Minuszeichen steht, werden nicht an Unterklassen vererbt. Auf öffentliche Felder mit einem Pluszeichen darf jeder ohne Einschränkungen zugreifen. Vor geschützte Felder kommt das Sharpzeichen #. Sie sind nicht öffentlich, werden aber an Unterklassen vererbt. Zum Malen ihres Schildes benötigen die Unterklassen von `Counter` die Felder x, y, und `display`, sodass sie geschützt werden.

Feld	Bedeutung
INTEGER	Konstante, um einen ganzzahligen Zähler zu kennzeichnen
DECIMAL	Konstante, um einen Zähler mit Dezimalpunkt zu kennzeichnen
type	der Typ des Zählers, also INTEGER oder DECIMAL

Tabelle 5.5:
Felder in der
Counter-Klasse

Tabelle 5.5 (Forts.):
Felder in der
Counter-Klasse

Feld	Bedeutung
digits	die Anzahl der Stellen des Zählers; bei einem Zähler des Typs DECIMAL handelt es sich um die Anzahl der Stellen vor dem Dezimalpunkt
x	die x-Koordinate des Bildes mit der letzten Ziffer
y	die y-Koordinate des Bildes mit der letzten Ziffer
display	eine Grafik zur Ausgabe des Zählerstandes
letters	eine Aufstellung mit den möglichen Zeichen des Zählers (0, 1, 2, 3, 4, 5, 6, 7, 8, 9, ., \$, _)

Bei den Felddeklarationen achten wir auf einige Besonderheiten.

```
public const int INTEGER = 0;

public const int DECIMAL = 1;

private int type;

private int digits;

protected int x;

protected int y;

protected Graphics display;

private static Image[] letters;
```

☐ Anstelle von private oder public steht bei den geschützten Feldern das Schlüsselwort protected.

☐ Die Bilder mit den Ziffern und Sonderzeichen sind für alle Zähler gleich. Es ist nicht sinnvoll, dass alle fünf Zähler später ihre eigene Aufstellung mit sich herumschleppen. Daher machen wir das Feld letters statisch, indem wir das Schlüsselwort static in seine Deklaration schreiben.

☐ Die Konstanten INTEGER und DECIMAL kennzeichnen die möglichen Typen für einen Zähler. Weil sie für alle Klassen gleich sind, verwenden wir das Schlüsselwort const. Einer Konstante dürfen wir nur ein einziges Mal einen Wert zuweisen. Der Ausdruck `type == DECIMAL` überprüft, ob ein Zähler einen Dezi-malpunkt enthält.

Im Konstruktor reichen wir die übergebenen Werte an die zugehörigen Felder weiter. Nur wenn die Aufstellung `letters` noch keinen Wert, also den Wert `null` hat, legen wir die 10 Ziffern und die 3 Sonderzeichen mithilfe der `Alphabet`-Klasse auf ihren Plätzen ab.

```
public Counter(int type, int digits, int x, int y,
    Graphics display) {
  this.type = type;
  this.digits = digits;
  this.x = x;
  this.y = y;
  this.display = display;
  if (letters == null) {
    Alphabet alphabet = new Alphabet();
    letters = new Image[13];
    for (int i = 0; i < 10; i++) {
      letters[i] = alphabet.GetImage(i);
    }
    letters[10] = alphabet.GetImage('.');
    letters[11] = alphabet.GetImage('$');
    letters[12] = alphabet.GetImage('_');
  }
}
```

Bei Bonusspielen verschieben sich die Zähler an andere Stellen, weil sich die grafische Oberfläche der Slots ändert. Die Methode `Move` überpinselt den ursprünglichen Bereich und verschiebt die Koordinaten.

```
public void Move(int x, int y) {
  Delete();
  this.x = x;
  this.y = y;
}
```

Obwohl die `Delete`-Methode abstrakt ist und somit noch keine Anweisungen enthält, dürfen wir sie bereits aufrufen.

5.5.2 Zahlen aus Zeichenketten lesen

Die Sketch-Methode dient dazu, einen Zählerstand auszugeben. Hier müssen wir unterscheiden, ob der Zähler einen Dezimalpunkt enthält oder nicht.

☐ Bei einem Zähler ohne Dezimalpunkt ermitteln wir die Ziffern des Zählerstands und zeigen sie von hinten nach vorne auf dem Bildschirm an. Die Koordinaten x und y kennzeichnen den Ort der linken oberen Ecke des Bildes mit der letzten Ziffer.

☐ Taucht ein Dezimalpunkt auf, müssen wir den Zählerstand vor der Ausgabe noch mit 25 multiplizieren, weil 1 Münze einen Wert von ¢25 hat.

Um aus einer Ganzzahl des Typs int eine Zeichenkette zu machen, verwenden wir die Int32-Struktur im Namensraum System.

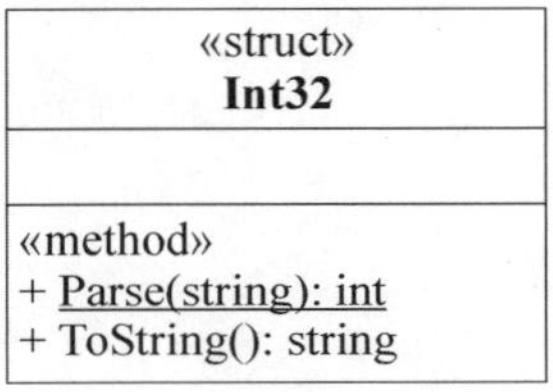

Bild 5.35:
UML-Diagramm
der Int32-Struktur

«struct» **Int32**
«method» + <u>Parse(string): int</u> + ToString(): string

Im Prinzip ist der Typ int nur eine Abkürzung für Int32, allerdings weiß der Compiler automatisch, in welchem Namensraum er die Struktur zu int findet. Bei der Verwendung des Typs Int32 müssen wir den Namensraum System durch die Anweisung

```
using System;
```

in der Counter-Klasse bekannt machen.

Die Ganzzahl counter des Typs int verwandeln wir mithilfe der ToString-Methode direkt in eine Zeichenkette um.

```
string s = counter.ToString();
```

Das Zeichen an der Stelle i in der Zeichenkette s erhalten wir mit dem Ausdruck s[i]. Die statische Methode Parse sorgt dafür, dass aus der Zeichenkette mit einer Ziffer wieder eine Ganzzahl des Typs int wird. Der Ausdruck

```
Int32.Parse(s[i].ToString())
```

liefert uns somit die Zahl an der Stelle i im Zählerstand. Auf der Grafik display geben wir nun die einzelnen Ziffern von rechts nach links aus. Daher steht in der for-Anweisung nicht das Update i++, sondern i--, und die Zählvariable i startet bei length - 1, also auf der rechten Seite des Zählerstands.

```
public virtual void Sketch(int counter) {
  if (type == INTEGER) {
    string s = counter.ToString();
    int length = s.Length;
    int index = 1;
    for (int i = length - 1; i >= 0; i--) {
      display.DrawImage(
          letters[Int32.Parse(s[i].ToString())],
          x - (index - 1) * 16, y);
      index++;
    }
    for (int i = 0; i < digits - length; i++) {
      display.DrawImage(letters[12],
          x - (index - 1) * 16, y);
      index++;
    }
  } else {
    <der Fall DECIMAL>
  }
}
```

Beim Typ DECIMAL ist auf den Faktor 25, den Dezimalpunkt und das Dollarzeichen zu achten. Sie finden den kompletten Quellcode in der Datei *Counter.cs* und können ihn dort studieren.

Wichtig ist das Schlüsselwort virtual in der Deklaration der Sketch-Methode. Weil wir sie später in den Unterklassen von Counter überschreiben wollen, müssen wir es verwenden, weil die Methode sonst nicht überschreibbar wäre.

5.5.3   Abstrakte Methoden überschreiben

Als Beispiel für eine Unterklasse von Counter sehen wir uns den BalanceCounter an, der einen Dezimalpunkt enthält und vor diesem Punkt 6 Ziffern hat.

Im Konstruktor rufen wir den Basiskonstruktor von Counter mit den passenden Argumenten auf. Hierdurch initialisieren wir die vererbten Felder.

```
using System.Drawing;

public class BalanceCounter : Counter {

  private Image plate;

  public BalanceCounter(int x, int y, Graphics display)
      : base(Counter.DECIMAL, 6, x, y, display) {
    ImageLoader loader = new ImageLoader();
    loader.LoadImage("Plate.gif");
    plate = loader.GetImage(0, 0, 101, 22);
  }

  public override void Sketch(int counter) {
    display.DrawImage(plate, x - 255, y);
    base.Sketch(counter);
  }

  public override void Delete() {
    SolidBrush blue = new SolidBrush(
        Color.FromArgb(0, 64, 128));
    display.FillRectangle(blue, x - 255, y, 271, 22);
  }

}
```

Die Sketch-Methode überschreiben wir durch eine Version, die
noch die Anweisung zur Ausgabe des Schildes BALANCE enthält. Mit
dem Täter base rufen wir zuletzt die ursprüngliche Version der
Methode auf. Nur weil sie als virtuell gekennzeichnet ist, darf sie
in der BalanceCounter-Klasse überschrieben werden.

Die abstrakte Delete-Methode ist nun vollständig implementiert.
Die x-Koordinate der linken oberen Ecke des blau gefüllten Rechtecks erhalten wir aus der x-Koordinate der letzten Ziffer, die um
255 (8 Ziffern vor der letzten Ziffer inklusive Dezimalpunkt * 16
Pixel + 5 Pixel Platz + 16 Pixel Dollar-Zeichen + 5 Pixel Platz + 101
Pixel Schildbreite) vermindert wird. Die Breite des Rechtecks ist
271 (255 Pixel + 16 Pixel für die letzte Ziffer).

Entsprechend fahren wir mit den Klassen SlotCounter, Credit-
Counter, CoinsCounter und PaidCounter fort.

Im Arbeitsblatt *Cashier.ws* für ein *C#*-Formular testen wir die
Zähler bei der Kasse.

```
SlotCounter slot = new SlotCounter(349, 81, display);
slot.Sketch(5);
BalanceCounter balance = new BalanceCounter(267, 200,
    display);
balance.Sketch(4000);
CreditCounter credit = new CreditCounter(475, 200, display);
credit.Sketch(6);
```

Um zu sehen, wo die Bilder landen, wird auf den dunkelblauen Hintergrund verzichtet.

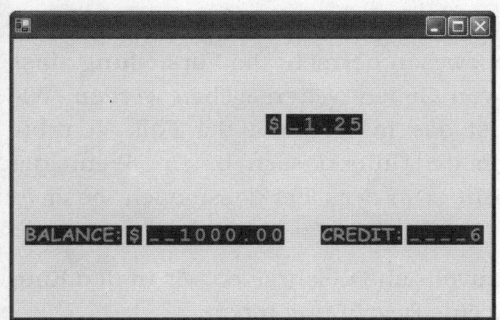

Bild 5.36:
Die Zähler bei
der Kasse

Mit den Anweisungen

```
CoinsCounter coins = new CoinsCounter(118, 245, display);
coins.Sketch(2);
PaidCounter paid = new PaidCounter(443, 245, display);
paid.Sketch(0);
BalanceCounter balance = new BalanceCounter(267, 273,
    display);
balance.Sketch(4000);
CreditCounter credit = new CreditCounter(475, 273, display);
credit.Sketch(6);
```

im Arbeitsblatt *Slot.ws* für ein *C#*-Formular zeigen wir die Zähler bei einem Slot an.

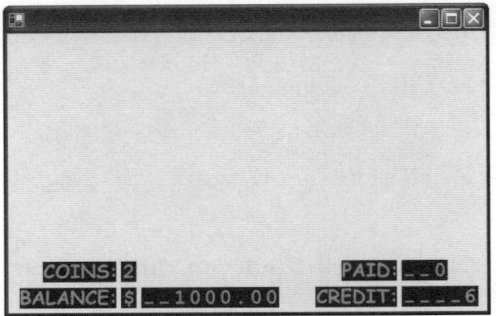

Zum Abschluss sei noch eine kurze Bemerkung zur Vererbung gemacht. In der Welt der Lebewesen herrscht die Vorstellung, dass Erbinformationen in Form von Genen weitergegeben werden. Wie bereits festgestellt wurde, ist das in C# nicht der Fall. Vererbte Mitglieder rutschen nicht in die Unterklassen hinein. Wenn der Compiler etwas vermisst, sieht er in der Oberklasse nach, ob er es dort findet.

Um dieses Phänomen nachzuvollziehen, schreiben wir in den Konstruktor der Counter-Klasse eine Begrüßung hinein.

```
if (letters == null) {
  Console.Out.Write("Hallo");
  <Anweisungen>
}
```

Wenn jeder Zähler das Feld letters erben würde, müsste bei der Ausführung von *Slot.ws* viermal die Begrüßung erscheinen. Das ist aber nicht der Fall.

Bild 5.38:
Nur eine Begrüßung
im unteren Textbereich
trotz vier erschaffener
Zähler

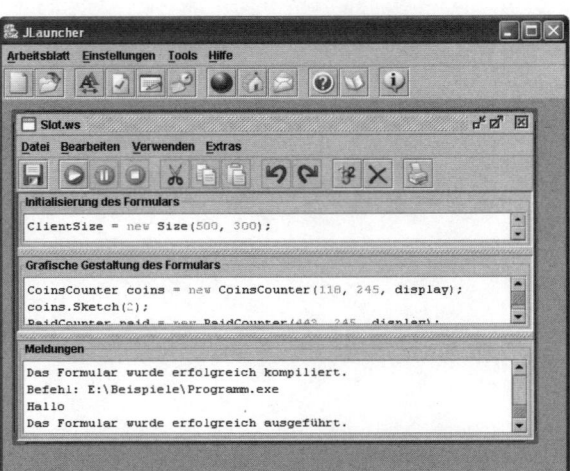

Der Zusatz static erhält bei einem Durchrutschen der Mitglieder noch eine besondere Bedeutung. Wenn wir mehrere Instanzen der SlotCounter-Klasse erschaffen würden, würden wir nur eine Begrüßung erleben. Das Feld letters wäre also bereits für alle Instanzen eines bestimmten Zählertyps initialisiert.

Weil keine Mitglieder in die Unterklassen gelangen, ist das Feld letters für alle Objekte der Typen BalanceCounter, CreditCounter, SlotCounter, PaidCounter und CoinsCounter ein einziges Mal vorhanden.

6 Applikationen herstellen

In Kapitel 3 ist uns die Form-Klasse zum Öffnen eines Formulars auf dem Bildschirm begegnet. Mittlerweile haben wir bereits einige Anweisungsblöcke und Klassen kennen gelernt, zum Beispiel zur Gestaltung des Spielschlosses oder zum Abspielen eines Sounds. Die Funktion dieser Programmelemente wurde stets auf Knopfdruck mithilfe von Arbeitsblättern im *JLauncher* getestet. In diesem Kapitel geht es darum, den Quellcode des Spielcasinos als alleinstehendes Programm zu gestalten und anschließend selbst zu kompilieren.

6.1 Eine Eigenschaft ins Notizbuch eintragen

Im Spielcasino arbeiten wir mit zahlreichen Eigenschaften zur Verwaltung der Daten des gegenwärtigen Spielers, zum Beispiel Balance, Coins, Credit, Username und Password. Um nicht den Überblick zu verlieren, tragen wir alle Werte in ein Notizbuch ein.

Wir starten mit der Audio-Eigenschaft des Typs bool, um zu kontrollieren, ob Sound abgespielt werden soll oder nicht. In den folgenden Kapiteln werden weitere Felder hinzukommen.

Bild 6.1:
UML-Diagramm der
Notebook-Klasse

Notebook
+ Audio: bool
«constructor» + Notebook()

Wir haben bereits früher erwähnt, dass die Bezeichner in der zweiten Zelle in *UML*-Diagrammen mit einem großen oder kleinen Buchstaben beginnen. Zum Beispiel haben die Namen ClientSize, Text und Icon in den *UML*-Diagrammen der Klassen Form und Control in Bild 3.49 einen großen Buchstaben am Anfang. Dieses Detail deutet darauf hin, dass es sich bei ClientSize, Text und Icon um Eigenschaften mit speziellen Accessoren handelt, die Zugang zu den privaten Feldern clientSize, text und icon gewähren. Der Name image bei der ImageLoader-Klasse in Bild 5.10 startet mit einem kleinen Buchstaben, sodass es sich schlichtweg um ein Feld handelt.

Sobald ein Feld in einer Klasse eingeführt ist, können wir seinen Wert abfragen oder ihm einen Wert zuweisen. Es hat also eine Lesen- und eine Schreiben-Eigenschaft. In einigen Fällen ist es praktisch, diese Eigenschaften zu kontrollieren. Zum Beispiel ist bei Konstanten mit dem Schlüsselwort const in ihrer Deklaration die Schreiben-Eigenschaft blockiert. In C# gibt es das Schlüsselwort readonly, das den Schreibschutz bei einem Feld aktiviert.

Mit Konstanten vernünftig umgehen

Konstanten sind statisch und schreibgeschützt. Es ist erlaubt, in die Deklaration eines Feldes die Schlüsselwortkombination static readonly hineinzuschreiben, was diese Eigenschaften erzwingt. Das Schlüsselwort const ist nur dann erlaubt, wenn der Wert des Feldes durch den Compiler berechnet werden kann. Zum Beispiel würde die Deklaration

```
public const Color Black = Color.FromArgb(0, 0, 0);
```

nicht funktionieren, weil der Ausdruck Color.FromArgb(0, 0, 0) erst bei der Ausführung des Programms ausgewertet werden kann. In einem solchen Fall müssen Sie auf die Deklaration

```
public static readonly Color Black = Color.FromArgb(0, 0, 0);
```

ausweichen.

Mithilfe von Eigenschaften, die Accessoren enthalten, ist es möglich, Feldern eine Nur-Lesen-Eigenschaft, eine Nur-Schreiben-Eigenschaft oder eine Lesen-Schreiben-Eigenschaft zu verleihen.

Als Beispiel sehen wir uns den Quellcode der Notebook-Klasse an.

```
public class Notebook {

  private bool audio;

  public bool Audio {
    get {
      return audio;
    }
```

```
    set {
      audio = value;
    }
  }

}
```

Sie enthält das private Feld `audio` des Typs `bool`. Innerhalb dieser Klasse hat es eine Lesen-Schreiben-Eigenschaft. Wenn wir uns aber außerhalb befinden, zum Beispiel in der `Casino`-Klasse, kommen wir an seinen Wert nicht heran. Den Zugriff verhindert das Schlüsselwort `private`.

Hinter dem Feld `audio` folgt eine Eigenschaft, die denselben Bezeichner bis auf den Großbuchstaben am Anfang hat und zwei Accessoren in ihrem Rumpf enthält. Die Deklaration einer Eigenschaft hat häufig den Aufbau

```
public <Typ> <Bezeichner> {
  <Accessoren>
}
```

Mit den `get`- und `set`-Accessoren legen wir fest, ob das Lesen und Schreiben bei einem Feld erlaubt ist. Es handelt sich im Prinzip um Methoden zur Manipulation eines Feldes. Abhängig davon, ob nur der `get`-, nur der `set`- oder sogar beide Accessoren zur Verfügung stehen, liegt die Art der Lesen-Schreiben-Eigenschaft fest.

Zum Beispiel kommt bei der Anweisung

```
bool audio = notebook.Audio;
```

der `get`-Accessor zum Einsatz, um den Wert des Feldes `audio` zu ermitteln. Die Anweisung

```
notebook.Audio = true;
```

führt implizit zum Aufruf des `set`-Accessors, der dem Feld `audio` den Wert `true` zuweist.

Der `get`-Accessor ist für die Lesen-Eigenschaft zuständig. Daher steht die Anweisung

```
return audio;
```

in seinem Rumpf. Sie liefert den Wert des Feldes `audio`.

Der `set`-Accessor erhält implizit einen Parameter, der in seinem Rumpf automatisch unter dem Bezeichner `value` zur Verfügung steht. Die Anweisung

```
audio = value;
```

weist dem Feld `audio` den übergebenen Wert `value` zu.

6.2 Die Grafik eines Formulars gestalten

Die `Casino`-Klasse, die alle Mitglieder von `Form` erbt, hat die Eigenschaften `ImageLoader`, `Notebook` und `SoundPlayer`. Sie enthalten Accessoren für die privaten Felder `imageLoader`, `notebook` und `soundPlayer` mit einer Lesen-Schreiben-Eigenschaft. Hierdurch können die einzelnen Räume, deren Quellcode in anderen Klassen liegt, mit den privaten Feldern des Casinos arbeiten.

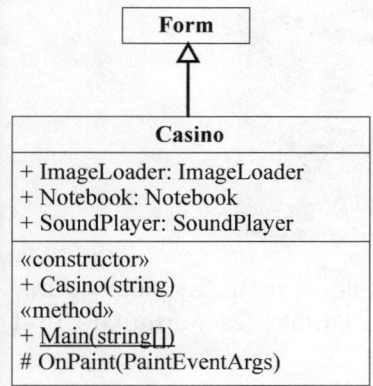

Bild 6.2:
UML-Diagramm
der `Casino`-Klasse

Als Beispiel sehen wir uns kurz die Implementierung der `Image-Loader`-Eigenschaft an.

```
private ImageLoader imageLoader;

public ImageLoader ImageLoader {
  get {
    return imageLoader;
  }
  set {
    imageLoader = value;
  }
}
```

Die beiden anderen Eigenschaften sind in ähnlicher Form eingeführt.

Die Main-Methode dient zum Starten des Casinos. Diesen Vorgang
sehen wir uns im nächsten Abschnitt genauer an. Zunächst geht
es um die Gestaltung der Grafik des Formulars.

Die geschützte OnPaint-Methode wird von der Form-Klasse vererbt
und ist für die grafische Gestaltung des Formulars zuständig. Sie
wird zum Beispiel automatisch aufgerufen, wenn das Formular
zum ersten Mal auf dem Bildschirm erscheint oder ein anderes
Programmfenster über das Fenster mit dem Spielschloss gezogen
wird und die ehemals überdeckten Teile auf dem Bildschirm wieder aufgefrischt werden müssen.

Bild 6.3:
Ein Programmfenster
überlappt mit dem
Formular des Casinos

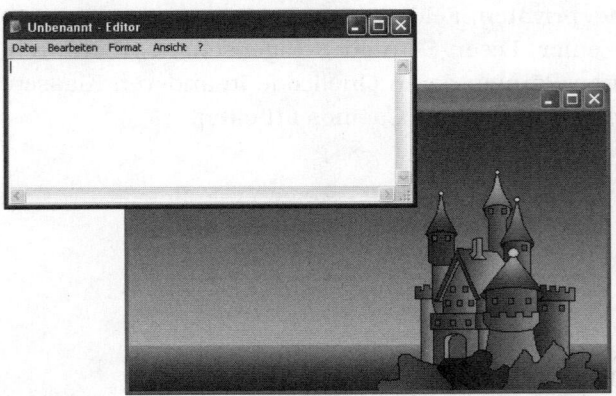

Die OnPaint-Methode in der Casino-Klasse malt das Schloss mit
seiner Umgebung in Bild 4.1 auf die Grafik des Formulars und
spielt den Sound *Wind.wav* ständig ab.

```
protected override void OnPaint(PaintEventArgs e) {
  Graphics display = e.Graphics;
  imageLoader.LoadImage("Background.gif");
  for (int i = 0; i < 25; i++) {
    display.DrawImage(imageLoader.GetImage(), i * 20, 0);
  }
  imageLoader.LoadImage("Castle.gif");
  display.DrawImage(imageLoader.GetImage(), 299, 61);
  imageLoader.LoadImage("Cliff.gif");
  display.DrawImage(imageLoader.GetImage(), 259, 246);
  if (notebook.Audio) {
    soundPlayer.Load(new string[] {"Wind.wav"});
```

```
      soundPlayer.Loop("Wind.wav");
   }
   base.OnPaint(e);
}
```

Die PaintEventArgs-**Klasse** gehört zum Namensraum Sys-
tem.Windows.Forms und hat eine Graphics-**Eigenschaft**, mit deren
Hilfe wir an die Grafik des Formulars herankommen.

PaintEventArgs
+ Graphics: Graphics

Bild 6.4:
UML-Diagramm der
PaintEventArgs-
Klasse

Sobald das Formular aus irgendeinem Grund aufgefrischt werden
muss, werden die Informationen dieses Ereignisses in einer Instanz des Typs PaintEventArgs gekapselt und der OnPaint-Methode beim Aufruf als Parameter übergeben. Um die Erzeugung
des Ereignisses müssen wir uns nicht kümmern. Wir schreiben
nur Anweisungen in den Methodenrumpf hinein, die das Formular
in einem solchen Fall ausführen soll.

Das Malereignis weiterleiten

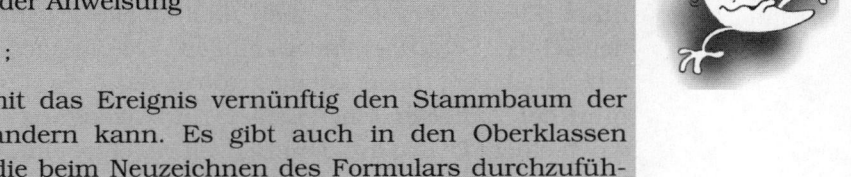

Es ist sehr wichtig, am Ende der OnPaint-Methode die ursprüngliche Version mit der Anweisung

base.OnPaint(e);

aufzurufen, damit das Ereignis vernünftig den Stammbaum der
Klassen hochwandern kann. Es gibt auch in den Oberklassen
gewisse Dinge, die beim Neuzeichnen des Formulars durchzuführen sind.

Es ist nicht sinnvoll, Bilder und Klänge in der OnPaint-Methode zu
laden. Wenn der Benutzer ein anderes Programmfenster über das
Formular mit dem Casino zieht, wird die grafische Benutzeroberfläche ständig aufgefrischt. Bereits beim ersten erneuten Aufruf
von OnPaint entsteht eine Fehlermeldung und das Casino kann
nicht mehr benutzt werden.

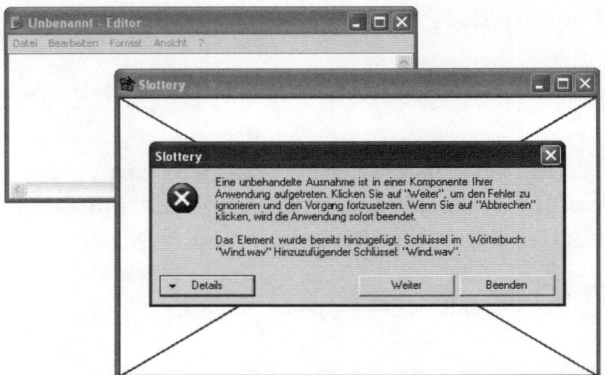

Der Dialog mit der Fehlermeldung bietet uns an, mit dem Programm fortzufahren oder es abzubrechen. Es ist zu erkennen, dass der Hintergrund der Grafik im Formular durchgestrichen ist, was darauf hindeutet, dass die Ausnahme in der `OnPaint`-Methode entstanden ist. Gleichzeitig gibt es noch einen kurzen Hinweis, dass der Schlüssel "`Wind.wav`" bereits hinzugefügt wurde.

Das Problem entsteht bei der erneuten Ausführung der Anweisung

```
soundPlayer.Load(new string[] {"Wind.wav"});
```

die über die `Load`-Methode der `SoundPlayer`-Klasse zur Anweisung

```
Add(list[i], new Sound(list[i]));
```

führt. Es ist verboten, einer Hashtabelle zweimal ein Paar mit demselben Schlüssel hinzuzufügen. Genau dieses passiert aber mit "`Wind.wav`" beim zweiten Aufruf der `OnPaint`-Methode. In *C#* führt das Auftreten eines Fehlers zur Erzeugung einer Ausnahme, die in einem Dialog auf dem Bildschirm erscheint.

In früheren *Windows*-Versionen hätte eine Ausnahme zu einem blauen Bildschirm geführt mit einem Hinweis auf einen schweren Zugriffsfehler bei einer Speicheradresse mit anschließender Erzeugung eines Speicherabbildes. Diese Prozedur gehört dank der eingebauten Ausnahmebehandlung der Vergangenheit an.

Das Problem mit dem doppelten Ladevorgang bei Sounds können wir leicht verhindern, indem wir vor dem Laden neuer Sounds stets die Anweisung

```
soundPlayer.Clear();
```

ausführen. Daran müssen wir bei der Fertigstellung aller Räume im Casino unbedingt denken.

6.3   Eine Hauptmethode einführen

In *C#* gibt es zwei Programmtypen.

☐ Konsolenanwendung: Es handelt sich um eine Applikation, die in der *Eingabeaufforderung* gestartet wird und sich über ein Textprotokoll mit dem Benutzer verständigt.

☐ *Windows*-Anwendung: Es handelt sich um ein Formular, das nach einem Doppelklick auf die zugehörige *EXE*-Datei erscheint.

In den Klassen beider Typen muss ein Einstiegspunkt festgelegt sein, bei dem die Ausführung des Programms beginnt. Diesen Punkt legt die statische `Main`-Methode fest. Wenn wir zum Beispiel auf die Datei *Slottery.exe* doppelt klicken, führt der Interpreter, der für den Ablauf des Programms zuständig ist, die Anweisung

```
Casino.Main();
```

aus. Daher muss die `Main`-Methode statisch sein. Sie hat häufig entweder die Deklaration

```
public static void Main() {
  <Anweisungen>
}
```

oder

```
public static void Main(string[] args) {
  <Anweisungen>
}
```

Als Beispiel für die erste Deklaration sehen wir uns die Vorgänge bei der Ausführung des Arbeitsblattes *Welcome.ws* für eine C#-Applikation mit der Anweisung

```
Console.Out.Write("Herzlich Willkommen!");
```

an. Der Namensraum `System` wird verwendet, damit die `Console`-Klasse bekannt ist.

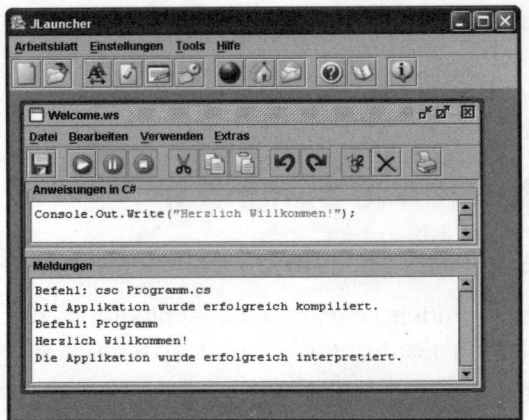

Zunächst erstellt der *JLauncher* im Hintergrund mithilfe der Informationen aus dem Arbeitsblatt die `Programm`-Klasse mit dem Quellcode

```
using System;

public class Programm {

  public static void Main() {
    Console.Out.Write("Herzlich Willkommen!");
  }

}
```

Die Anweisungen im Textbereich ANWEISUNGEN IN C# landen also einfach in einer Hauptmethode ohne Parameter.

Der Befehl

```
csc Programm.cs
```

sorgt dafür, dass die Klasse kompiliert wird. Standardmäßig erhält die *EXE*-Datei, die bei diesem Vorgang als Ergebnis entsteht, den Namen der Klasse mit der `Main`-Methode.

Nach dem Aufruf des Befehls

```
Programm
```

wird die Datei *Programm.exe* gestartet. Die Begrüßung landet im Textbereich MELDUNGEN.

In der `Casino`-Klasse nutzen wir die Version der `Main`-Methode, die eine Aufstellung des Typs `string[]` als Parameter übernimmt. Es ist möglich, hinter dem Aufruf eines Programms noch Zeichenketten für Optionen anzugeben. Zum Beispiel wäre es praktisch, bei der Eingabe des Befehls

```
Slottery off
```

das Spielcasino ohne Sounduntermalung zu starten.

Der Interpreter packt die Zeichenketten hinter dem Programmaufruf in eine Aufstellung, welche die `Main`-Methode als Parameter erhält. In ihrem Rumpf steht diese Aufstellung über den Bezeichner `args` zur Verfügung. Er ist im Prinzip beliebig, wird aber häufig als Abkürzung für `arguments` gewählt.

```
public static void Main(string[] args) {
  if (args.Length == 0) {
    Application.Run(new Casino("on"));
  } else {
    Application.Run(new Casino(args[0]));
  }
  Environment.Exit(0);
}
```

Wenn wir das Casino ohne Parameter starten, was automatisch nach einem Doppelklick auf die Datei *Slottery.exe* passiert, ist die Bedingung `args.Length == 0` erfüllt, sodass der Konstruktor der `Casino`-Klasse den Hinweis `"on"` (Sound an) erhält. Wenn ein Parameter angegeben ist, landet er in der Aufstellung `args` auf dem Platz mit dem Index 0, sodass wir dem Konstruktor den Ausdruck `args[0]` übergeben.

Wenn sich der Spieler im Casino ausgetobt hat und das Formular schließt, fährt die Anweisung

```
Environment.Exit(0);
```

die Umgebung zur Ausführung des Programms herunter.

Im Konstruktor der `Casino`-Klasse legen wir die Eigenschaften des Formulars fest und initialisieren die Felder.

```
public Casino(string audio) {
  ClientSize = new Size(500, 300);
  Assembly assembly = Assembly.GetExecutingAssembly();
  Icon = new Icon(assembly.GetManifestResourceStream(
      "16x16.ico"));
```

```
StartPosition = FormStartPosition.CenterScreen;
Text = "Slottery";
imageLoader = new ImageLoader();
notebook = new Notebook();
if (audio.Equals("on")) {
  notebook.Audio = true;
}
if (notebook.Audio) {
  soundPlayer = new SoundPlayer();
}
}
```

Abhängig davon, ob der Sound an ("on") oder aus ("off") sein soll, schreiben wir eine passende Bemerkung ins Notizbuch. Wenn der Ausdruck notebook.Audio den Wert true liefert, ist Sound erwünscht und wir erschaffen den SoundLoader.

6.4 Eine Applikation kompilieren

In Kapitel 5 haben wir bereits mit der Konsole im *JLauncher* gearbeitet, um fremde Prozesse auszuführen. Zum Abschluss dieses Kapitels sehen wir uns den Befehl zum Kompilieren des Casinos an.

Das Programm für den Compiler befindet sich in der Datei *csc.exe*. Damit er an jeder Stelle im Ordnerbaum startbar ist, mussten wir den Ordner mit dieser Datei am Ende von Kapitel 2 in den Suchpfad Path aufnehmen.

Fertige Programme in der Konsole starten

Wenn Sie sich in der Konsole des *JLaunchers* zum Beispiel zum Ordner mit der ausführbaren Datei *Slottery.exe* begeben, genügt es zum Starten dieses Programms nicht, den Befehl Slottery oder Slottery.exe auszuführen. Entweder müssen Sie den absoluten Pfad mit angeben oder den zugehörigen Ordner in den Suchpfad hineinschreiben. Der Aufruf vieler *Windows*-Programme in der Konsole, zum Beispiel Notepad, gelingt nur, weil der Ordner mit den Systemprogrammen standardmäßig schon im Suchpfad steht.

Der Befehl zum Kompilieren des Casinos lautet

```
csc /target:winexe /win32icon:32x32.ico /resource:16x16.ico
/resource:Background.gif /resource:Castle.gif
/resource:Cliff.gif /out:Slottery.exe Casino.cs
ImageLoader.cs Notebook.cs Sound.cs SoundPlayer.cs
```

Beim Weglassen einiger Teile ergibt sich der Befehl

```
csc Casino.cs
```

zum Kompilieren von *Casino.cs* mit der `Main`-Methode, wobei die Datei *Casino.exe* entsteht.

Hinter *Casino.cs* stehen die weiteren Klassen *ImageLoader.cs*, *Notebook.cs*, *Sound.cs* und *SoundPlayer.cs*, die in die *EXE*-Datei mit eingebunden werden sollen. Davor befinden sich Optionen für den Compiler.

☐ `/target:winexe` – Wir legen fest, dass es sich um eine *Windows*-Anwendung handelt. Beim Weglassen entsteht eine Konsolenanwendung.

☐ `/win32icon:<Datei>` – Das Icon in der Datei *32x32.ico* wird als Programmbildchen angezeigt, zum Beispiel beim Anlegen einer Verknüpfung auf dem Desktop oder neben dem Dateinamen im *Windows-Explorer*.

☐ `/resource:<Datei>` – Die Bilder *16x16.ico*, *Background.gif*, *Castle.gif* und *Cliff.gif* werden als Ressourcen in die *EXE*-Datei eingebettet.

☐ `/out:<Datei>` – Der Name der *EXE*-Datei soll *Slottery.exe* sein.

Zur Vereinfachung steht der gesamte Befehl in der Datei *Kompilierung.bat*. Nach einem Doppelklick hierauf im *Windows-Explorer* wird der Kompiliervorgang ausgelöst. Im Material zu den folgenden Kapiteln finden Sie stets diese Datei, damit Sie wissen, wie die jeweilige Datei *Slottery.exe* entstanden ist.

7 Flackerei durch doppelte Pufferung vermeiden

Zur zeitlichen Steuerung der einzelnen Abläufe im Casino bauen wir einen Strang in die Ca-sino-Klasse ein. Wenn die Lampen im Schloss blinken oder der Spielteufel erscheint, sind einige Teile der Grafik des Formulars neu zu zeichnen. Bevor die Änderungen auf dem Bildschirm erscheinen, werden diese Bereiche automatisch mit einer Hintergrundfarbe überpinselt. Zwischen dem Überpinseln und dem Neuzeichnen eines Steuerungselements vergeht stets etwas Zeit, sodass wir manchmal kurzzeitig graue Flecken sehen, die uns als Flackerei des Formulars erscheinen. Um diese Bildstörungen zu vermeiden, kommt ein Bildpuffer ins Casino.

7.1 Übungsaufgabe

Entwickeln Sie die Flicker-Klasse, die von Form abgeleitet ist, und bauen Sie eine Hauptmethode ein. Nach dem Start dieser *Windows*-Anwendung erscheint ein Formular mit einem Clientbereich von 500 x 100 Pixel auf dem Bildschirm.

Bild 7.1:
Ein animiertes
Streifenmuster flackert
auf dem Bildschirm

Auf der Grafik des Formulars wandert ein Muster aus 50 vertikalen Streifen, deren Farben sich zwischen *Orange* und *Gelb* abwechseln, alle 0.1 Sekunde um jeweils 1 Pixel nach rechts. Starten Sie hierzu im Konstruktor einen Thread, der einen ThreadStart-Delegaten übernimmt, der zur privaten Methode Flicker_Start führt. Eine unendliche Schleife in ihrem Rumpf sorgt für die Auffrischung der Grafik und einem anschließenden Nickerchen von 0.1 Sekunde. Die OnPaint-Methode verschiebt das Streifenmuster nach jeder Auffrischung um ein Pixel nach rechts. Es ist darauf zu achten, dass genügend Streifen von links nachkommen, sodass das Muster nicht vollkommen nach rechts abwandert.

Eine Lösung zu dieser Aufgabe finden Sie in der Datei *Flicker.cs*. Nach einem Doppelklick auf das Programm *Flicker.exe*, das mit dem Befehl

```
csc /target:winexe Flicker.cs
```

entsteht, erscheint ein flackerndes Streifenmuster auf dem Bildschirm.

7.2 Ein Bild als Puffer bereitstellen

Um ein Flackern bei den Animationen im Casino zu vermeiden, führen wir ein zusätzliches Bild und eine Grafik ein, mit deren Hilfe wir auf dieses Bild malen können.

```
private Image buffer;

private Graphics screen;
```

Damit der Zugriff auf diese beiden Felder auch in anderen Klassen problemlos möglich ist, kommen entsprechende Eigenschaften mit einem get- und einem set-Accessor hinzu.

```
public Graphics Screen {
  get {
    return screen;
  }
  set {
    screen = value;
  }
}

public Image Buffer {
  get {
    return buffer;
  }
  set {
    buffer = value;
  }
}
```

Casino
+ Buffer: Image + Screen: Graphics

Der Konstruktor initialisiert die Felder buffer und screen. Der Bildpuffer ist genauso groß wie der Clientbereich des Formulars.

```
buffer = new Bitmap(500, 300);
screen = Graphics.FromImage(buffer);
```

In die OnPaint-Methode tragen wir nun nicht mehr die Anweisungen zur Gestaltung des Spielschlosses ein, sondern geben nur noch das Bild buffer auf der Grafik des Formulars aus.

```
protected override void OnPaint(PaintEventArgs e) {
    e.Graphics.DrawImage(buffer, 0, 0);
    base.OnPaint(e);
}
```

Dieses Verfahren (einen Bildpuffer einrichten, die Grafik des Bildpuffers ermitteln, bei der Auffrischung eines Formulars den Bildpuffer auf dem Clientbereich des Formulars ausgeben) erlaubt es uns, an einer beliebigen Stelle in der Casino-Klasse einige Maloperationen auf der Grafik des Bildpuffers durchzuführen und nach einem Aufruf der Refresh-Methode alle vorgenommenen Änderungen auf einen Schlag auf dem Formular erscheinen zu lassen.

Um das Flimmern bei einer Animation zu verhindern, passen wir den Malstil des Formulars an. Die Control-Klasse bietet hierfür die SetStyle-Methode an.

Control
«method» # SetStyle(ControlStyles, bool)

Bei ControlStyles im Namensraum System.Windows.Forms handelt es sich um eine Aufzählung. Diesen Typ haben wir bereits in Bild 3.52 bei der FormStartPosition eines Formulars auf dem Bildschirm kennen gelernt.

«enum» **ControlStyles**
+ <u>UserPaint</u> + <u>AllPaintingInWmPaint</u> + <u>DoubleBuffer</u>

Die drei Anweisungen

```
SetStyle(ControlStyles.UserPaint, true);
SetStyle(ControlStyles.AllPaintingInWmPaint, true);
SetStyle(ControlStyles.DoubleBuffer, true);
```

zu Beginn des Konstruktors der Casino-Klasse aktivieren die Stile UserPaint, AllPaintingInWmPaint und DoubleBuffer, die für eine flimmerfreie Animation erforderlich sind.

7.3 Einen Strang für die Animation einbauen

Am Ende des Konstruktors der Casino-Klasse erschaffen wir einen Thread, der einen ThreadStart-Delegaten als Parameter erhält. Dieser ruft die private Animation_Start-Methode auf, sobald der Strang gestartet ist.

```
new Thread(new ThreadStart(Animation_Start)).Start();
```

Die Methode zur Animierung des Spielschlosses enthält die eigentlichen Maloperationen. Als praktisches Beispiel sind die Anweisungen aus dem Arbeitsblatt *Castle5.ws* nach kleineren Änderungen bei den Variablennamen (aus loader, player und display wurde imageLoader, soundPlayer und screen) hineinkopiert. Bei dem Arbeitsblatt handelt es sich um die Lösung zur Übungsaufgabe in Abschnitt 4.4.

```
private void Animation_Start() {
  <Anweisungen aus Castle5.ws>
}
```

Die letzte Anweisung in der unendlichen Schleife mit der Animation des Vogels, des Teufels und der Lampen im Schloss ist

```
Thread.Sleep(200);
```

Zur Vereinfachung führen wir die statische Methode

```
public static void Snooze(int i) {
  Thread.Sleep(i * 50);
}
```

in die Casino-Klasse ein. Sie hilft uns später bei den Slotmaschinen dabei, die Animation für eine gewisse Anzahl von Nickerchen der Länge 0.05 Sekunden anzuhalten. Die obige Anweisung kann nun durch

```
Snooze(4);
```

ersetzt werden.

Die Taktrate ändern

Durch die Einführung einer Snooze-Methode für ein Nickerchen einer festgelegten Dauer ist die Animation nicht mehr absolut, sondern nur noch relativ getaktet. Dies ist in einigen Fällen ein großer Vorteil. Durch Veränderung des angegebenen Zeitintervalls können Sie die komplette Animation langsamer oder schneller werden lassen. Die Nickerchen, deren zeitliche Dauer nur relativ zu den anderen angegeben ist, sind variabel und passen sich automatisch bezüglich des angegebenen Faktors an.

8 Auf Ereignisse reagieren

Damit sich der Spieler zwischen den einzelnen Räumen im Casino bewegen kann, muss das Formular in der Lage sein, auf Mausklicks zu reagieren. Auch der Mauszeiger muss sein Aussehen auf dem Bildschirm ändern, sobald der Spieler in einen Bereich gerät, in dem er ein Ereignis auslösen kann. Wie rechteckige Bereiche einer Grafik auf Ereignisse reagieren und was bei der Gestaltung der Räume im Spielschloss alles beachtet werden muss, sehen wir uns in diesem Kapitel an.

8.1 Verschiedene Räume im Casino

Am Ende des Buches gibt es im Spielschloss sechs Räume.

Tabelle 8.1:
Die einzelnen Räume

Raum	Bedeutung
Castle	das Schloss mit dem Casino betritt der Spieler durch einen Klick auf sein Portal
BigApple	der Spielautomat *BigApple*
Cashier	die Kasse, bei der ein Scheck eingetauscht, der Spielmodus eingestellt und das Geld in den Slot eingeworfen wird
Foyer	der Empfang mit Sprachauswahl und Registrierung
Hall	eine Halle, über die der Spieler zu den Automaten und zum Kassierer gelangt
Hammer	der Spielautomat *Hammer*

Alle Räume haben gemeinsame Eigenschaften, sodass wir wie im Falle der Zähler die abstrakte Room-Klasse entwickeln. Zunächst kümmern wir uns aber noch um die Hilfsklassen Flag und Mouse.

8.1.1 Bereiche mit Flaggen markieren

Ein Flag ist eine Aufstellung des Typs bool[] zur Aufnahme von Wahrheitswerten. Die Länge dieser Aufstellung erhält der Konstruktor als Argument.

Flag
- flag: bool[]
«constructor» + Flag(int) «method» + SetFlag(int, bool) + GetFlag(int): bool

Bild 8.1:
UML-Diagramm
der Flag-Klasse

Um auf ein bestimmtes Ereignis aufmerksam zu machen, legen wir mithilfe der SetFlag-Methode auf dem zugehörigen Platz den Wert true ab und hissen somit ein Fähnchen. Das Programm schaut mit der GetFlag-Methode ab und zu bei den Fahnenmasten vorbei und erfährt, ob ein Ereignis eingetreten ist.

Im Spielschloss Castle hissen wir zum Beispiel ein Fähnchen, wenn der Spieler auf das Portal geklickt hat. Das Programm beobachtet den zugehörigen Masten ständig und lässt den Spieler dann sofort ins Casino hinein.

Bei der Implementierung der Flag-Klasse sind keine Besonderheiten zu beachten. Accessoren sind nicht sinnvoll, weil die SetFlag-Methode zwei Parameter übernimmt.

```
public class Flag {

  private bool[] flag;

  public Flag(int number) {
    flag = new bool[number];
  }

  public void SetFlag(int index, bool value) {
    if (value) {
      flag[index] = true;
    } else {
      flag[index] = false;
    }
  }
}
```

```
public bool GetFlag(int index) {
    return flag[index];
  }


}
```

In der abstrakten Room-Klasse richten wir die Felder buttonFlag und cursorFlag ein. Die Fähnchen in buttonFlag dienen als Hinweise, auf welche Schaltfläche geklickt wurde. Die Fähnchen in cursorFlag legen fest, welche Schaltflächen zu einer bestimmten Zeit aktiviert oder deaktiviert sind.

Weil es im Foyer die größte Anzahl von sensiblen Bereichen gibt, erschaffen wir mit den Zeilen

```
buttonFlag = new Flag(49);
cursorFlag = new Flag(49);
```

zwei Reihen mit 49 Flaggen im Konstruktor der Room-Klasse.

8.1.2 Den Ort des Mauszeigers kapseln

Um zu untersuchen, ob ein Mauszeiger den Bereich einer Schaltfläche berührt hat, müssen wir seine Koordinaten auf der Grafik zu jeder Zeit kennen. Über aktivierten Schaltflächen verwandelt sich der Mauszeiger in eine Hand, damit der Spieler erkennt, dass er ein Ereignis durch einen Klick auslösen kann.

Bild 8.2:
Eine Hand als
Mauszeiger

In der Mouse-Klasse kapseln wir die x- und die y-Koordinate des Ortes des Mauszeigers. Um schneller an die Koordinaten heranzukommen, fügen wir Eigenschaften mit einem get- und einem set-Accessor hinzu.

Mouse
+ X: int + Y: int
«constructor» + Mouse()

Bild 8.3: *UML*-Diagramm der `Mouse`-Klasse

Die Implementierung besteht im Wesentlichen aus der Bereitstellung von zwei privaten Feldern `x` und `y` sowie den zugehörigen Eigenschaften mit einem `get`- und einem `set`-Accessor.

```
public class Mouse {

  private int x;

  public int X {
    get {
      return x;
    }
    set {
      x = value;
    }
  }

  private int y;

  public int Y {
    get {
      return y;
    }
    set {
      y = value;
    }
  }

}
```

Mit der Anweisung

```
mouse = new Mouse();
```

erschaffen wir einen Ort für einen Mauszeiger mit der gegenwärtigen Position auf dem Formular.

8.1.3 Einen abstrakten Raum gestalten

Damit wir nicht unnötig oft auf die Eigenschaften der Casino-Klasse zugreifen müssen, führen wir einige Felder in der abstrakten Room-Klasse für die einzelnen Räume im Schloss ein.

Bild 8.4:
UML-Diagramm
der Room-Klasse

Room
casino: Casino # notebook: Notebook # imageLoader: ImageLoader # soundPlayer: SoundPlayer # screen: Graphics # buttonFlag: Flag # cursorFlag: Flag + Mouse: Mouse
«constructor» + Room(Casino) «method» + *Init()* # Activate(int, bool) # *Animate()* # HandCursor(bool) + *MouseMoved()* + *MousePressed()*

Der Konstruktor erhält eine Referenz zum Casino, um die Felder notebook, imageLoader, soundPlayer und screen zu initialisieren. Das Feld casino steht zur Verfügung, weil es in der HandCursor-Methode benötigt wird.

```
public Room(Casino casino) {
  this.casino = casino;
  notebook = casino.Notebook;
  imageLoader = casino.ImageLoader;
  soundPlayer = casino.SoundPlayer;
  screen = casino.Screen;
  buttonFlag = new Flag(49);
  cursorFlag = new Flag(49);
  mouse = new Mouse();
}
```

Beim Einbau von Räumen ins Schloss müssen wir in der Casino-Klasse lediglich die Methoden Init, MouseMoved und MousePressed aufrufen. Die anderen Methoden sind geschützt, damit sie an die Unterklassen vererbt werden.

Methode	Bedeutung
Init	den Raum initialisieren, also zum Beispiel Bilder laden
Activate	einen bestimmten Bereich bei true aktivieren und bei false deaktivieren
Animate	die Animation starten und auf Mausereignisse warten
HandCursor	den Mauszeiger beim Wert true in eine Hand und beim Wert false in den standardmäßigen Pfeil ändern
MouseMoved	reagieren, wenn sich der Mauszeiger über das Formular bewegt
MousePressed	reagieren, wenn der Spieler auf eine Maustaste drückt

Die Mouse-Eigenschaft erhält nur einen get-Accessor, um den Wert des Feldes mouse zurückzugeben.

```
protected Mouse mouse;

public Mouse Mouse {
  get {
    return mouse;
  }
}
```

Die abstrakten Methoden haben noch keine Anweisungen in ihren Rümpfen, sodass ein Semikolon hinter ihren Deklarationen steht.

```
public abstract void Init();

protected abstract void Animate();

public abstract void MouseMoved();

public abstract void MousePressed();
```

Wenn wir einen bestimmten Bereich aktivieren oder deaktivieren, ändert sich der Wert auf dem zugehörigen Platz in cursorFlag.

```
protected virtual void Activate(int index, bool value) {
  cursorFlag.SetFlag(index, value);
}
```

Die Activate-Methode ist virtuell, weil sie in den Unterklassen von Room durch Überschreiben noch ergänzt wird.

Die Cursor-Klasse im Namensraum System.Windows.Forms ist für das Bild zuständig, das zur Darstellung des Mauszeigers auf dem Bildschirm zum Einsatz kommt.

Bild 8.5:
UML-Diagramm der
Cursor-Klasse

Cursor
+ <u>Current: Cursor</u>

Eine Änderung der statischen Current-Eigenschaft beeinflusst das Aussehen des Mauszeigers. In der Cursors-Klasse im gleichen Namensraum finden wir eine Sammlung mit mehreren Mauszeigern.

Auf die Mauszeiger-Klassen achten

Verwechseln Sie die Cursor-Klasse nicht mit der Cursors-Klasse. Mit dem Feld Current in Cursor legen Sie ein Bild für den aktuellen Mauszeiger fest. Mithilfe der Eigenschaften in Cursors identifizieren Sie ein bestimmtes Bild.

Für den standardmäßigen Mauszeiger, der wie ein Pfeil aussieht, ist die Default-Eigenschaft und für eine Hand die Hand-Eigenschaft in Cursors zuständig.

Bild 8.6:
UML-Diagramm der
Cursors-Klasse

Cursors
+ <u>Default: Cursor</u>
+ <u>Hand: Cursor</u>

Wenn wir einen aktivierten Bereich im Casino mit der Maus betreten oder verlassen, muss sich der Zeiger entsprechend ändern.

```
protected void HandCursor(bool b) {
  if (b) {
    Cursor.Current = Cursors.Hand;
  } else {
    Cursor.Current = Cursors.Default;
  }
}
```

Abhängig vom übergebenen Wahrheitswert erhält die statische Eigenschaft Current eine Hand oder einen Pfeil als Mauszeiger.

8.1.4 Das Spielschloss als erster Raum

In der Übungsaufgabe in Abschnitt 4.4 ist das Arbeitsblatt *Castle5.ws* mit allen Animationen des Schlosses entstanden. In Kapitel 7 haben wir die Anweisungen bereits in die Animation_Start-Methode der Casino-Klasse hineingeschrieben. Nun soll dieser Quellcode in die Castle-Klasse kommen, die von Room abgeleitet ist und den ersten konkreten Raum im Spielcasino darstellt.

Beim Konstruktor rufen wir mithilfe des base-Zusatzes den Konstruktor in der Room-Klasse auf, an den der Parameter casino weitergeleitet wird.

```
public Castle(Casino casino) : base(casino) {
}
```

In der Init-Methode malen wir den landschaftlichen Hintergrund und das Schloss mit dem Kliff.

```
public override void Init() {
  imageLoader.LoadImage("Background.gif");
  for (int i = 0; i < 25; i++) {
    screen.DrawImage(imageLoader.GetImage(), i * 20, 0);
  }
  imageLoader.LoadImage("Castle.gif");
  screen.DrawImage(imageLoader.GetImage(), 299, 61);
  imageLoader.LoadImage("Cliff.gif");
  screen.DrawImage(imageLoader.GetImage(), 259, 246);
  casino.Refresh();
  Animate();
}
```

Am Ende frischen wir die grafische Ausgabe des Casinos auf und fahren mit der Animate-Methode fort.

```
protected override void Animate() {
  Activate(0, true);
  imageLoader.LoadImage("Background.gif");
  for (int i = 0; i < 25; i++) {
    screen.DrawImage(imageLoader.GetImage(), i * 20, 0);
  }
```

```
<weitere Anweisungen>
Random random = new Random();
while (!buttonFlag.GetFlag(0)) {
  if (random.NextDouble() < 0.05) {
    soundPlayer.Play("Thunder.wav");
  }
  <weitere Anweisungen>
  casino.Refresh();
  Casino.Snooze(4);
}
Activate(0, false);
soundPlayer.Stop("Wind.wav");
}
```

Die meisten Anweisungen sind bereits aus der Animation_Start-Methode der Casino-Klasse aus Kapitel 7 bekannt, die nun in die Animate-Methode gekommen sind. Durch die Verschiebung müssen wir daran denken, Refresh(); durch casino.Refresh(); und Snooze(4) durch Casino.Snooze(4); zu ersetzen.

Sehr wichtig ist, dass im while-Kopf nicht mehr true, sondern die Bedingung !buttonflag.GetFlag(0) steht. Wenn die Fahne mit dem Index 0 im Feld buttonFlag flattert, liefert der Ausdruck buttonflag.GetFlag(0) den Wert true und der Spieler hat auf das Portal des Schlosses geklickt. Der negierte Ausdruck mit dem vorangestellten Ausrufezeichen hat folglich den Wert false, sodass die Animate-Methode endet. Solange der Spieler noch nicht auf das Portal geklickt hat, wird die while-Schleife wiederholt.

Der Operator ! führt eine Negation von Wahrheitswerten durch.

Wert von x	Wert von !x
true	false
false	true

In Kürze begegnen uns noch weitere Operatoren zur Verarbeitung von Wahrheitswerten.

8.1.5 Einen Raum ins Casino einbauen

In der Casino-Klasse führen wir das Feld room für einen Raum ein, das in allen Methoden sichtbar ist.

```
private Room room;
```

In der while-Anweisung der Animation_Start-Methode erschaffen wir das Schloss als ersten Raum. Über die Init-Methode startet die Animation. Wenn der Spieler auf das Tor klickt, wird die Umgebung zur Ausführung des Programms heruntergefahren, was zum sofortigen Programmende führt. In Kapitel 9 fahren wir anstelle dieser Anweisung damit fort, den Spieler zu begrüßen.

```
private void Animation_Start() {
  while (true) {
    room = new Castle(this);
    room.Init();
    Environment.Exit(0);
  }
}
```

8.2 Mausereignisse verarbeiten

In jedem C#-Programm mit einer grafischen Benutzeroberfläche gibt es zusätzlich zu den Strängen, die wir selbst starten, noch einen weiteren Strang, der zum Beispiel für die Auffrischung der Oberfläche und die Reaktion auf Ereignisse verantwortlich ist.

8.2.1 Einen rechteckigen Bereich aktivieren

Am Anfang der Animate-Methode steht die Anweisung

```
Activate(0, true);
```

zur Aktivierung des Tores. An ihrem Ende wird es deaktiviert.

```
Activate(0, false);
```

Der rechteckige Torbereich liegt zwischen den x-Koordinaten 329 und 352 und den y-Koordinaten 238 und 265.

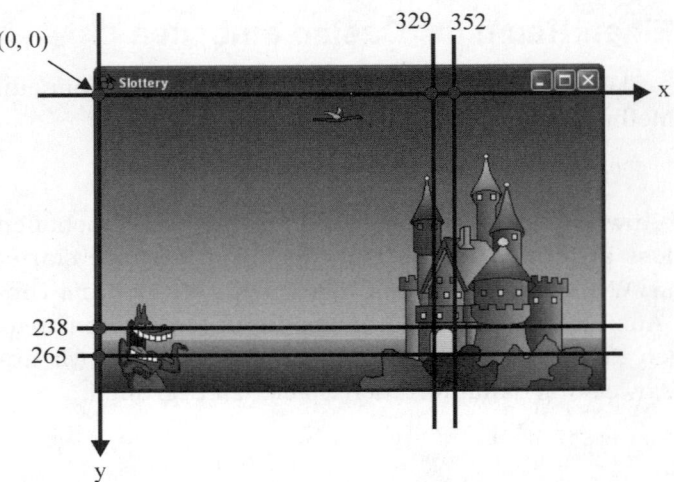

Beim Aktivieren oder Deaktivieren eines Bereichs überprüfen wir, ob sich der Mauszeiger darin befindet.

```
protected override void Activate(int index, bool value) {
  base.Activate(index, value);
  int x = mouse.X;
  int y = mouse.Y;
  if (329 <= x && x <= 352 && 238 <= y && y <= 265) {
    HandCursor(value);
  }
}
```

Mit den Operatoren & (Und), | (Oder), && (doppeltes Und), || (doppeltes Oder) können wir mehrere Bedingungen miteinander verknüpfen.

Wert von x	Wert von y	Wert von x & y	Wert von x	y
false	false	false	false
false	true	false	true
true	false	false	true
true	true	true	true

Wenn x den Wert false hat, erhalten wir bei x & y unabhängig vom tatsächlichen Wert von y den Wert false. Wenn x den Wert `true` hat, erhalten wir bei `x | y` unabhängig vom tatsächlichen Wert von `y` den Wert `true`. Aus diesem Grund gibt es noch die verdoppelten Operatoren `&&` und `||`, bei denen der Ausdruck `y` nicht mehr ausgewertet wird, wenn `x` bereits einen bestimmten Wert hat.

Wert von x	Wert von y	Wert von x && y
false	wird nicht ausgewertet	false
false	wird nicht ausgewertet	false
true	false	false
true	true	true

Wert von x	Wert von y	Wert von x || y
false	false	false
false	true	true
true	wird nicht ausgewertet	true
true	wird nicht ausgewertet	true

Tabelle 8.5:
Die Wirkung der verdoppelten logischen Operatoren

Um zu untersuchen, ob sich der Mauszeiger im Torbereich befindet, werten wir den Ausdruck

```
329 <= x && x <= 352 && 238 <= y && y <= 265
```

aus. Wenn die x-Koordinate kleiner als 329 ist, liefert `329 <= x` den Wert `false`. Wegen des verdoppelten Operators `&&` ist es nicht mehr nötig, die anderen drei Bedingungen zu überprüfen, so dass Zeit bei der Ausführung gespart wird. Nur wenn alle vier Bedingungen den Wert `true` liefern, ist das Endergebnis `true` und der Mauszeiger befindet sich im Torbereich.

In *C#* werden Ausdrücke mit mehreren Operatoren häufig von links nach rechts ausgewertet. Zum Beispiel wird `1 + 2 + 3` als `(1 + 2) + 3` berechnet. Wenn verschiedene Operatoren vorkommen und keine Klammern gesetzt sind, müssen wir beachten, welche Operation zuerst ausgeführt wird. Zum Beispiel wird `1 + 2 * 3` nicht als $(1 + 2) * 3$, was 9 ergibt, sondern als $1 + (2 * 3)$, was 7 ergibt, betrachtet, weil die Multiplikation eine höhere Priorität als die Addition hat. Die Operatoren ++ und -- haben die höchste und der Operator = die niedrigste Priorität.

Operator	Bedeutung
++, --	eine Zahl um 1 erhöhen oder erniedrigen
!, +, -	einen Wahrheitswert negieren, das Vorzeichen einer Zahl ändern
*, /	zwei Zahlen multiplizieren oder dividieren
+, -	zwei Zahlen addieren oder subtrahieren
<, <=, >=, >	zwei Zahlen anordnen
==, !=	zwei Wahrheitswerte oder zwei Zahlen vergleichen
&	logisches Und
|	logisches Oder
&&	verdoppeltes Und
||	verdoppeltes Oder
=	einer Variablen einen Wert zuweisen

Weil der Operator <= eine höhere Priorität als && hat, wird der Ausdruck

```
329 <= x && x <= 352 && 238 <= y && y <= 265
```

wie der Ausdruck

```
(((329 <= x) && (x <= 352)) && (238 <= y)) && (y <= 265)
```

behandelt.

Wenn sich der Mauszeiger im Torbereich befindet, ändern wir ihn mit der Anweisung

```
HandCursor(value);
```

in eine Hand.

8.2.2 Passende Methoden für Mausereignisse überschreiben

Die Control-Klasse enthält bereits einige geschützte Methoden zur Reaktion auf Mausereignisse, die wir in Unterklassen überschreiben dürfen, um ein eigenes Verhalten festzulegen.

Control
«method»
OnMouseDown(MouseEventArgs)
OnMouseEnter(MouseEventArgs)
OnMouseLeave(MouseEventArgs)
OnMouseMove(MouseEventArgs)
OnMouseUp(MouseEventArgs)

Bild 8.8:
UML-Diagramm der
Control-Klasse

Methode	Bedeutung
OnMouseDown	reagieren, wenn eine Maustaste gedrückt wird
OnMouseEnter	reagieren, wenn der Mauszeiger das Steuerelement berührt
OnMouseLeave	reagieren, wenn der Mauszeiger das Steuerelement verlässt
OnMouseMove	reagieren, wenn sich der Mauszeiger bewegt
OnMouseUp	reagieren, wenn eine Maustaste losgelassen wird

Tabelle 8.7:
Einige Methoden
zur Reaktion auf
Mausereignisse

Die Koordinaten des Ortes, bei dem ein Mausereignis aufgetreten ist, erhalten wir mit den Eigenschaften X und Y in der MouseEventArgs-Klasse im Namensraum System.Windows.Forms.

MouseEventArgs
+ X: int
+ Y: int

Bild 8.9:
UML-Diagramm der
MouseEventArgs-
Klasse

In der Casino-Klasse überschreiben wir die Methoden OnMouseDown und OnMouseMove.

Wenn der Spieler den Mauszeiger über den Bildschirm bewegt, teilen wir der Mouse-Eigenschaft im gegenwärtigen Raum room die

Koordinaten des Ereignisses mit und rufen die `MouseMoved`-Methode des Raumes auf.

```
protected override void OnMouseMove(MouseEventArgs e) {
  room.Mouse.X = e.X;
  room.Mouse.Y = e.Y;
  room.MouseMoved();
  base.OnMouseMove(e);
}
```

Wenn der Spieler auf eine Maustaste drückt, kommt es zur Ausführung der Anweisungen in der `MousePressed`-Methode im gegenwärtigen Raum room.

```
protected override void OnMouseDown(MouseEventArgs e) {
  room.MousePressed();
  base.OnMouseDown(e);
}
```

Wichtig ist, dass wir am Ende noch die ursprüngliche Version der überschriebenen Methode aufrufen, damit die notwendigen Anpassungen in der Oberklasse durchgeführt werden.

8.2.3   Im Schloss auf Ereignisse reagieren

Die Anweisungen in den Methoden `OnMouseDown` und `OnMouseMove` wirken auf den gegenwärtigen Raum room. Die `Animation_Start`-Methode in der `Casino`-Klasse erschafft zurzeit nur einen Raum des Typs `Castle` für das Spielschloss. In Kapitel 9 wirken die beiden Methoden zur Reaktion auf Mausereignisse auch auf die anderen Räume, die in der Tabelle 8.1 aufgelistet sind.

In der `MouseMoved`-Methode der `Castle`-Klasse testen wir, ob der Mauszeiger einen aktivierten Bereich betreten oder verlassen hat und ändern dementsprechend sein Aussehen.

```
public override void MouseMoved() {
  int x = mouse.X;
  int y = mouse.Y;
  bool b = false;
  if (cursorFlag.GetFlag(0) && 329 <= x && x <= 352
      && 238 <= y && y <= 265) {
    b = true;
  }
```

```
  HandCursor(b);
}
```

Der Wert von `cursorFlag.GetFlag(0)` entscheidet darüber, ob der Torbereich aktiviert oder deaktiviert ist. Beim aktivierten Zustand wird die Fahne mit dem Index 0 im `buttonFlag` gehisst, sobald der Spieler eine Maustaste im Torbereich drückt.

```
public override void MousePressed() {
  int x = mouse.X;
  int`y = mouse.Y;
  if (329 <= x && x <= 352 && 238 <= y && y <= 265) {
    buttonFlag.SetFlag(0, true);
  }
}
```

Die `while`-Anweisung in der `Animate`-Methode läuft unabhängig vom Strang zur Ereignisverarbeitung ab und endet nun automatisch, weil die Bedingung `!buttonFlag.GetFlag(0)` den Wert `false` liefert.

9 Vom Kassierer bis zur Slotmaschine

Bisher wurden die Grundlagen für viele allgemeine Funktionen im Casino diskutiert. In diesem Kapitel wollen wir die restlichen Räume ohne die Registrierung von Spielern fertig stellen, was in den zusätzlichen Dokumenten auf der Homepage zu diesem Buch nachgeholt wird. Der Quellcode der einzelnen Räume, insbesondere der Slots, besteht aus etlichen Zeilen. Damit der Umfang dieses Kapitels nicht explodiert, beschränken wir uns auf die Beschreibung ihrer wesentlichen Funktionen mit Schnappschüssen vom Bildschirm. Hierbei tauchen noch weitere Eigenschaften von *C#* auf, die uns bisher noch nicht begegnet sind.

9.1 Von Raum zu Raum wandern

Um im Casino von einem Raum in einen anderen zu gelangen, bauen wir eine `switch`-Anweisung in die `Animation_Start`-Methode der `Casino`-Klasse ein.

9.1.1 Mehrere Fälle unterscheiden

Eine `switch`-Anweisung dient dazu, mehrere Fälle zu unterscheiden. Sie hat den allgemeinen Aufbau

```
switch (<Ausdruck eines bestimmten Typs>) {
  <Anweisungen>
}
```

Als Typen für den Ausdruck im `switch`-Kopf sind zum Beispiel `int`, `char` und `string` erlaubt. Zwischen die Anweisungen im `switch`-Rumpf können wir `case`-Marken einstreuen.

```
case <Wert des festgelegten Typs>:
```

Es gibt auch eine `default`-Marke.

```
default:
```

Bei einer `switch`-Anweisung wird zuerst der Ausdruck im Kopf ausgewertet. Wenn es eine `case`-Marke gibt, die zum erhaltenen Ergebnis passt, geht es mit den Anweisungen hinter dieser Marke los.

Mit der `break`-Anweisung

```
break;
```

oder der `goto`-Anweisung

```
goto <Wert des festgelegten Typs>;
```

lässt sich die `switch`-Anweisung beenden oder bei einer anderen Marke fortsetzen. Am Ende jedes Falles muss eine `break`- oder `goto`-Anweisung stehen. Ein Durchfallen des Flusses bis zum Ende des `while`-Rumpfes, was die ungebremste Abarbeitung sämtlicher Anweisungen in allen weiteren Fällen zur Folge hat, ist also nicht möglich.

Wenn es keinen passenden Fall gibt, geht es mit den Anweisungen hinter der `default`-Marke weiter, sofern sie existiert.

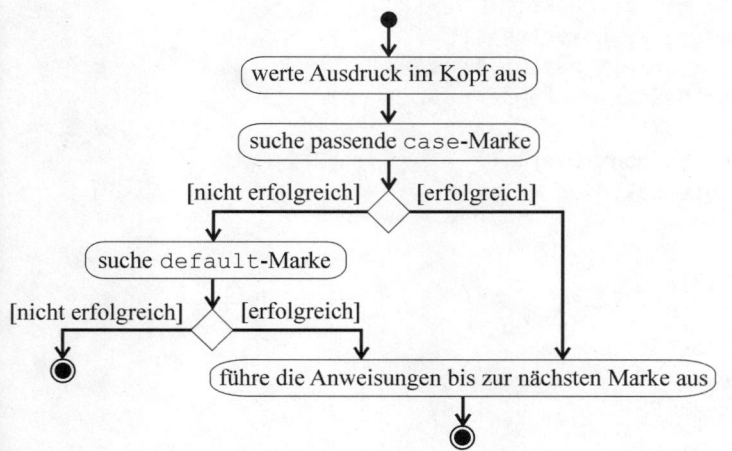

Bild 9.1:
Flussdiagramm für die `switch`-Anweisung

In der `Casino`-Klasse führen wir das Feld

```
private int state = 1;
```

ein, um festzuhalten, in welchem Raum der Spieler zurzeit ist.

In der unendlichen while-Schleife in der Animation_Start-Methode begeben wir uns in den Raum, der durch state gekennzeichnet ist. Zum Beispiel sind wir beim Wert 1 vor dem Spielschloss, beim Wert 2 im Foyer und beim Wert 3 an der Kasse. Im folgenden Ausschnitt sind nur die Fälle Castle und Foyer aufgeführt.

```
while (true) {
  switch (state) {
    case 1:
      soundPlayer.Clear();
      Mouse temp = null;
      if (room != null) {
        temp = room.Mouse;
      }
      room = new Castle(this);
      if (temp != null) {
        room.Mouse.X = temp.X;
        room.Mouse.Y = temp.Y;
      }
      room.Init();
      state = 2;
      Snooze(32);
      break;
    case 2:
      soundPlayer.Clear();
      temp = room.Mouse;
      room = new Foyer(this);
      room.Mouse.X = temp.X;
      room.Mouse.Y = temp.Y;
      room.Init();
      if (notebook.Over) {
        notebook.Over = false;
        state = 1;
      } else {
        state = 3;
      }
      Snooze(32);
      break;
    <weitere Fälle>
  }
}
```

Wenn sich der Spieler in einen neuen Raum begibt, muss der Ort des Mauszeigers richtig initialisiert werden. Dazu benötigen wir den Ort temp des Mauszeigers im letzten Raum.

Kurz nach dem Programmstart hat room den Wert null, weil es den letzten Raum noch nicht gibt. Daher testen wir im Fall 1, ob das Feld room bereits einen Wert hat. Wenn ein Spieler das Casino verlässt und wieder vor dem Spielschloss landet, ist der letzte Raum selbstverständlich bekannt.

Bemerkenswert ist, dass die Variable temp im Fall 2 nicht mehr deklariert wird. Die Deklarationen sind sowohl vorwärts als auch rückwärts in den anderen Fällen sichtbar.

9.1.2 Die Begrüßung im Foyer

Nach einem Klick auf das Portal des Schlosses gelangt der Spieler zur Sprachauswahl. Um Nachrichten anzuzeigen, verwenden wir die Display-Klasse aus der Übungsaufgabe in Abschnitt 5.4.

Bild 9.2:
Eine Sprache
auswählen

Wenn ein Spieler längere Zeit nicht reagiert, wird er automatisch aus dem Schloss hinausgeworfen. Dazu richten wir in der Animate-Methode die Variable wait ein. Beim Wert 50 wird die Over-Eigenschaft im Notizblock auf true gesetzt, sodass die aktuelle Sitzung vorbei ist. Mithilfe einer if-Anweisung ist die Animation beendet.

```
int wait = 0;
while (!buttonFlag.GetFlag(0) && !buttonFlag.GetFlag(1)) {
   wait++;
   <Anweisungen>
   if (wait == 50) {
      notebook.Over = true;
      break;
   }
}
<Anweisungen>
```

```
if (notebook.Over) {
  return;
} else if (buttonFlag.GetFlag(0)) {
  notebook.Language = 'E';
} else if (buttonFlag.GetFlag(1)) {
  notebook.Language = 'D';
}
```

Im Fall 2 der `Animation_Start`-Methode erreicht das Casino den Zustand 1 oder 3, sodass der Spieler zum Schloss oder zum Kassierer gelangt.

```
if (notebook.Over) {
  notebook.Over = false;
  state = 1;
} else {
  state = 3;
}
```

Nachdem der Spieler seine Sprache eingestellt hat, identifiziert er sich über MEMBER oder betritt das Casino über GUEST. Wer Mitglied werden möchte, muss sich zunächst im SLOT CLUB registrieren.

Bild 9.3:
Das Casino als Gast
oder als registriertes
Mitglied betreten

In diesem Kapitel können Sie nur als Gast an den Slots spielen, weil die Möglichkeit zur Registrierung erst in den zusätzlichen Dokumenten auf der Homepage zu diesem Buch eingebaut wird. Beim Betreten des Casinos als Mitglied muss der PC mit dem Internet verbunden sein. Die Einsätze, Gewinne und Bonuspunkte werden dann in einem Konto auf einem fremden Rechner im Internet festgehalten. Je mehr Mitglieder an den Slots spielen und je höher ihre Einsätze sind, umso schneller wächst der Jackpot.

Beim Betreten des Casinos als Mitglied müssen der Benutzername und ein Passwort eingegeben werden.

```
string username = GetUsername();
Casino.Snooze(32);
string password = GetPassword(false);
```

Die Eingabe der Buchstaben des Benutzernamens erfolgt über eine spezielle Maske. Bei der deutschsprachigen Registrierung stehen noch die Zeichen Ä, Ö und Ü zur Verfügung.

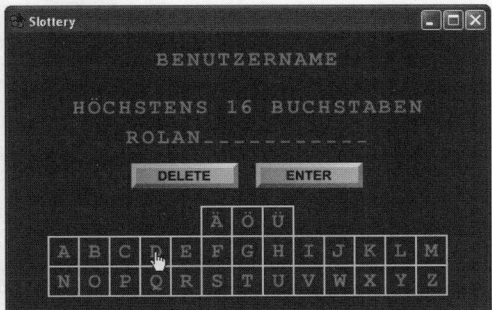

Bild 9.4:
Einen Benutzernamen
eingeben

Bei der Eingabe des Passwortes erscheint eine Ziffernmaske.

Bild 9.5:
Ein Passwort eingeben

Über DELETE können alle Buchstaben oder Ziffern komplett gelöscht werden. Nach einem Klick auf ENTER wird ein Communicator erschaffen.

```
Communicator communicator = new Communicator(notebook);
string answer = communicator.Login(username, password);
```

Er nimmt Kontakt mit dem fremden Rechner im Internet auf und führt eine Überprüfung des Passwortes durch.

Communicator
«constructor» + Communicator(Notebook) «method» + Cheque(string, string): bool + Login(string, string): string + Logout(string, string, string): bool + GetMillions(): string + Replace(string, string, string, string): bool + Sign(string, string): bool

Methode	Bedeutung
Cheque	einen Scheck einlösen
Login	einen Spieler im Casino anmelden
Logout	das Casino verlassen
GetMillions	die Höhe des angehäuften Jackpots ermitteln
Replace	das aktuelle Guthaben und die gesammelten Punkte abspeichern
Sign	einen Spieler über den Slot-Club registrieren

Die Methoden in der Communicator-**Klasse sind erst in den zusätzlichen Dokumenten auf der Homepage zu diesem Buch sinnvoll gefüllt. Zurzeit zeigen sie nur ein Standardverhalten, zum Beispiel**

```
public string Login(string username, string password) {
  return "*";
}Eigentlich liefert die Login-Methode die aktuellen Benut-
zerdaten. Wenn ein Sternchen zurückgegeben wird, ist etwas
schief gelaufen und der Spieler muss das Casino sofort ver-
lassen.

if (answer.Equals("*")) {
  notebook.Over = true;
  return;
} else {
  notebook.Username = username;
  notebook.Password = password;
  string[] tokens = answer.Split(new char[] {'*'});
  notebook.Balance = Int32.Parse(tokens[4]);
```

```
notebook.Points = Int32.Parse(tokens[5]);
notebook.Sessions = 0;
notebook.DollarsFlag = false;
notebook.Registration = true;
Welcome(answer);
}
```

Mithilfe der `Split`-Methode zerlegen wir eine Zeichenkette in einzelne Teile. Die `Login`-Methode liefert die Benutzerdaten in der Form

`"username*password*visits*cheques*balance*points"`

Gespeichert werden somit der Benutzername (`username`), das Passwort (`password`), die Anzahl der bisherigen Besuche im Casino (`visits`), die Anzahl der eingelösten Schecks (`cheques`), das Guthaben (`balance`) und die Bonuspunkte (`points`).

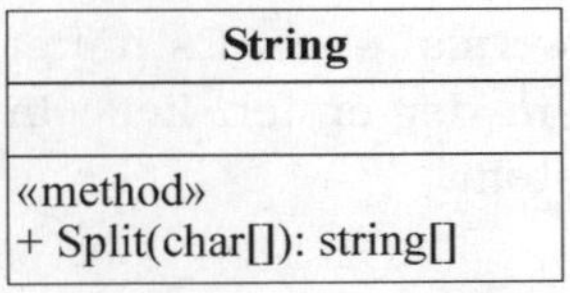

String
«method» + Split(char[]): string[]

Bild 9.7:
UML-Diagramm der
`String`-Klasse

Die `Split`-Methode verlangt eine Aufstellung mit Zeichen als Grenzpfosten. Bezüglich dieser Zeichen wird die Zeichenkette aufgespalten und die Einzelteile werden als Aufstellung des Typs `string[]` zurückgegeben. Die Grenzpfosten sind hierin nicht enthalten.

Weil die Zeichenkette mit der Benutzerinformation bezüglich der Sternchen aufgespalten werden soll, übergeben wir die Aufstellung `new char[] {'*'}` als Parameter.

`string[] tokens = answer.Split(new char[] {'*'});`

Wenn `answer` den Wert `"roland*35746853*17*5*1027*131"` hätte, würde `tokens` nach der Aufspaltung die Zeichenketten `"roland"`, `"35746853"`, `"17"`, `"5"`, `"1027"` und `"131"` enthalten.

Von den Benutzerdaten benötigen wir zunächst nur das Guthaben und die Punkte, sodass die ersten vier Bestandteile unbeachtet bleiben.

Wenn ein Spieler 10 Dollar gespielt hat, was 40 Spielen mit jeweils 25 Cent entspricht, erhält er einen Bonuspunkt. In richtigen Casinos können die Bonuspunkte gegen Geschenke eingetauscht werden. Mit der `Sessions`-Eigenschaft setzen wir die Anzahl der Sitzungen (40 mal 25 Cent gespielt) zunächst auf 0.

Die `DollarsFlag`-Eigenschaft sorgt für ein spezielles Fähnchen. Jeder Spieler, der sich neu registriert hat, erhält nach den ersten 100 gespielten Dollar als Bonus 50 Dollar gutgeschrieben. Wichtig ist, dass er das Casino zwischendurch nicht verlässt, sonst ist der Bonus futsch. Dieses „play $100 for free $50"-Spiel ist in heutigen Casinos ebenfalls sehr populär.

Bei der Registrierung eines neuen Spielers werden die Methoden `GetUsername` und `GetPassword` ebenfalls aufgerufen.

```
string username = GetUsername();
<Anweisungen>
   string first = GetPassword(false);
   <Anweisungen>
   string second = GetPassword(true);
```

Die Passworteingabe findet zur Sicherheit zweimal statt. Es hängt vom Wahrheitswert in `GetPassword` ab, ob in der ersten Zeile in Bild 9.5 PASSWORT oder PASSWORTBESTÄTIGUNG steht.

9.1.3   Schecks beim Kassierer eintauschen

Nach der Begrüßung muss an der Kasse zunächst ein Scheck eingetauscht werden. Registrierte Spieler haben eventuell noch ein Geldhäufchen in der Tasche. Die Schaltfläche CHEQUE wird automatisch aktiviert, wenn der Spieler pleite ist.

Bild 9.8:
Einen Scheck
eintauschen und den
Spielmodus einstellen

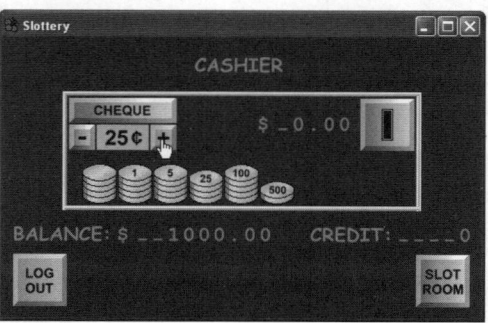

Jeder Scheck hat einen Wert von 1000 Dollar. Die Anzahl der eingelösten Schecks wird bei registrierten Spielern gespeichert, um eine vernünftige Aussage über den tatsächlichen Gewinn machen zu können.

Bevor Geld in den Schlitz rechts oben eingeworfen wird, ist der Spielmodus einzustellen. Pro Spiel darf der Spieler 25 Cent, 1, 2, 5, 10 oder 20 Dollar einsetzen.

Auf dem Geldtisch liegen so viele Münzen, wie es das aktuelle Guthaben widerspiegelt. Die silbernen Münzen im linken Stapel haben einen Wert von 25 Cent. Alle anderen Münzen sind goldfarben und zeigen den Dollarwert an.

Über die Schaltfläche LOG OUT kann der Spieler das Casino verlassen. Über SLOT ROOM gelangt er in die Halle mit den Slots. Um an den Slots spielen zu können, muss der Zähler CREDIT allerdings etwas anzeigen.

In der Cashier-Klasse sind die Anweisungen zur Ausgabe der Münzhaufen am interessantesten. Wenn auf dem Geldtisch noch 631.75 Dollar liegen, hat der Spieler 368.25 Dollar in den Schlitz eingeworfen. Weil als Spielmodus 5 Dollar eingestellt ist, werden 365 Dollar akzeptiert, was 73 Spielen (CREDIT) mit jeweils 5 Dollar entspricht. Auf dem Geldtisch liegt nun nur noch jeweils eine Münze der Sorte 5, 25, 100 und 500 Dollar.

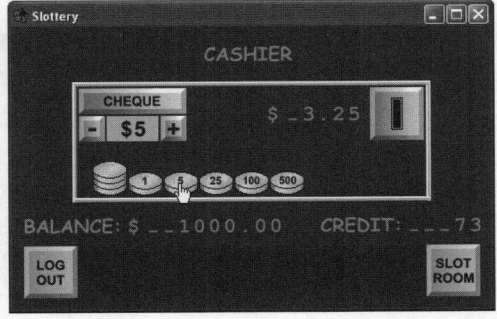

Bild 9.9:
Eine Münze mit der Maus greifen und einwerfen

Nach dem Einwurf der letzten Münze mit 5 Dollar müssen die Stapel umgeschichtet werden, damit von jeder Sorte immer eine Münze vorhanden ist.

Zunächst werden 25 Dollar in fünf 5 Dollar umgetauscht. Nun fehlt aber eine Münze mit 25 Dollar, weshalb eine Münze mit 100 Dollar gewechselt werden muss. Anschließend gibt es aber keine Münze mit 100 Dollar mehr. Der Einwurf einer Münze führt daher manchmal zu kettenartigen Umtauschaktionen.

Die Cash-Methode in der Cashier-Klasse ist für die Umschichtung der Münzhaufen verantwortlich. Für die Anzahl der Münzen in den einzelnen Haufen gibt es die Aufstellung list. Die Werte in value stellen den jeweiligen Münzwert in 25 Cent dar. Die Aufstellung limit enthält Grenzwerte, die dafür sorgen, dass jeder Haufen aus mindestens einer Münze besteht. Zum Beispiel können 20 Münzen mit jeweils 25 Cent in viermal 1 Dollar und viermal 25 Cent hingelegt werden. Bei einmal 5 Dollar wären die kleineren Haufen nicht da. Im Modus 25 Cent könnte der Spieler nun keine kleinen Münzen einwerfen.

```
private void Cash() {
  list = new int[9];
  screen.FillRectangle(new SolidBrush(
      Color.FromArgb(0, 64, 128)), 84, 129, 333, 50);
  int cash = notebook.Cash;
  int[] value = {1, 4, 20, 100, 400, 2000, 10000,
      40000, 200000};
  int[] limit = {0, 5, 25, 125, 525, 2525, 12525,
      52525, 252525};
  for (int i = 8; i >= 1; i--) {
    int counter = 0;
    while (cash - value[i] >= 1 && cash >= limit[i]) {
      cash -= value[i];
      screen.DrawImage(coin[i], 84 + i * 37,
          153 - counter * 6);
      counter++;
```

```
      list[i]++;
      }
   }
   list[0] = cash;
   for (int i = 0; i < cash; i++) {
      screen.DrawImage(coin[0], 84, 153 - i * 6);
   }
   ChangeCursor();
}
```

Die beiden Bedingungen in der `while`-Anweisung sorgen für die Umschichtung der Dollarhaufen. In der letzten `for`-Anweisung sind die Nickels dran.

Neben dem normalen Zuweisungsoperator = stellt *C#* noch erweiterte Zuweisungsoperatoren zur Verfügung. Sie kommen bei Anweisungen des Typs

```
x = x <Operator> <Ausdruck>;
```

zum Einsatz. Als Abkürzung können wir

```
x <Operator>= <Ausdruck>;
```

schreiben.

Die Anweisung

```
cash -= value[i];
```

ist als Abkürzung für

```
cash = cash - value[i];
```

gedacht. Erweiterte Zuweisungsoperatoren tauchen also auf, wenn der Wert einer Variablen geändert und das erhaltene Ergebnis wieder dieser Variablen zugewiesen werden soll.

9.1.4   Die Halle mit den Slots

In der Halle mit der `Hall`-Klasse sucht sich der Spieler einen Slot aus. Über die Schaltfläche TOUR kann er sich einen Überblick über dessen Merkmale verschaffen, zu denen zum Beispiel die Gewinntafel und die Bonusspiele gehören. Nach einem Klick auf PLAY beginnt das Spiel.

Bild 9.11:
An einem Slot spielen
oder die Demo ansehen

Der angehäufte Jackpot DEVILMILLIONS erscheint nur bei Mitgliedern, weil der PC hier online ist. Die `GetMillions`-Methode des Communicators liefert den aktuellen Stand. Um die Tausender und die Millionen besser unterscheiden zu können, fügen wir in die Zeichenkette `answer` Punkte ein. So wird aus `1234434` zum Beispiel `1.234.434`.

```
if (notebook.Registration) {
  string answer = new Communicator(notebook).GetMillions();
  string dollars = "";
  int count = 0;
  for (int i = answer.Length - 1; i >= 0; i--) {
    if (count == 3 || count == 6) {
      dollars = "." + dollars;
    }
    dollars = answer[i] + dollars;
    count++;
  }
  count = 11 - dollars.Length;
  for (int i = 1; i <= count; i++) {
    dollars = " " + dollars;
  }
  dollars = "$ " + dollars;
  display.Sketch(148, 46, dollars);
} else {
  if (notebook.Language == 'E') {
    display.Sketch(162, 46, "ONLY ONLINE");
  } else {
    display.Sketch(170, 46, "NUR ONLINE");
  }
}
```

Um den Zählerstand von hinten nach vorne aufzurollen, ermitteln wir seine Länge mit der `Length`-Eigenschaft aus der `String`-

Klasse. Zum Aneinanderhängen von Zeichenketten nutzen wir den Operator +.

In der Animate-Methode blinken die Schaltflächen TOUR und PLAY bei den Slots *BigApple* und *Hammer*. Gleichzeitig schaufelt ein Arbeiter an einem Erdhaufen, weil zwei Slots noch nicht geliefert sind. Für diese Animation sorgt die Worker-Methode, die in der while-Anweisung zweimal aufgerufen wird.

```
while (<noch keine Schaltfläche betätigt>) {
  <Anweisungen>
  Worker();
  <Anweisungen>
  Worker();
  <Anweisungen>
}
```

Als Felder in der Hall-Klasse sind ein Zähler counter des Typs int und eine Aufstellung worker des Typs Image[] mit den einzelnen Szenen der Schaufelei eingerichtet.

```
private void Worker() {
  if (counter != 8) {
    counter++;
  } else {
    counter = 0;
  }
  screen.DrawImage(worker[counter], 173, 179);
  screen.DrawImage(worker[counter], 303, 179);
}
```

Eine if-Anweisung verhindert, dass der Zähler überläuft. Nach dem neunten Bild mit dem Index 8 wird er auf 0 zurückgesetzt.

9.2   An den Slots spielen

Der größte Teil des Quellcodes des Slots *BigApple* entstand im Dezember 1997 und wurde in *Java* geschrieben. Der Slot *Hammer* kam im Februar 1998 hinzu.

Zunächst waren alle Teile der Slots in einem einzigen *Java*-Applet sichtbar, zum Beispiel die Kasse, die Walzen, der Gewinnplan und das Bonusspiel. Applets sind kleine Applikationen, die in einem rechteckigen Bereich auf Webseiten im Internet ablaufen. Allerdings beanspruchte die grafische Oberfläche einen Bildschirm mit 1024 x 768 Pixel.

Bild 9.12:
Die ursprüngliche
Version von *Hammer*

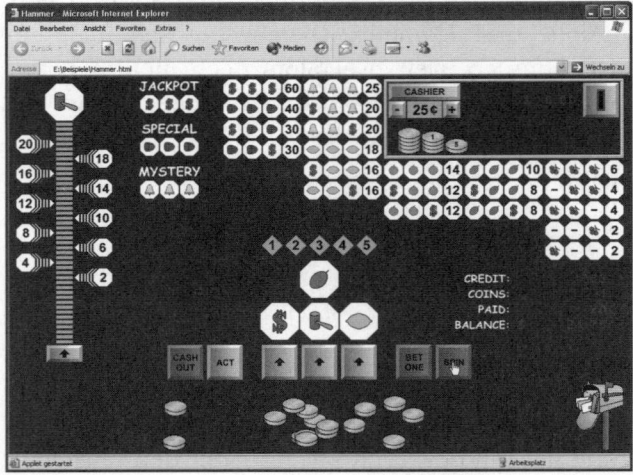

Nicht alle Anzeigegeräte sind in der Lage, so viele Pixel anzuzeigen. Fernseher haben zum Beispiel lediglich eine Bildschirmgröße von 768 x 576 Pixel. Weil das Internet in Zukunft auch interaktives Fernsehen ermöglicht, wurde die grafische Oberfläche des Casinos auf 500 x 300 Pixel verkleinert.

Die Raumstruktur in *Slottery*, die heutzutage bei vielen vernetzten Slots zu finden ist, wurde im Oktober 1998 fertig gestellt.

Einen Quellcode warten

Beim Betrachten des Quellcodes der Klassen *BigApple* und *Hammer* werden Sie an vielen Stellen sicher Ideen zur Optimierung haben. Weil erneute Testdurchläufe sehr viel Zeit in Anspruch nehmen, wurde auf eine Neustrukturierung des Quellcodes beim Übergang von der *Java*- zur *C#*-Version jedoch verzichtet. Der Spruch „never touch a running system" gilt ebenso für Software.

9.2.1 Allgemeine Sloteigenschaften

Die abstrakte Slot-Klasse ist von Room abgeleitet und enthält die gemeinsamen Eigenschaften für alle Slots.

```
          ┌──────────────┐
          │    Room       │
          └──────────────┘
                 △
                 │
   ┌─────────────────────────────────┐
   │              Slot                │
   ├─────────────────────────────────┤
   │ # display: Display               │
   │ # coinsCounter: CoinsCounter     │
   │ # paidCounter: PaidCounter       │
   │ # balanceCounter: BalanceCounter │
   │ # creditCounter: CreditCounter   │
   ├─────────────────────────────────┤
   │ «constructor»                    │
   │ + Slot(Casino)                   │
   │ «method»                         │
   │ # Check()                        │
   │ # Decrease()                     │
   │ # Demo()                         │
   │ # Dollars()                      │
   │ # Draw()                         │
   │ # Number(): int                  │
   │ # Jackpot()                      │
   │ # Paint()                        │
   │ # Payout()                       │
   │ # Select()                       │
   │ # Spin()                         │
   └─────────────────────────────────┘
```

Bild 9.13:
UML-Diagramm
der Slot-Klasse

Methode	Bedeutung
Check	überprüfen, ob die Mittellinie eine Gewinnkombination anzeigt
Decrease	die Zählerstände um den Modus multipliziert mit den gesetzten Münzen absenken
Demo	eine Tour zur Demonstration der Merkmale des Slots durchführen
Dollars	den Bonus „play $100 for free $50" abrufen
Draw	eine neue Gewinnkombination ziehen
Number	eine Zahl für ein Slotsymbol ausspielen
Jackpot	zahlreiche Gewinnkombinationen im Falle des Jackpots ausspielen

Tabelle 9.2:
Methoden in
der Slot-Klasse

Tabelle 9.2 (Forts.):
Methoden in
der Slot-Klasse

Methode	Bedeutung
Paint	die grafische Oberfläche des Slots kurz vor dem Spielstart gestalten
Payout	den Gewinn auszahlen
Select	auf eine Aktion des Spielers warten
Spin	die Walzen drehen und auf die ausgespielte Gewinnkombination einstellen

Die Methoden Decrease und Dollars können bereits implementiert werden, weil sie nur mit dem Display, den Zählern und den vererbten Feldern der Room-Klasse arbeiten. Alle anderen Methoden sind abstrakt, sodass wir sie erst in den Unterklassen von Slot mit Anweisungen füllen.

9.2.2   Eine Schnittstelle entwickeln

Bei den Slots *BigApple* und *Hammer* erhält der Spieler im Gegensatz zu realen Slots ab und zu die Möglichkeit, die Symbole auf der Mittellinie zu ändern. Bei schrillen Tönen leuchten die Zahlen von 1 bis 5 über den Walzen auf. Nach einem schnellen Klick auf die Schaltfläche Act bleibt eine Zahl erleuchtet. Mit den Pfeiltasten 🔼 und 🔽 darf der Spieler nun entsprechend oft eine Walze um ein Symbol nach oben oder nach unten drehen.

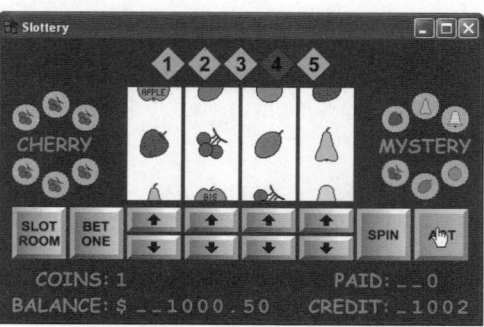

Abhängig von der ausgespielten Anzahl ergeben sich im obigen Beispiel verschiedene Gewinnmöglichkeiten.

□ Bei der Zahl 1 wird die dritte Walze von links mit der Taste 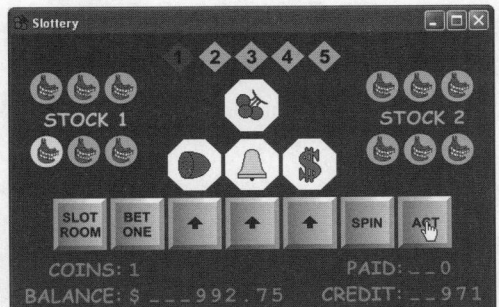 um ein Symbol nach oben gedreht. Die beiden Kirschen in der Mitte ergeben einen Punkt auf der Bonustafel CHERRY.

□ Bei der Zahl 2 wird die erste Walze zweimal mit der Taste nach unten gedreht, sodass zwei Kirschen mit einem Gewinn von 4 Münzen entstehen. Geschickter ist es jedoch, die zweite Walze zweimal mit der Taste nach oben zu drehen, um zwei Erdbeeren zu erhalten, die 10 Münzen als Gewinn bringen.

Je größer die ausgespielte Zahl ist, umso mehr Einstellmöglichkeiten gibt es. Viel Zeit zum Einstellen einer Gewinnkombination bleibt nicht. Wenn der Spieler zu langsam kombiniert, wird die Anzahl automatisch heruntergestuft.

Auch bei *Hammer* dürfen die Symbole ab und zu geändert werden.

Mit den Pfeiltasten darf der Spieler das Symbol der übergeordneten Walze auf einer der drei Walzen anzeigen. Danach wird auf der übergeordneten Walze ein neues Symbol ausgespielt. Die Anweisungen in der Hammer-Klasse könnten nun so gemein sein, immer das Symbol, das gerade ersetzt wurde, auszuspielen. Alle Symbole haben aber die gleiche Wahrscheinlichkeit.

Mit der Möglichkeit, die Symbole auf den Walzen zu ändern, gelangt der Spieler schneller an einen Jackpot. Wenn im letzten Beispiel nur zweimal das Dollarsymbol ausgespielt wird, ist der Jackpot bereits zum Greifen nahe.

Die Demo anschauen!

Über die Schaltfläche Tour können Sie sich alle Merkmale eines Slots ansehen und die Bonusspiele vorher ausprobieren. Üben Sie ruhig etwas, damit Sie sich später nicht zu oft über Ihre falschen Einstellungen ärgern.

Weil es nicht bei allen Slots vorgesehen ist, Symbole zu manipulieren, wird die zuständige Act-Methode nicht in der Slot-Klasse selbst eingerichtet. Eine Vererbung zusätzlicher Eigenschaften und Methoden ist in *C#* nur über Schnittstellen möglich.

Das Grundgerüst für eine Schnittstelle besteht aus einem Kopf mit ihrer Deklaration und einem Rumpf, in den später zum Beispiel abstrakte Methoden kommen.

```
<Deklaration der Schnittstelle> {

  <Eigenschaften>

  <Methoden>

}
```

In der Deklaration einer Schnittstelle finden wir häufig die Schlüsselworte public und interface, hinter denen ihr Bezeichner folgt. Die Mitglieder in Schnittstellen erhalten automatisch den Zusatz public, sodass wir in ihren Deklarationen hierauf verzichten können.

Der Quellcode der IAction-Schnittstelle mit der Act-Methode ist relativ einfach.

```
public interface IAction {

  void Act();

}
```

Um das Schlüsselwort public in der Deklaration von Act müssen wir uns nicht kümmern.

```
«interface»
IAction

«method»
+ Act()
```

9.2.3   Der Slot BigApple

Die BigApple-Klasse ist von Slot abgeleitet und implementiert die
IAction-Schnittstelle.

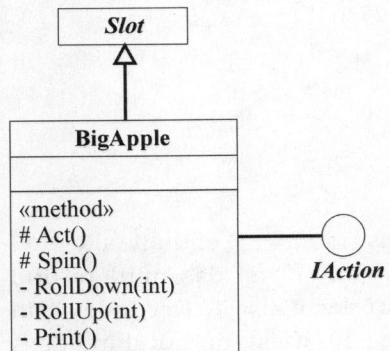

Die direkte Oberklasse und die Schnittstellen stehen in einer Liste
hinter der Klassendeklaration. BigApple hat somit die Deklaration

```
public class BigApple : Slot, IAction
```

Im Quellcode sehen wir uns an, wie die Walzen in den Methoden
Spin und Act eingestellt werden.

Den Symbolen *Kirsche*, *Pflaume*, *Orange*, *Glocke*, *Birne*, *Erdbeere*,
Apfel sind die Zahlen von 0 bis 6 zugeordnet. Die Aufstellung sym-
bol des Typs int[,] enthält die ausgespielten Symbole. Weil jede
Walze neben den ganzen Symbolen auf der Mittellinie auch halbe
Symbole anzeigt, ist die Aufstellung zweidimensional.

```
symbol = new int[4, 3];
```

Vor dem ersten Spiel erscheint auf der ersten Walze von oben nach
unten eine Birne, eine Glocke und eine Orange. In der Init-Methode stehen daher die Anweisungen

```
symbol[0, 0] = 4;
symbol[0, 1] = 3;
symbol[0, 2] = 2;
```

Die `RollDown`-Methode ändert die Symbole in `symbol` auf einer
vorgegebenen Walze, indem sie jede Zahl um 1 erhöht. Wenn der
Apfel überschritten ist, geht es mit einer Kirsche von vorne los.

```
private void RollDown(int i) {
  for (int j = 0; j <= 2; j++) {
    symbol[i, j]++;
    if (symbol[i, j] == 7) {
      symbol[i, j] = 0;
    }
  }
  screen.DrawImage(bigSymbol[symbol[i, 1], 1],
      132 + i * 60, 50);
  screen.DrawImage(bigSymbol[symbol[i, 2], 1],
      132 + i * 60, 110);
}
```

Die Aufstellung `bigSymbol` des Typs `Image[,]` enthält alle drei
Teile der sieben Slotsymbole. `symbol[i, 1]` ist das mittlere und
`symbol[i, 2]` das untere Symbol auf der Walze `i`. Der Index 1 in
`bigSymbol[<Nummer des Symbols>, 1]` weist darauf hin, dass
ganze Symbole erscheinen.

Um das Rollen der Walzen zu simulieren, arbeiten wir mit einer
Zwischeneinstellung. Bei `RollDown` wird eine Walze also um ein
halbes Symbol nach unten gedreht.

Bild 9.18:
Eine Zwischenstufe
während der
Walzendrehungen

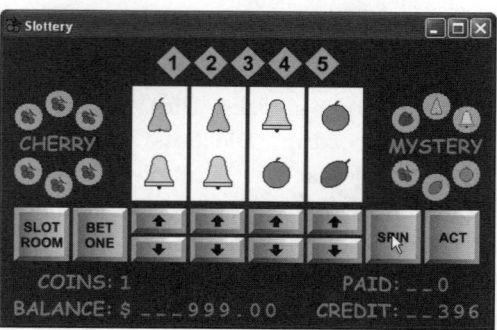

Ähnliches trifft auf die `RollUp`-Methode zu.

In der `Act`-Methode dreht der Spieler eine Walze um ein Symbol
nach oben oder nach unten. Nachdem wir den Index i der Walze

über die Lage der gedrückten Schaltfläche ermittelt haben, wird die Anweisung

```
RollUp(i);
```

oder

```
RollDown(i);
```

ausgeführt. Die Walze bewegt sich jetzt um ein halbes Symbol nach unten. Nach einem kurzen Nickerchen

```
Casino.Snooze(1);
```

erscheint die Endposition der Walze mit der Anweisung

```
Print();
```

Die `Print`-Methode malt alle vier Walzen neu.

```
private void Print() {
  for (int i = 0; i <= 3; i++) {
    screen.DrawImage(bigSymbol[symbol[i, 0], 0],
        132 + i * 60, 50);
    screen.DrawImage(bigSymbol[symbol[i, 1], 1],
        132 + i * 60, 80);
    screen.DrawImage(bigSymbol[symbol[i, 2], 2],
        132 + i * 60, 140);
  }
}
```

Die `Draw`-Methode zieht eine Gewinnkombination. Bei zwei Kirschen in der Mitte wird die Nummer des Gewinns (0), das Symbol auf der zweiten und dritten Walze (jeweils eine Kirsche mit der Nummer 0), der Gewinn (0 Münzen) und ein Fähnchen für die Bonustafel CHERRY im Notizblock eingestellt. Die `Rest`-Methode spielt die restlichen Symbole auf der ersten und vierten Walze aus, die allerdings nicht beliebig sind. Bei einer Kirsche auf der ersten Walze würde der Manager des Casinos schnell in einen Streit mit dem Spieler geraten, wie der Gewinn zu interpretieren ist.

```
protected override void Draw() {
  double d = 0.00005;
  double x = random.NextDouble();
  if (x <= 300.0 * d) {
    notebook.Identity = 0;
    notebook.Second = 0;
```

```
    notebook.Third = 0;
    notebook.Profit = 0;
    notebook.Cherry= 1;
    Rest(1, 0, 0, 1);
  <weitere Fälle für Gewinnkombinationen>
  } else {
    notebook.Profit = 0;
    Rest(1, 1, 1, 1);
  }
}
```

Die letzte Kombination ist eigentlich kein Gewinn. Hier werden alle Symbole auf den Walzen ausgespielt, wobei wir in der Rest-Methode streng darauf achten, dass nicht zufällig ein Gewinn entsteht.

Die Spin-Methode sorgt für die Drehungen der Walzen. Der Sound *Wheels.wav* für Knattergeräusche wird ständig abgespielt. In der ersten for-Anweisung drehen wir alle vier Walzen um sieben Symbole weiter. Die while-Anweisung sorgt für weitere Drehungen, bis das richtige Symbol auf der ersten Walze erscheint.

```
protected override void Spin() {
  if (notebook.Audio) {
    soundPlayer.Loop("Wheels.wav");
  }
  for (int i = 1; i <= 7; i++) {
    for (int j = 0; j <= 3; j++) {
      RollDown(j);
    }
    casino.Refresh();
    Casino.Snooze(1);
    if (i == 7 && symbol[0, 1] == notebook.First
        && notebook.Audio) {
      soundPlayer.Play("Ping.wav");
    }
    Print();
    casino.Refresh();
    Casino.Snooze(1);
  }
  while (symbol[0, 1] != notebook.First) {
    for (int j = 0; j <= 3; j++) {
      RollDown(j);
    }
    casino.Refresh();
    Casino.Snooze(1);
```

```
  if (symbol[0, 1] == notebook.First && notebook.Audio) {
    soundPlayer.Play("Ping.wav");
  }
  Print();
  casino.Refresh();
  Casino.Snooze(1);
  }
  <die restlichen drei Walzen>
  if (notebook.Audio) {
    soundPlayer.Stop("Wheels.wav");
  }
}
```

Die anderen Walzen werden nach dem gleichen Verfahren hintereinander angehalten. Zum Schluss stoppen wir noch den Sound
Wheels.wav.

9.2.4   Der Slot Hammer

In der *Hammer*-Klasse ist die Prozedur für die Ausgabe der Slotsymbole einfacher. Wir müssen keine Drehungen der Walzen simulieren, sondern die vorhergehenden Symbole lediglich mit den
neuen übermalen.

Der Spielablauf steht in der Animate-Methode. Wenn der Spieler
auf die Schaltfläche Tour geklickt hat, liefert notebook.Demo den
Wert true, sodass die Demo-Methode ausgeführt wird. Ansonsten
gestaltet Paint die grafische Oberfläche des Slots. Solange der
Spieler noch Spiele gut hat, wird auf seine Reaktion gewartet. Über
die Schaltfläche Slot Room gelangt er zur Halle mit den Slots zurück. Nach einem Klick auf Spin werden mit Decrease die Zählerstände erniedrigt, mit Draw eine neue Gewinnkombination gezogen
und mit Spin die Walzen eingestellt.

```
protected override void Animate() {
  if (notebook.Demo) {
    Demo();
  } else {
    Paint();
    Casino.Snooze(32);
    while(notebook.Credit != 0) {
      Select();
      if (buttonFlag.GetFlag(0)) {
        notebook.State = 4;
```

```
      break;
    } else if (buttonFlag.GetFlag(5)) {
      Decrease();
      Draw();
      Spin();
      if (notebook.Profit == 0
          && notebook.Hammer == false) {
        Act();
      }
      if (notebook.Hammer) {
        Push();
      }
      Payout();
      if (notebook.Paid == 0) {
        Stock();
      }
      Jackpot();
      Dollars();
    }
  }
  if (notebook.Credit == 0) {
    notebook.State = 3;
  }
}
}
```

Wenn der Spieler nichts gewonnen hat und das Hammersymbol
nicht auf der mittleren Walze steht, wird die Act-Methode aufgerufen. Bei einem Hammersymbol geht es mit dem Bonusspiel weiter, das mit Push ausgelöst wird. Anschließend findet die Gewinn-
auszahlung mit Payout statt. Wenn keine Münzen gewonnen wurden, erscheint eventuell noch der Teufel mit Stock auf der mittleren Walze und ein Punkt wandert auf eine der beiden Bonustafeln.
Zum Abschluss sieht die Jackpot-Methode nach, ob ein Jackpot
vorliegt, und Dollars sorgt für den Bonus „play $100 for free $50".
Wenn keine Spiele mehr gepielt werden können, wird der Status
des Casinos auf 3 gesetzt, sodass der Spieler automatisch beim
Kassierer landet.

Die Schaltfläche Tour erlaubt es, sich die Tafel mit den Gewinnen
des Slots anzusehen. Beim Auftreten einer Gewinnkombination
sind wir zur Erinnerung aber so nett, die Symbole und den Wert
unter den Walzen anzuzeigen. Dieser Wert wird vor der Auszahlung noch mit der Anzahl der eingesetzten Münzen multipliziert.
Im folgenden Beispiel zeigen die Walzen drei Pflaumen mit dem

Wert 10 an, sodass 30 Spiele bei einem Einsatz von 3 Münzen ausgezahlt werden.

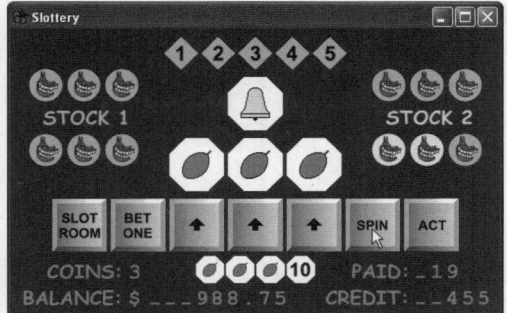

Bild 9.19:
Den Gewinn anzeigen

Beim Bonusspiel „Hau den Lukas" berücksichtigen wir den Modus, der beim Kassierer eingestellt wurde und auf den Münzen im Gewinnfach sichtbar ist.

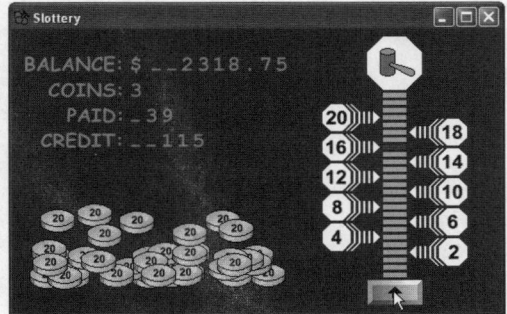

Bild 9.20:
Die Münzauszahlung
beim Bonusspiel

Durch einen erneuten Besuch der Kasse kann der Spieler schnell einen anderen Modus auswählen.

9.3 Verknüpfungen zu einem Programm anlegen

Im Ordner *slottery* auf der CD-ROM finden Sie die Datei *Links.vbs*. Sie enthält Anweisungen in *Visual Basic Script*, die vom *WSH* (*Windows Scripting Host*) ausgeführt werden. Er ist seit dem *Internet Explorer 5.0* im Betriebssystem *Windows* integriert. Die Anweisungen in der *VBS*-Datei können wir uns mithilfe des *Editors* ansehen, der nach Auswahl der Einträge ALLE PROGRAMME ♦ ZUBEHÖR ♦ EDITOR im Startmenü erscheint.

```
Links.vbs - Editor
Datei  Bearbeiten  Format  Ansicht  ?
set wshshell = CreateObject("wscript.shell")
dim location(2)
location(0) = "desktop"
location(1) = "programs"
for x = 0 to 1
  dir = wshshell.SpecialFolders(location(x))
  slottery = dir & "\slottery.lnk"
  set link = wshshell.CreateShortcut(slottery)
  set fs = CreateObject("Scripting.FileSystemObject")
  link.TargetPath = fs.GetAbsolutePathName(".") & "\slottery.exe"
  link.windowStyle = 1
  link.WorkingDirectory = fs.GetAbsolutePathName(".")
  link.Save
next
MsgBox "Die Verknüpfungen zum Programm wurden erfolgreich angelegt!"
```

Nach einem Doppelklick auf die Datei *Links.vbs* legen die Anweisungen zwei Verknüpfungen zum Programm *Slottery.exe* an – eine auf dem Desktop und eine im Startmenü. Auf diese Weise kann der Benutzer das Casino bequem starten.

Einige Virenprogramme sind sehr empfindlich, was die Ausführung von *Visual Basic Script* betrifft. *VBS*-Dateien in Anhängen von E-Mails sind eine Möglichkeit für Viren, sich auf dem Betriebssystem auszubreiten. Hierzu müssen sie aber erst vom Benutzer gestartet werden, was viele aus Neugier ohne Überlegung tun.

Der *Norton AntiVirus* hält zum Beispiel die Ausführung der Anweisungen zum Anlegen von Verknüpfungen mithilfe der Create-Shortcut-Methode sofort an. Nach Auswählen der Aktion GESAMTES SKRIPT EINMAL ZULASSEN verschwindet die Meldung wieder.

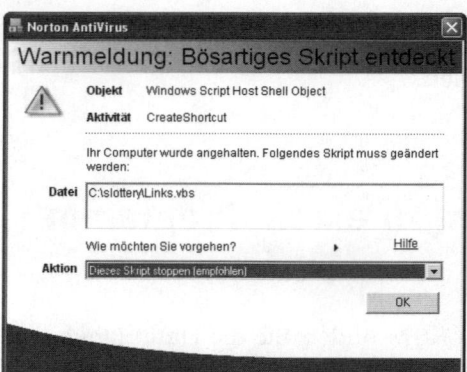

10 Grafische Benutzerober-flächen zusammenstellen

In Kapitel 9 sucht sich der Spieler während der Registrierung einen Benutzernamen und ein Passwort aus. In richtigen Casinos genügen diese Daten aber nicht. Wie ein Formular zur Aufnahme einer Adresse entsteht, wollen wir nun besprechen. In diesem Zusammenhang werfen wir auch einen Blick in die Funktion der integrierten Entwicklungsumgebung *Visual C# .NET* von *Microsoft*.

10.1 Eine Konsolenanwendung herstellen

Visual C# .NET wird über die Einträge ALLE PROGRAMME ◆ MICROSOFT VISUAL STUDIO .NET ◆ MICROSOFT VISUAL STUDIO .NET gestartet.

Bild 10.1:
Visual C# .NET
direkt nach dem Start

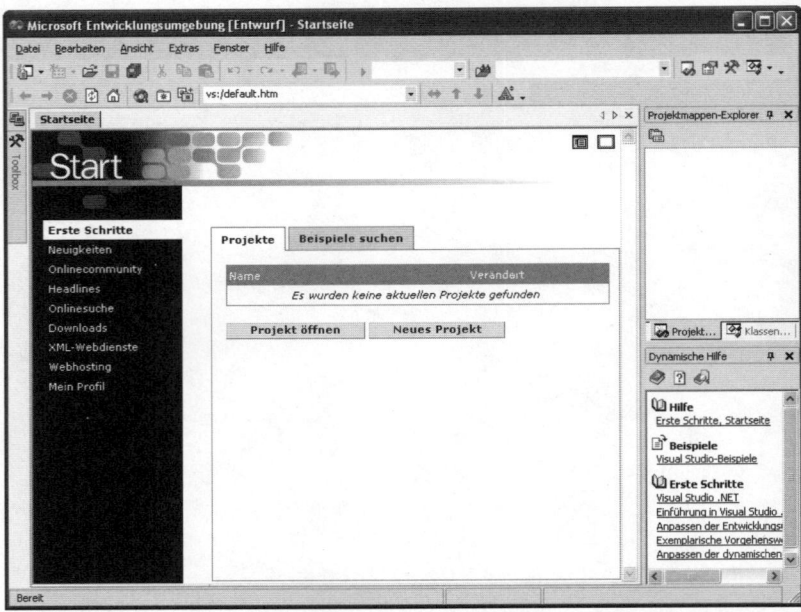

Über das Menü DATEI ◆ NEU ◆ PROJEKT erscheint ein Dialog. Hier wählen wir das Icon KONSOLENANWENDUNG aus und geben den Namen `Hallo` für das Projekt sowie den Ordner `E:\Beispiele` als Speicherort für die Dateien des Projekts an.

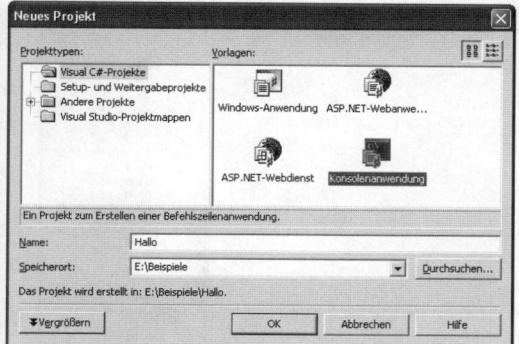

Bild 10.2:
Eine Konsolenan-
wendung auswählen

Nach einem Klick auf OK entsteht der Ordner *Hallo* in *E:\Beispiele* mit verschiedenen Dateien. Im Hauptbereich des Fensters erscheint der Quellcode des Grundgerüsts einer Applikation.

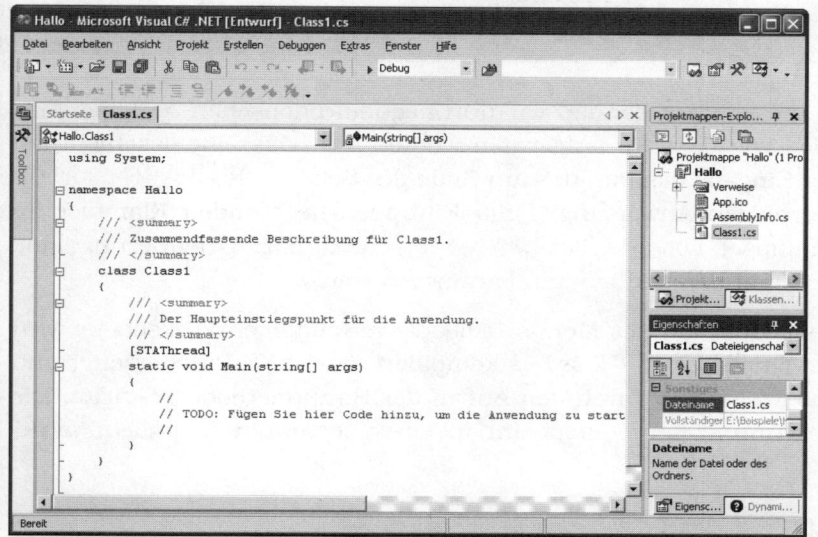

Bild 10.3:
Das Grundgerüst einer
Konsolenanwendung

An die Stelle `TODO: Fügen Sie hier Code hinzu, um die Anwendung zu starten` in der Hauptmethode kommen die Anweisungen, die bei einem Start der Konsolenanwendung ausgeführt werden sollen. Wenn wir diese Kommentarzeilen löschen und den Punkt am Ende des Quellcodeschnipsels `Console.` in der Anweisung

```
Console.Out.Write("Hallo");
```

eintippen, erscheint automatisch eine Liste mit den Methoden und Eigenschaften der `Console`-Klasse.

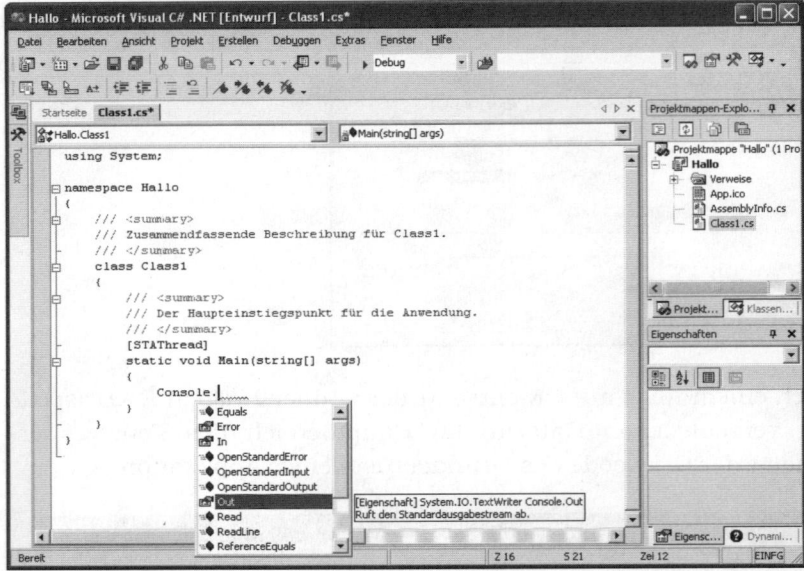

In dieser Liste können wir nun bequem nachsehen, welches Mitglied von `Console` aufgerufen werden soll. Dasselbe geschieht bei der Eingabe des Punktes am Ende des Schnipsels `Console.Out.` in der obigen Anweisung. Beim Eintippen der runden Klammer im Schnipsel `Console.Out.Write(` erscheint zur Orientierung eine Liste mit den verfügbaren Parameterlisten.

Nach Auswahl des Menüs DEBUGGEN ♦ STARTEN OHNE DEBUGGEN wird der Quellcode in *Class1.cs* kompiliert, eine *EXE*-Datei erzeugt und das Programm durch den Aufruf der Hauptmethode gestartet. Die Begrüßung `Hallo` erscheint in einer separaten *Eingabeaufforderung*.

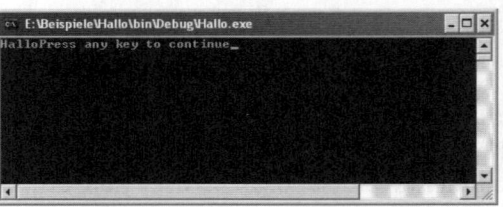

Im Ordner *E:\Beispiele\Hallo\bin\Debug* liegt das fertige Programm *Hallo.exe*.

10.2 Eine Windows-Anwendung erzeugen

Mithilfe des Menüs DATEI ◆ NEU ◆ PROJEKT wählen wir das Icon
WINDOWS-ANWENDUNG aus und geben den Namen *Address* für das
Projekt sowie den Ordner *E:\Beispiele* als Speicherort für die Da-
teien des Projekts an. Im Hauptbereich des Fensters erscheint ein
Standardformular.

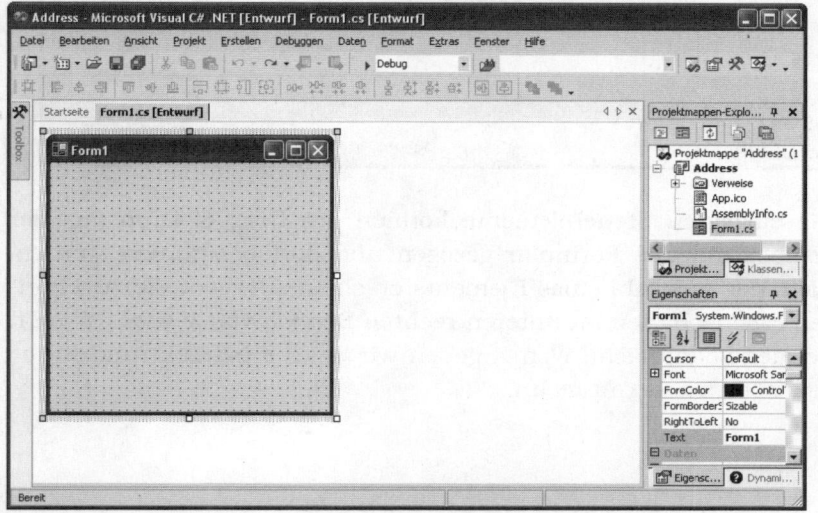

Bild 10.6:
Ein Standardformular

Durch Ziehen mit der Maus an den Rändern geben wir dem Formular eine andere Form.

Der Bereich Eigenschaften rechts unten in *Visual C# .NET* erlaubt es, die Eigenschaften des Formulars anzugeben. Im Textfeld Text geben wir `Formular` ein, damit anstelle von Form1 der Text Formular in der Titelleiste erscheint.

Am linken oberen Rand von *Visual C# .NET* gibt es die vertikale Schaltfläche Toolbox. Nach einem Klick hierauf öffnet sich ein Bereich mit den verfügbaren Steuerelementen in Formularen. Wir benötigen zur Gestaltung der Adressmaske fünf Etiketten (Adresse, Name:, Strasse:, PLZ: und Ort:), vier Textfelder (rechts neben den Etiketten Name:, Strasse:, PLZ: und Ort:) und eine Schaltfläche (Weiter).

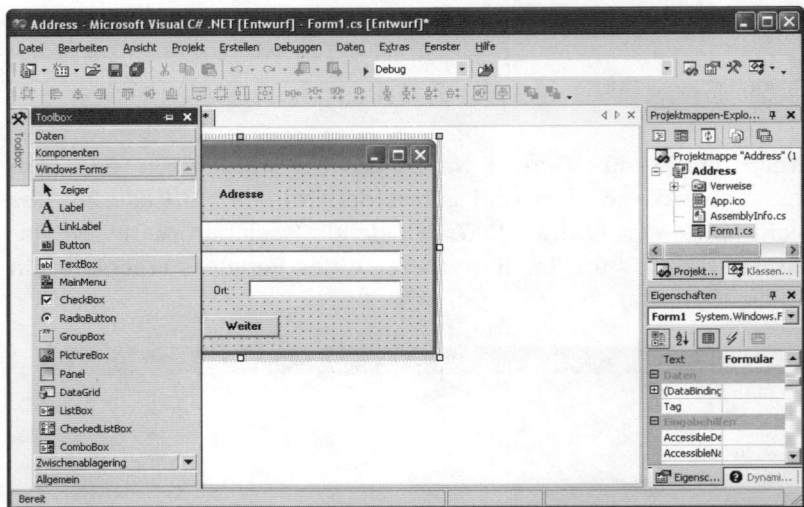

Die einzelnen Steuerelemente können per Drag & Drop aus der Toolbox auf das Formular gezogen und dort positioniert werden. Nach der Auswahl eines Elements erscheinen wieder die zugehörigen Eigenschaften im unteren rechten Bereich von *Visual C# .NET*. Bei der Schaltfläche Weiter geben wir `Weiter` bei Text und `MiddleCenter` bei TextAlign an.

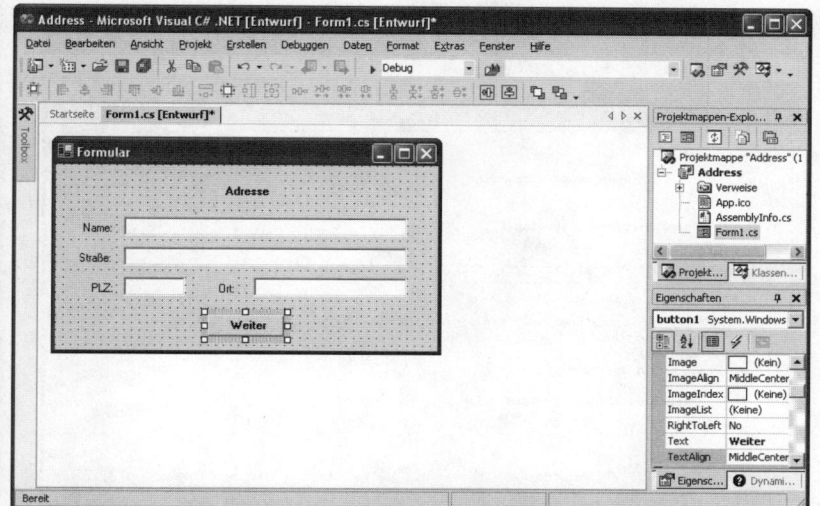

Bild 10.8:
Die Eigenschaften der
Schaltfläche einstellen

Nach Auswahl des Menüs DEBUGGEN ◆ STARTEN OHNE DEBUGGEN wird der Quellcode in *Form1.cs* kompiliert, eine *EXE*-Datei erzeugt und das Formular gestartet.

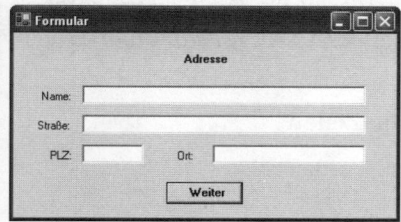

Bild 10.9:
Das Formular zur
Eingabe einer Adresse

Im Ordner *E:\Beispiele\Address\bin\Debug* liegt das fertige Programm *Address.exe*.

Mithilfe des Menüs ANSICHT ◆ CODE erscheint der Quellcode der Klasse *Form1.cs* in *Visual C# .NET*.

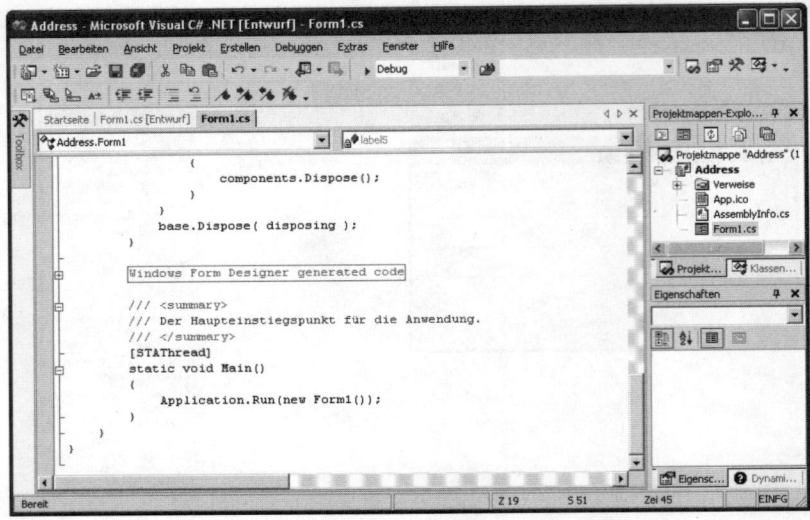

Sie hat die Deklaration

```
public class Form1 : System.Windows.Forms.Form
```

woran bereits zu erkennen ist, dass *Visual C# .NET* grundsätzlich die vollständigen Namen der Klassen des *.NET Frameworks* verwendet.

Zur Einrichtung der Felder dienen die Zeilen

```
private System.Windows.Forms.Button button1;
private System.Windows.Forms.Label label1;
private System.Windows.Forms.Label label2;
<weitere Steuerelemente>
private System.Windows.Forms.TextBox textBox3;
private System.Windows.Forms.TextBox textBox4;
```

Wir benötigen Schaltflächen (Button-Klasse), Etiketten (Label-Klasse) und Textfelder (TextBox-Klasse).

In der Hauptmethode steht die Anweisung zum Starten des Formulars.

```
static void Main() {
  Application.Run(new Form1());
}
```

Der Konstruktor ruft die InitializeComponent-Methode auf, die vom *Windows Form Designer* gestaltet wird.

```
public Form1() {
  InitializeComponent();
  // TODO: Fügen Sie den Konstruktorcode nach dem Aufruf
  // von InitializeComponent hinzu
}
```

In der Methode zur Initialisierung stehen die hauptsächlichen
Anweisungen zur Gestaltung des Formulars.

```
private void InitializeComponent() {
  this.label1 = new System.Windows.Forms.Label();
  this.label2 = new System.Windows.Forms.Label();
  this.label3 = new System.Windows.Forms.Label();
  this.label4 = new System.Windows.Forms.Label();
  this.label5 = new System.Windows.Forms.Label();
  this.button1 = new System.Windows.Forms.Button();
  this.textBox1 = new System.Windows.Forms.TextBox();
  this.textBox2 = new System.Windows.Forms.TextBox();
  this.textBox3 = new System.Windows.Forms.TextBox();
  this.textBox4 = new System.Windows.Forms.TextBox();
  this.SuspendLayout();
  //
  // label1
  //
  this.label1.Font = new System.Drawing.Font(
      "Microsoft Sans Serif", 8.25F,
      System.Drawing.FontStyle.Bold,
      System.Drawing.GraphicsUnit.Point,
      ((System.Byte)(0)));
  this.label1.Location = new System.Drawing.Point(160, 16);
  this.label1.Name = "label1";
  this.label1.Size = new System.Drawing.Size(80, 24);
  this.label1.TabIndex = 0;
  this.label1.Text = "Adresse";
```

```
this.label1.TextAlign =
     System.Drawing.ContentAlignment.MiddleCenter;
  <Anweisungen für die weiteren Steuerelemente>
  //
  // Form1
  //
  this.AutoScaleBaseSize = new System.Drawing.Size(5, 13);
  this.ClientSize = new System.Drawing.Size(400, 198);
  this.Controls.AddRange(
     new System.Windows.Forms.Control[] {this.textBox4,
     this.textBox3, this.textBox2, this.textBox1,
     this.label5, this.label4, this.label3, this.label2,
     this.button1, this.label1});
  this.Name = "Form1";
  this.Text = "Formular";
  this.ResumeLayout(false);
}
```

Sie beginnt mit der Erschaffung der Steuerelemente (fünf Etiketten, eine Schaltfläche, vier Textboxen).

Im Anschluss daran werden die Eigenschaften jedes einzelnen Steuerelements festgelegt. Bei `label1` handelt es sich um die Eigenschaften `Font`, `Location`, `Name`, `Size`, `TabIndex`, `Text` und `TextAlign`.

Bild 10.11:
UML-Diagramm
der `Label`-Klasse

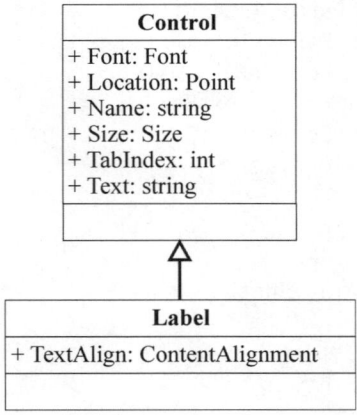

Eigenschaft	Bedeutung
Font	Zeichensatz, der für die Aufschrift verwendet wird
Location	Koordinaten der linken oberen Ecke des Steuerelements im umgebenden Container
Name	Name zur Identifizierung
Size	Breite und Höhe
TabIndex	legt die Aktivierreihenfolge der Steuerelemente fest
Text	Aufschrift
TextAlign	Ausrichtung der Aufschrift

Beim Formular Form1 handelt es sich um einen Container zur Aufnahme mehrerer Steuerelemente. Um sie hierin zu platzieren, geben wir bei jedem Element die x- und y-Koordinate der linken oberen Ecke bezüglich des Koordinatensystems des Containers mithilfe der Location-Eigenschaft sowie die Breite und die Höhe mithilfe der Size-Eigenschaft an. Die Strukturen Point und Size gehören zum Namensraum System.Drawing und kapseln die jeweiligen Informationen.

Bild 10.12:
UML-Diagramme der
Strukturen Point
und Size

Die Anweisungen

```
this.label1.Location = new System.Drawing.Point(160, 16);
this.label1.Size = new System.Drawing.Size(80, 24);
```

sorgen dafür, dass die linke obere Ecke des Etiketts label1 an dem Punkt (160, 16) im Koordinatensystem des Clientbereichs des Formulars platziert wird und das Etikett eine Größe von 80 x 24 Pixel bekommt.

Um einem Formular die Steuerelemente hinzuzufügen, gibt es die Controls-Eigenschaft.

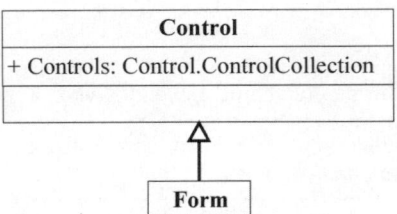

Die `Control.ControlCollection`-Klasse bietet die Methoden `Add` und `AddRange` zum Hinzufügen eines Steuerelements oder einer Aufstellung mit Steuerelementen an.

Control.ControlCollection
«method» + Add(Control) + AddRange(Control[])

Die Anweisung

```
this.Controls.AddRange(
    new System.Windows.Forms.Control[] {this.textBox4,
    this.textBox3, this.textBox2, this.textBox1,
    this.label5, this.label4, this.label3, this.label2,
    this.button1, this.label1});
```

fügt somit alle zehn Steuerelemente dem Adressformular hinzu. Obwohl es nicht nötig ist, führt *Visual C# .NET* den Zusatz `this` bei allen Feldern, Methoden und Eigenschaften auf, sodass der Täter in den Bausteinen in den Bildern 3.11 und 3.14 niemals fehlt.

Layout-Ereignisse sammeln

Es ist üblich, die `SuspendLayout`-Methode der `Control`-Klasse in einem Steuerelement aufzurufen, bevor seine Eigenschaften wie zum Beispiel `Location` und `Size` festgelegt werden, und schließlich die `ResumeLayout`-Methode aufzurufen, damit die Änderungen wirksam werden. Andernfalls werden die `Layout`-Ereignisse, die durch Anpassung einer Eigenschaft entstehen, jedes Mal abgearbeitet. Besser ist die komplette Abarbeitung dieser Ereignisse am Ende, was aber nicht zwingend erforderlich ist.

10.3 Übungsaufgabe

Im Ordner *Address* liegt die Datei *Form1.cs*. Entwickeln Sie das Formular mit der Adresse nun auf eigene Faust, indem Sie die Anweisungen zur Gestaltung der Steuerelemente per Copy & Paste in eine eigene Klasse kopieren. Verzichten Sie auf vollständige Bezeichner bei Klassennamen, auf die zahlreichen this-Zusätze und auf die kurzzeitige Entmachtung der Layout-Ereignisse.

Eine Lösung zu dieser Aufgabe finden Sie in der Datei *Address1.cs*.

10.4 Auf Ereignisse bei Steuerelementen reagieren

In der Casino-Klasse haben wir die Methoden OnMouseMove und OnMouseDown überschrieben, um auf Bewegungen des Mauszeigers und auf das Drücken einer Maustaste zu reagieren. Diese Vorgehensweise war möglich, weil diese Methoden in Control enthalten sind und Casino von Form und damit indirekt von Control abgeleitet ist.

In der Address1-Klasse können wir nicht so einfach auf Mausklicks reagieren, weil die jeweiligen Steuerelemente sie kompensieren. Wenn der Benutzer zum Beispiel auf die Schaltfläche WEITER drückt, wird die OnMouseDown-Methode dieses Steuerelements aufgerufen. Wir haben aber keine eigene Klasse für Schaltflächen aufgebaut, sodass es keine Chance gibt, in ihren Quellcode einzudringen. Aus diesem Grund bietet die Control-Klasse zahlreiche Ereignisse zum Hinzufügen eines Delegaten an.

Control
+ Click: EventHandler

Bild 10.15:
UML-Diagramm der
Control-Klasse

Bei unserem Adressformular soll die Schaltfläche WEITER auf das Click-Ereignis (mit der Maustaste auf ein Steuerelement klicken oder mithilfe der Tabulatortaste ⊞ zur Schaltfläche wandern und die Entertaste ⏎ betätigen) reagieren.

Der `EventHandler`-Delegat gehört zum Namensraum `System`.

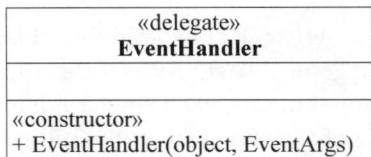

«delegate» **EventHandler**
«constructor» + EventHandler(object, EventArgs)

Um ein Steuerelement für ein bestimmtes Ereignis empfänglich zu machen, fügen wir ihm mithilfe des Operators + den geforderten `EventHandler`-Delegaten hinzu. Er leitet die Verarbeitung des Ereignisses an eine Methode weiter, deren Bezeichner wir uns aussuchen dürfen.

In der `Address2`-Klasse erhält das `Click`-Ereignis von `button1` einen `EventHandler`-Delegaten.

```
button1.Click += new EventHandler(Button_Click);
```

Der Delegat verweist auf die `Button_Click`-Methode, die eine Anweisung zum Beenden der Formularanwendung enthält.

```
private void Button_Click(object sender, EventArgs e) {
    Environment.Exit(0);
}
```

Die Parameter des `EventHandler`-Delegaten müssen in dieser Methode genau so wie verlangt auftauchen.

Nun haben wir zwei verschiedene Formen der Ereignisverarbeitung kennen gelernt. Falls der Quellcode des Steuerelements selbst gestaltet ist, werden die passenden Methoden zum Ereignis überschrieben. Wenn der Quellcode hingegen nicht vorliegt, fügen wir dem Ereignis direkt einen passenden `EventHandler`-Delegaten hinzu.

11 Interaktive Landkarten aufbauen

Als abschließendes Projekt entwickeln wir die ImageMap-Klasse für eine Landkarte mit Icons, bei denen Bilder oder Videos hinterlegt sind. Nach einem Klick auf ein Icon mit einem Bild erscheint ein Fenster des Typs ImageForm, in dem das selbst gestaltete Steuerelement ImagePanel zur Anzeige des Bildes liegt. Wenn der Betrachter auf ein Icon mit einem Video klickt, wird das Video vom Formular an den *Windows Media Player* zum Abspielen weitergeleitet.

11.1 Ein Bild auf ein Panel malen

Bevor wir mit der Entwicklung der Landkarte starten, benötigen wir ein Formular, das ein Foto auf dem Bildschirm anzeigen kann. Obwohl wir das Bild in der OnPaint-Methode auf seine Grafik malen können, soll für die Anzeige ein eigenes Steuerelement gestaltet werden. Im Namensraum System.Windows.Forms gibt es zu diesem Zweck die Panel-Klasse, die von Control abgeleitet ist.

Die Größe eines geladenen Bildes liefern die Eigenschaften Width und Height in der Image-Klasse. Bisher haben wir Bilder mithilfe der FromStream-Methode geladen, weil sie in der *EXE*-Datei des Programms eingebunden waren. Die statische FromFile-Methode dient zum Laden von Bildern, die außerhalb dieser Datei liegen.

Bild 11.1:
UML-Diagramm
der Image-Klasse

Image
+ Height: int + Width: int
«method» + <u>FromFile(string): Image</u>

Die Strategie für ein eigenes Steuerelement, das ein Bild auf seiner grafischen Oberfläche anzeigt, ist nun klar. Wir leiten die ImagePanel-Klasse von Panel ab und übergeben dem Konstruktor den Namen einer Datei mit einem Foto.

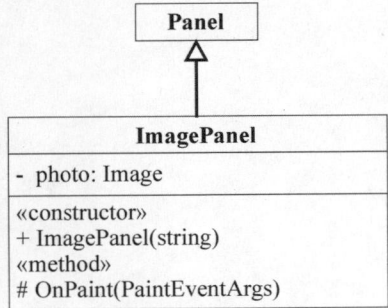

Im Konstruktor laden wir das Bild aus der angegebenen Datei und weisen es dem Feld photo zu. Die Größe des Panels legt die Size-Eigenschaft fest, welche aus der Breite und der Höhe des Bildes besteht. In der OnPaint-Methode malen wir das Bild auf die Grafik des Panels.

```
using System.Drawing;
using System.Windows.Forms;

public class ImagePanel : Panel {

  private Image photo;

  public ImagePanel(string filename) {
    photo = Image.FromFile(filename);
    Size = new Size(photo.Width, photo.Height);
  }

  protected override void OnPaint(PaintEventArgs e) {
    e.Graphics.DrawImage(photo, 0, 0,
        photo.Width, photo.Height);
  }

}
```

Eine merkwürdige Skalierung der Bilder vermeiden

Es kommt vor, dass Bilder nicht in ihrer ursprünglichen Größe, sondern in einer leicht verkleinerten oder vergrößerten Version auf dem Bildschirm erscheinen. Um zu erzwingen, dass eine solche Skalierung nicht auftritt, verwenden Sie die Version der Draw-Image-Methode, die neben dem Bild, der x-Koordinate und der y-Koordinate der linken oberen Ecke noch die Breite und die Höhe als vierten und fünften Parameter verlangt.

11.2 Ein Formular mit einem Bild öffnen

Wenn wir auf der Karte von Las Vegas auf ein Icon klicken, hinter dem sich ein Bild verbirgt, erscheint ein Fenster. Um Tag- und Nachtaufnahmen besser miteinander vergleichen zu können, soll es gestattet sein, mehrere Bilder gleichzeitig zu öffnen.

Bild 11.4:
Zwei gleichzeitig
geöffnete Fenster

Die `ImageForm`-Klasse ist von `Form` abgeleitet. Ihr Konstruktor übernimmt eine Zeichenkette für den Dateinamen und eine Zeichenkette für den Text in der Titelleiste.

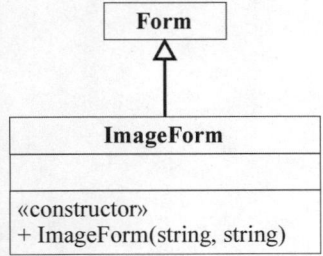

Im Konstruktor erschaffen wir ein ImagePanel, das auf seiner Oberfläche das Foto anzeigt. Der Clientbereich des Formulars erhält die Größe dieses Panels.

```
using System.Drawing;
using System.Reflection;
using System.Windows.Forms;

public class ImageForm : Form {

  public ImageForm(string filename, string text) {
    ImagePanel panel = new ImagePanel(filename);
    ClientSize = panel.Size;
    Assembly assembly = Assembly.GetExecutingAssembly();
    Icon = new Icon(assembly.GetManifestResourceStream(
        "JPEG_32x16x16.ico"));
    StartPosition = FormStartPosition.CenterScreen;
    Text = text;
    panel.Location = new Point(0, 0);
    Controls.Add(panel);
  }

}
```

Aus der *EXE*-Datei laden wir das Icon, das standardmäßig im *Windows-Explorer* neben *JPEG*-Bildern erscheint. Durch Änderung der Text-Eigenschaft entsteht der Text in der Titelleiste. Zum Schluss kommt das Panel mit der linken oberen Ecke beim Punkt (0, 0) in den Clientbereich.

11.3 Icons auf eine Landkarte setzen

Die ImageMap-Klasse ist ebenfalls wie ImageForm von Form abgeleitet.

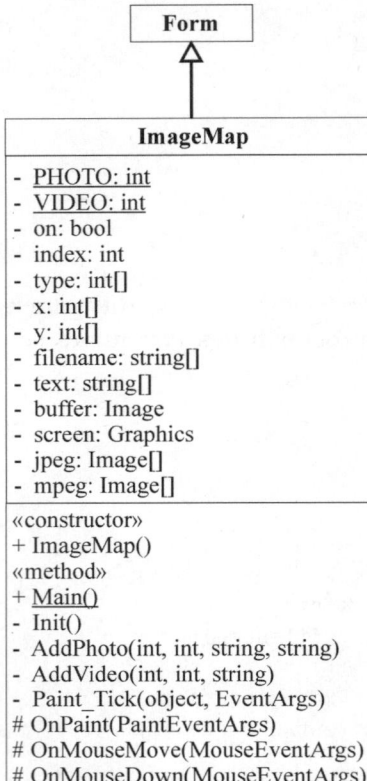

Feld	Bedeutung
PHOTO	eine Konstante zur Identifizierung von Fotos
VIDEO	eine Konstante zur Identifizierung von Videos
on	die Lämpchen hinter den Icons auf der Landkarte sind eingeschaltet
index	ein Index, der alle Icons durchläuft
type	eine Aufstellung mit den Typen der Icons
x	eine Aufstellung mit den x-Koordinaten der Icons
y	eine Aufstellung mit den y-Koordinaten der Icons
filename	eine Aufstellung mit den Namen der Dateien, die sich hinter den Icons verbergen

Tabelle 11.1 (Forts.):
Felder in der
ImageMap-Klasse

Feld	Bedeutung
buffer	ein Bildpuffer für die Landkarte
screen	die Grafik des Bildpuffers
jpeg	eine Aufstellung mit den beiden Icons (aus und an) für die Fotos
mpeg	eine Aufstellung mit den beiden Icons (aus und an) für die Videos

Am Ende des Konstruktors rufen wir die Init-Methode auf, die alle Icons nacheinander auf der Landkarte von Las Vegas platziert. Hier werden die Aufstellungen type, x, y, filename und text initialisiert.

```
private void Init() {
  AddPhoto(11, 276, "MandalayBay1.jpeg", "Mandalay Bay");
  AddPhoto(38, 276, "MandalayBay2.jpeg", "Mandalay Bay");
  <weitere Anweisungen>
  AddVideo(436, 4, "Battle.mpeg");
  AddVideo(279, 210, "Orient.mpeg");
}
```

Die AddPhoto-Methode setzt ein Icon für ein Foto auf die Karte. Die Variable index enthält die nächste Platznummer für die Aufstellungen.

```
private void AddPhoto(int x, int y, string filename,
    string text) {
  type[index] = PHOTO;
  this.x[index] = x;
  this.y[index] = y;
  this.filename[index] = filename;
  this.text[index] = text;
  index++;
}
```

Die AddVideo-Methode funktioniert auf ähnliche Weise.

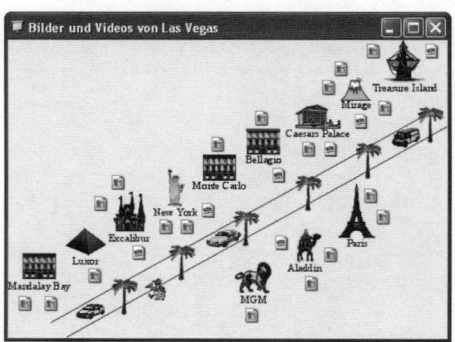

Um die Lämpchen hinter den Icons ein- und auszuschalten gibt es ein besonderes Verfahren. Im Spielcasino verlief die Animation in unregelmäßigen Zeitabständen, sodass wir mit einem Thread gearbeitet haben. Bei einem konstanten Zeitintervall, wie zum Beispiel dem Ticken einer Uhr, kann die Timer-Klasse zum Einsatz kommen.

In der Hauptmethode

```
public static void Main() {
  Application.Run(new ImageMap());
  Environment.Exit(0);
}
```

erschaffen wir die ImageMap mit der Landkarte von Las Vegas und zeigen sie auf dem Bildschirm an.

Die Anweisungen zu Beginn des Konstruktors bereiten keine Verständnisprobleme. Die Bedeutung der Init-Methode haben wir bereits besprochen.

```
public ImageMap() {
  SetStyle(ControlStyles.UserPaint, true);
  SetStyle(ControlStyles.AllPaintingInWmPaint, true);
  SetStyle(ControlStyles.DoubleBuffer, true);
  Assembly assembly = Assembly.GetExecutingAssembly();
  ClientSize = new Size(459, 321);
  Icon = new Icon(assembly.GetManifestResourceStream(
      "Map_32x16x16.ico"));
  StartPosition = FormStartPosition.CenterScreen;
  Text = "Bilder und Videos von Las Vegas";
  type = new int[26];
  x = new int[26];
  y = new int[26];
  filename = new string[26];
```

```
text = new string[26];
Image background = Image.FromStream(
    assembly.GetManifestResourceStream("LasVegas.png"));
jpeg = new Image[2];
jpeg[0] = Image.FromStream(
    assembly.GetManifestResourceStream("JPEG0.gif"));
jpeg[1] = Image.FromStream(
    assembly.GetManifestResourceStream("JPEG1.gif"));
mpeg = new Image[2];
mpeg[0] = Image.FromStream(
    assembly.GetManifestResourceStream("MPEG0.gif"));
mpeg[1] = Image.FromStream(
    assembly.GetManifestResourceStream("MPEG1.gif"));
buffer = new Bitmap(459, 321);
screen = Graphics.FromImage(buffer);
screen.DrawImage(background, 0, 0);
Init();
System.Windows.Forms.Timer timer =
    new System.Windows.Forms.Timer();
timer.Tick += new EventHandler(Paint_Tick);
timer.Interval = 500;
timer.Enabled = true;
}
```

Interessant sind die vier Anweisungen am Ende, die eine Uhr in die Landkarte einbauen.

Jede Klasse im *.NET Framework* hat einen eigenen Namen, der ihre Funktion grob kennzeichnet. In seltenen Fällen kommt es vor, dass derselbe Name in verschiedenen Namensräumen auftaucht. Zum Beispiel steht die Timer-Klasse in System.Threading und System.Windows.Forms zur Verfügung. Wir benutzen beide Namensräume in der ImageMap-Klasse, sodass ein Konflikt entsteht. Daher sprechen wir den Timer über seinen vollständigen Namen System.Windows.Forms.Timer an.

Timer
+ Enabled: bool
+ Interval: int
+ Tick: EventHandler
«constructor»
+ Timer()

Bild 11.8:
UML-Diagramm
der Timer-Klasse

Eigenschaft	Bedeutung
Enabled	startet den Timer, sobald der Wert auf true gesetzt wird
Interval	eine Zeitspanne in Millisekunden
Tick	ein EventHandler-Delegat, der bei jedem Tick eine Methode aufruft

Mithilfe des erweiterten Zuweisungsoperators += fügen wir der Eigenschaft Tick einen eigenen EventHandler hinzu.

```
timer.Tick += new EventHandler(Paint_Tick);
```

Der EventHandler verweist alle 0.5 Sekunden auf die Methode Paint_Tick.

```
private void Paint_Tick(object obj, EventArgs e) {
  Refresh();
}
```

Sie sorgt für die Auffrischung der grafischen Benutzeroberfläche der Landkarte. Das Blinken der Lämpchen hinter den Icons geschieht also in der OnPaint-Methode. Die Variable on des Typs bool legt fest, ob die Icons beleuchtet sind oder nicht. Nach dem kompletten Durchlauf aller Icons wird der Wert von on negiert. Folglich schalten sich die Lampen nach jedem Tick ein oder aus.

```
protected override void OnPaint(PaintEventArgs e) {
  for (int i = 0; i < 26; i++) {
    if (type[i] == PHOTO) {
      if (on) {
        screen.DrawImage(jpeg[1], x[i], y[i]);
      } else {
        screen.DrawImage(jpeg[0], x[i], y[i]);
      }
    } else {
      if (on) {
        screen.DrawImage(mpeg[1], x[i], y[i]);
      } else {
        screen.DrawImage(mpeg[0], x[i], y[i]);
      }
    }
  }
  on = !on;
```

```
    e.Graphics.DrawImage(buffer, 0, 0);
}
```

Die OnMouseMove-Methode untersucht bei Bewegungen des Mauszeigers, ob er im Bereich eines Icons gelandet ist und zeigt einen
Pfeil oder eine Hand an.

```
protected override void OnMouseMove(MouseEventArgs e) {
  bool control = false;
    int x = e.X;
    int y = e.Y;
  for (int i = 0; i < 26; i++) {
    if (!control && this.x[i] <= x && x <= this.x[i] + 16
        && this.y[i] <= y && y <= this.y[i] + 16) {
      control = true;
      Cursor.Current = Cursors.Hand;
    }
  }
  if (!control) {
    Cursor.Current = Cursors.Default;
  }
}
```

Die OnMouseDown-Methode findet die Nummer i des angeklickten
Icons heraus. Bei einem Foto öffnen wir ein ImageForm zur Anzeige
des Bildes in der Datei mit dem Namen filename[i].

```
protected override void OnMouseDown(MouseEventArgs e) {
  int x = e.X;
  int y = e.Y;
  for (int i = 0; i < 26; i++) {
    if (this.x[i] <= x && x <= this.x[i] + 16
        && this.y[i] <= y && y <= this.y[i] + 16) {
      if (type[i] == PHOTO) {
        ImageForm form = new ImageForm(filename[i], text[i]);
        form.Visible = true;
      } else {
        Process.Start(filename[i]);
      }
    }
  }
}
```

Es ist nicht möglich, das Formular form mit der Anweisung

```
Application.Run(form);
```

auf dem Bildschirm anzuzeigen, weil die ImageMap bereits aktiv ist. Nur ein einziges Formular darf in einer Applikation ablaufen.

Um ein zweites Formular auf dem Bildschirm anzuzeigen, gibt es zwei Möglichkeiten. Entweder setzen wir die Visible-Eigenschaft auf true oder rufen die ShowDialog-Methode auf.

Bild 11.9:
UML-Diagramm
der Form-Klasse

Form
+ Visible: bool
«method» + ShowDialog(): DialogResult

Weil es nach dem Bild 11.4 möglich sein soll, dass der Betrachter zwei Bilder zur gleichen Zeit betrachtet, ändern wir die Visible-Eigenschaft von form, um das Fenster sichtbar zu machen.

Formulare als Dialoge gestalten

Ein Dialog blockiert das Formular, das ihn geöffnet hat. Wenn Sie möchten, dass der Benutzer nicht mehr an das Hauptformular herankommt, bis der Dialog wieder geschlossen ist, rufen Sie die ShowDialog-Methode auf.

Im Namensraum System gibt es die Process-Klasse mit einer statischen Start-Methode.

Bild 11.10:
UML-Diagramm der
Process-Klasse

Process
«method» + Start(string): Process

Bei einem Video übergeben wir der Start-Methode den Dateinamen des Videos.

```
Process.Start(filename[i]);
```

Im Hintergrund startet automatisch der *Windows Media Player*, um das Video anzuzeigen.

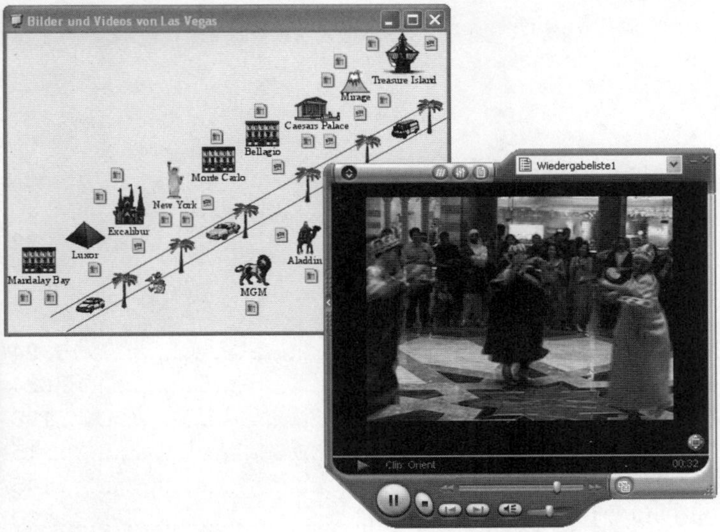

Bild 11.11:
Ein Video wird abgespielt

Index

E

F

G

H

I

J

K